Manfred Fischer, Hans-Joachim Albrecht,
Martin Geibel, Heinrich Thönges, Uwe Jakubik,
Gerd Großmann, Wolf-Dietmar Wackwitz

Obst

kompakt

Schnitt, Sorten, Verwertung

328 Farbfotos
108 Zeichnungen

Ulmer

Inhaltsverzeichnis

Vorwort

Früchte aus dem eigenen Garten, welch eine schöne Vorstellung. Die Sortenvielfalt in den Supermärkten lässt zu wünschen übrig, da kann schon die Pflanzung eigener Bäume im eigenen Garten oder Grundstück dieser „Einfalt“ entgegenwirken. In der Regel greift man dann zu Sorten, die einem besonders schmecken, die in der Küche gut zu verarbeiten sind und leckere Kuchen liefern, die besten Saft ergeben oder als selbst eingelegte Konserven die langen Wintertage versüßen.

Ohne Fleiß kein Preis. Diese Uraltweisheit trifft für die Anzucht und Pflege von Obstgehölzen oder Sträuchern im Hausgarten besonders zu. Wie oft muss man erleben, dass man durch gekaufte Früchte begeistert ist und angeregt wird, einen Baum dieser Sorte zu pflanzen. Doch dann kommt die Enttäuschung sehr schnell, weil beim Selbstanbau nicht die Qualität erreicht wird, die man erwartet.

Da hilft nur: mehr Information vorher einholen, ab und an ins Fachbuch oder eine Fachzeitschrift schauen, mal mit dem Nachbarn diskutieren und „Ursachenforschung“ betreiben. Das vorliegende Buch wendet sich mit seinen kompakten Informationen vor allem an Hobbyobstbauer und solche, die es werden wollen. Ihnen sollen Misserfolge im Garten möglichst erspart bleiben. Auch Studenten und alle obstbaulich interessierten Leser werden viele Anregungen und Hinweise finden. Diese Zusammenfassung mehrerer Buchausgaben des Ulmerverlages – ein interessanter neuer Weg der Wissensvermittlung – bündelt in einem Band nahezu alles Grundwissen, was zu einem erfolgreichen Obstbau in kleinem Stil erforderlich ist.

Mit Informationen über die Grundfunktionen eines Obstbaumes, über sachgerechte Pflanzung und Schnitt, über Düngung und Pflanzenschutz soll das Gesamtverständnis für ein Obstgehölz erhöht werden. Ein umfangreicher Sortenteil informiert kurz und informativ über alte und neue Sorten, um die Sortenwahl zu erleichtern und auch auf die vorhandene Vielfalt im Sortenspektrum hinzuweisen. In diesem Teil werden auch neben den bekannten Kern-, Stein- und Strauchbeerenobstarten zahlreiche Wildobstarten beschrieben, die wegen ihres gesundheitlichen und ihres vielfach vorhandenen Zierwertes gerade im Freizeitgartenbereich mehr Beachtung verdienen. Letztlich gibt es viele Anregungen, das geerntete Obst selbst zu verarbeiten, zu Saft, Fruchtsirup, Wein, Likör oder auch zu Essig.

Mit dieser Bündelung von Fachinformationen soll vor allem dem interessierten Leser entgegengekommen werden. Er greift nur einmal zum Fachbuch und erfährt alles Wissenswerte. Ein interessantes Novum, dem viel Erfolg zu wünschen ist.

Im Namen der Autoren
Prof. Dr. Manfred Fischer, Dresden-Pillnitz

Eigenes Obst aus dem Garten

Obst spielt seit Menschengedenken eine bedeutende Rolle in der Ernährung. Ausgrabungen belegen, dass unsere Vorfahren bereits tausend Jahre vor unserer Zeitrechnung die Mostbirne als Nahrungsmittel schätzten. Trockenbirnen, getrocknete Äpfel und Beeren waren in früheren Zeiten wichtige Vitamin- und Mineralienlieferanten während der Wintermonate.

Heute können wir das ganze Jahr über frisches Obst kaufen, aber leider verliert der Verbraucher zunehmend die Vorstellung von den eigentlichen Reifezeiten der Obstarten. So können wir hierzulande mit den ersten Frühäpfeln erst ab Ende Juli rechnen, während die Apfelernte Mitte Oktober abgeschlossen ist. Lagerfähige Sorten halten sich im kühlen Keller höchstens bis Januar oder Februar. Europäische Äpfel, meist in Südtirol oder in Frankreich geerntet, aber ebenso Bodensee-Obst, werden über Monate hinweg in Kühllagern unter streng kontrollierten Umluftbedingungen gelagert. Auf Grund der hohen Energiekosten lohnt sich das Betreiben dieser Lager höchstens bis Ende April. Das heißt für den Verbraucher, dass in der so entstandenen Angebotslücke der Frühstücksapfel, der zwischen Frühjahr und Hochsommer verzehrt wird, aller Wahrscheinlichkeit nach aus Übersee kommt, aus Chile, Argentinien, Südafrika oder Neuseeland. Zunehmend werden sich Verbraucher dieser Paradoxie bewusst, dass verderbliche und relativ schwere Ware buchstäblich um den halben Globus transportiert wird, um bestimmte Ansprüche zu erfüllen.

Hier zeichnet sich eine Trendwende ab: Heimisches Obst wie auch natürliche Säfte – allen voran der Apfelsaft – steigen wieder in der Verbrauchergunst. Die Sensibilität für den Gesundheitswert von Obst wächst. Zudem ist eine Rückbesinnung des Verbrauchers zu naturbelassenem Obst spürbar. Und auch die landschaftsprägenden Obstkulturen, etwa in Baden-Württemberg, werden wieder durch neue Bäume verjüngt.

Im Zuge dieser Rückbesinnung hegen viele Garten- und Grundstücksbesitzer den Wunsch, eigenes Obst zu ernten. Die wesentlichen Voraussetzungen dafür stellen jedoch geeignete Umgebungsbedingungen, die Wahl der richtigen Sorten und ein Grundwissen über die erforderlichen Pflege- und Pflanzenschutzmaßnahmen dar. In dieser Hinsicht hat sich im Vergleich zu unseren Vorfahren nicht viel geändert. Im Grunde sind die Techniken der Baumerziehung, also das Pflanzen, Schneiden, Veredeln („Pfropfen"), dieselben geblieben. Nur liefert uns heute die gartenbauwissenschaftliche Forschung, welche die Wuchsstoffhaushalte im Obstgehölz bis ins Detail analysiert hat, die genaue Begründung für das richtige Handeln.

Viele alte Sorten, die nicht nur süß, sondern vor allem aromatisch schmecken, und robuste Neuzüchtungen wurden in den vergangenen zehn bis fünfzehn Jahren wieder vermehrt. Für den Garten bedeuten Obstgehölze und Beerensträucher preisgünstige und nutzbringende Gestaltungselemente, die ein Anwesen in seiner Lebensqualität entscheidend prägen können. Das Gestalten eines Gartens allein bringt Befriedigung und die Früchte sind im wahrsten Sinne der Lohn für den Einsatz.

➤ Obst – Webcode: obst1203

Der Aufbau des Baumes

Ein Baum besteht, grob betrachtet, aus Blättern, Zweigen, Ästen und dem Stamm. Der Obstbaum lässt sich in drei Hauptbereiche, den Kronen-, den Stamm- und den Wurzelbereich, untergliedern.
Die einzelnen Zeichnungen oder Fotos verdeutlichen die Bereiche, zusätzlich sind die wichtigsten Einzelbereiche näher beschrieben.

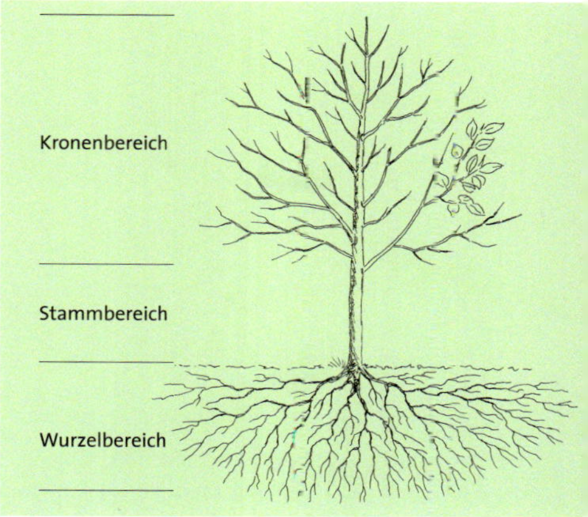

In den verschiedenen Bereichen des Baumes übernehmen die einzelnen Organe bestimmte Aufgaben: Die Blättern wandeln im Chlorophyll (dem Blattgrün) Kohlendioxid mit Hilfe des Lichtes in Kohlenhydrate um. Der Stamm dient als Speicherorgan und zum Nährstofftransport. Die Wurzeln haben die Aufgabe der Wasser- und Nährstoffaufnahme und der Nährstoffspeicherung.

Knospen

Knospe ist nicht gleich Knospe, selbst im Ruhezustand lassen sie sich unterscheiden:

Die **Terminalknospe** befindet sich am Ende der langen, kräftig ausgebildeten einjährigen Langtriebe. Die Terminalknospe kann Blatt- oder Blütenknospe sein.

Aus der **Achselknospe** oder **Blattknospe** bilden sich die Blätter. Die Knospe erscheint relativ klein und schmal.

Die **Blütenknospen** sind rundlicher und dicker als die Blattknospen.

Unter einer **schlafenden Knospe** oder einem **schlafenden Auge** versteht man eine in Ruhestellung (noch nicht ausgereifte) befindliche Knospe. Der Austrieb findet nur dann statt, wenn sich eine besondere Situation eingestellt hat (z. B. Astbruch oder starker Schnitt).

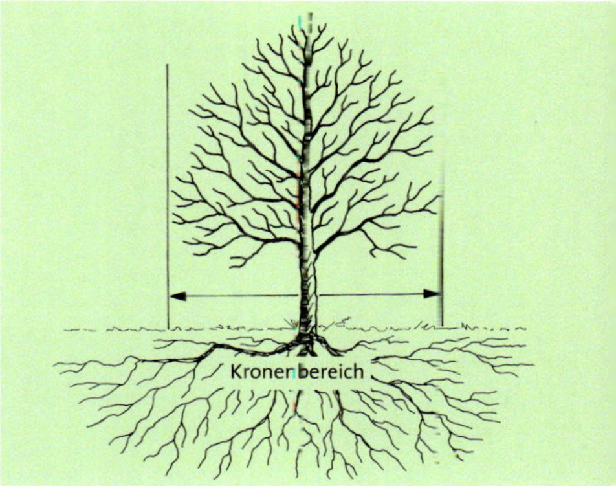

Der Wurzelbereich geht über den Kronenbereich um das 1,5- bis 2-fache hinaus. Ein 30-jähriger Apfelbaum kann bis in eine Tiefe von 2 m wurzeln, wobei etwa 50 Prozent der Wurzeln in einem Bereich zwischen 5 und 60 cm liegen.

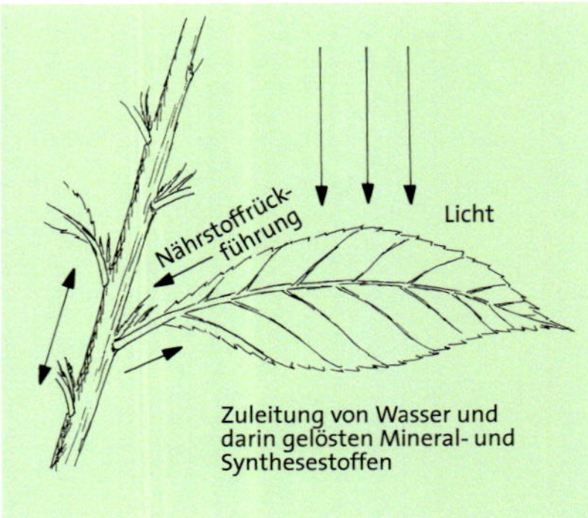

Vereinfachte Darstellung der Nährstoffrückführung vom Blatt zu den Speicherorganen (Stamm und Wurzeln). Wenn Bäume kümmern oder wenn ein hoher Schädlings- und Pilzdruck auf ihnen lastet, fehlt unter Umständen Blattmasse, um genügend Reserven für die kommenden Vegetationsperioden zu bilden. Ohne Schutz- und Pflegemaßnahmen geht es nicht.

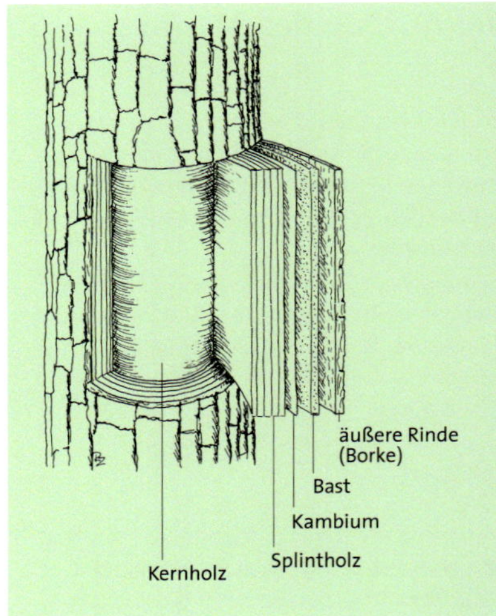

Schnittbild eines Baumstammes.

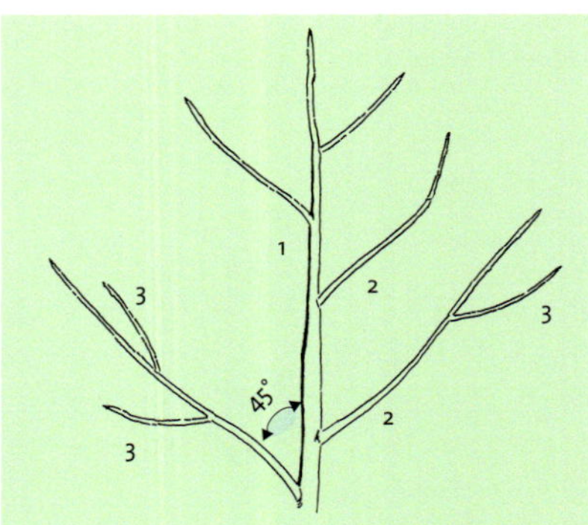

Einteilung des Kronenbereiches: 1 Stamm-Mitte oder Hauptachse, 2 Leitäste = Seitenäste erster Ordnung, 3 Seitenäste zweiter Ordnung usw.

Der Stamm

Die **Rinde bzw. Borke** bildet den äußeren Abschluss bzw. die Schutzschicht des Baumes. An Hand der Rindenstruktur kann auch der Laie eine schnelle Eingruppierung der Baumart durchführen. So weisen etwa alle Kirschbäume eine charakteristische „Ringelborke“ auf.

Im **Bastteil oder Phloem** werden die durch Assimilation gewonnenen Nährstoffe von oben nach unten transportiert (unter Assimilation versteht man die Umwandlung des Kohlendioxids in den Blättern mit Hilfe des Sonnenlichts in Zucker). CO_2 (Kohlendioxid) ist ein natürlicher Bestandteil der Luft. Zusätzlich werden auch in diesem Bereich (wie auch in den Wurzeln) die Nährstoffe eingelagert bzw. gespeichert. Etwaige Verletzungen in diesem Bereich durch Wildverbiss und Mähwerkzeuge wirken sich besonders negativ auf die Nährstoffversorgung des Baumes aus, weil in diesem Bereich die Nährstoffversorgung unterbrochen wird. Der Baum bildet in der Folge wenig Jungholz und Blütenansätze und kann kümmern. Eine Verbesserung stellt sich in aller Regel erst in den Folgejahren ein.

Das **Kambium** bewirkt das Dickenwachstum des Baumes. Es scheidet nach außen Bast ab, nach innen die Holzzellen, für uns später als Jahresringe sichtbar. Bitte achten Sie darauf, dass kein Draht (z. B. durch Etiketten) eng um den Stamm gewickelt wird. Nach ein oder zwei Jahren ist der Draht eingewachsen, das Kambium wird eingeschnürt, der Assimilatetransport ist gestört. Diese Störungen der Nährstoffversorgung erhöhen die Anfälligkeit für Pilz- und Virusinfektionen und können im ungünstigsten Fall zum Verlust des Baumes führen.

Der **Holzteil oder das Xylem** übernimmt den Wassertransport von den Wurzeln in die Baumkrone. Der **Splint** sind die jüngeren Holzschichten, die noch Speicherfunktionen übernehmen. Nur in diesem Bereich findet Wassertransport statt. Das **reife Holz** des Baumes enthält keine lebenden Zellen mehr. Es dient nur noch zur Festigung des Stammes. Im sogenannten **Kernholz** wird zur Verstärkung des Holzkörpers zusätzliche Füllmasse zur Festigung eingeladert. Daher rührt die oft dunklere Färbung.

Blüten- und Fruchtbildung

Blütezeiten

Der Zeitpunkt der Blüte spielt vor allem in Spätfrost gefährdeten Gebieten eine Rolle. Um sicher zu gehen, sollte man gerade bei Pfirsich und Aprikose auf spät blühende Sorten ausweichen, und auch der Kälteverträglichkeitkeit der Apfelblüte sind Grenzen gesetzt. Sollte der Frost einmal so streng gewesen sein, dass sich die Blätter braun verfärben, so werden sich wohl keine Früchte mehr bilden. Das genaue Ausmaß des Frostschadens kann man nach etwa einer, maximal nach zwei Wochen feststellen, dann ist der Stempel der Blüte in aller Regel schwarz geworden und eine Fruchtbildung ist nicht mehr möglich.

Blühverhalten der verschiedenen Obstgehölze

Apfel
Blütezeit je nach Sorte von Anfang April bis Ende Mai. Auswahl der Sorte nach den örtlichen Klimabedingungen (z. B. Hochlagen, raues Klima beachten).

Birne
Blütezeiten relativ früh. Bevor Sie Ihre Kaufentscheidung treffen, sind regions- bzw. gebietsbedingte Klimafaktoren zu berücksichtigen. Eine relativ robuste Sorte ist zum Beispiel 'Alexander Lucas'; sie trägt auch an ungünstigen Standorten (z. B. Ostausrichtung, Talsenken).

Süßkirsche
Frostempfindlich, nur für geschützte Lagen (z. B. Südhanglagen, keine Bach- oder Flusslagen).

Sauerkirsche
Widerstandsfähiger als die Süßkirsche.

Nussbaum
Spätfrostempfindlich und auf Windbestäubung angewiesen.

Befruchtung

Wir unterscheiden bei den Obstgehölzen (Apfel, Birne, Kirsche, Walnuss usw.) zwischen selbst fruchtbaren und selbst unfruchtbaren Obstgehölze.

Selbst fruchtbar sind Pfirsich, Aprikose, frühe Zwetschge, Mirabelle, Walnuss, Sauerkirsche (z. B. 'Schattenmorelle'), aber *nie* die Süßkirsche.

Selbst unfruchtbar sind alle Apfel-, Birnen- und Süßkirschensorten.

Beim Kauf von selbst unfruchtbaren Obstgehölzen sollten Sie Folgendes beachten: Kaufen Sie mindestens zwei unterschiedliche Sorten der gleichen Art (z. B. Süßkirsche: 'Burlat' + Bestäubersorte oder Apfel: 'Goldparmäne' + Bestäubersorte), nur so ist eine gute bzw. ausreichende Befruchtung durch Wind und Insekten gewährleistet.

Eine Befruchtung durch Bienen und Insekten ist stets effektiver als eine reine Windbefruchtung! Durch Aufstellen eines Insektenhauses oder Kontakt zu einem Imker, der ein Bienenvolk in der Nähe aufstellt, schaffen Sie gute Voraussetzungen für eine gute Befruchtung in Ihrer Obstkultur. Haben Sie aber nur Platz für ein, zwei oder drei Obstbäume, so wäre der Aufwand unverhältnismäßig. Aber auch die wenigen Bäume ziehen eine genügende Zahl von Insekten (z. B. Hummeln) an, die für eine ausreichende Befruchtung sorgen.

Unter **Befruchtersorten** versteht man gute Pollenspender der gleichen Fruchtgattung. Folgende Befruchtersorten zeichnen sich durch ihre Robustheit und Fruchtbeständigkeit aus: 'Alkmene', 'Idared', 'Gloster', 'Remo', 'Goldparmäne'.

Auch die Pflanzung von Wildapfel- oder Zierapfelsorten hat sich bewährt. Je nach Größe der Anlage können Sie ein oder mehrere Pollenspender einstreuen – am besten direkt in die Anlage. Pflanzungen am Rand sind weniger zu empfehlen.

Fruchtausdünnung: Oben ein Fruchtbüschel vor dem Ausdünnen. Unten: Es bleiben noch zwei bis drei Fruchtkörper übrig.

Alternanz

Wenn in einem Jahr der Baum viele Früchte trägt und im Folgejahr kaum oder gar nicht, so spricht man landläufig von Alternanz. Vereinfacht ausgedrückt bedeutet es, dass in aller Regel nach einem guten ein schwaches Ertragsjahr folgt. Die Ursache liegt im Wuchsstoff-Hemmstoff-Haushalt des Baumes selbst.

Bei starker Fruchtbildung verhindert der Baum durch Hemmstoffe die Bildung von Blütenknospen für das nächste Jahr, damit sind zwangsläufig verbunden: weniger Blüten, weniger Befruchtung, weniger Früchte. Diesen Selbstschutz wendet der Baum an, um nicht all seine Nährstoffe und Reserven in die Fruchtbildung einzubringen. Aber es gibt wirkungsvolle Maßnahmen gegen die Alternanz, z. B.:

- Das rechtzeitige Herausschneiden (bis Mitte Juni) und Ausdünnen des Fruchtbehangs von Hand oder mit der Schere. Reduzieren auf maximal drei Früchte pro Blütenbüschel unter Berücksichtigung des Gesamtblütenvolumens. Damit wird erreicht, dass die zukünftige Blütenbildung nicht eingeschränkt wird.
- Das Entfernen von altem Holz. Damit wird die Jungholzbildung angeregt.
- Hemmung des Astwachstums durch Herunterbinden des Triebes. Am flachen Ast werden mehr Blütenknospen gebildet als am steil aufsteigenden Ast.
- Ausgewogene Mineralstoffversorgung, d. h. maßvolles Umgehen mit Stickstoffdünger. Zu hohe Stickstoffgaben wirken der Blütenknospenbildung entgegen.

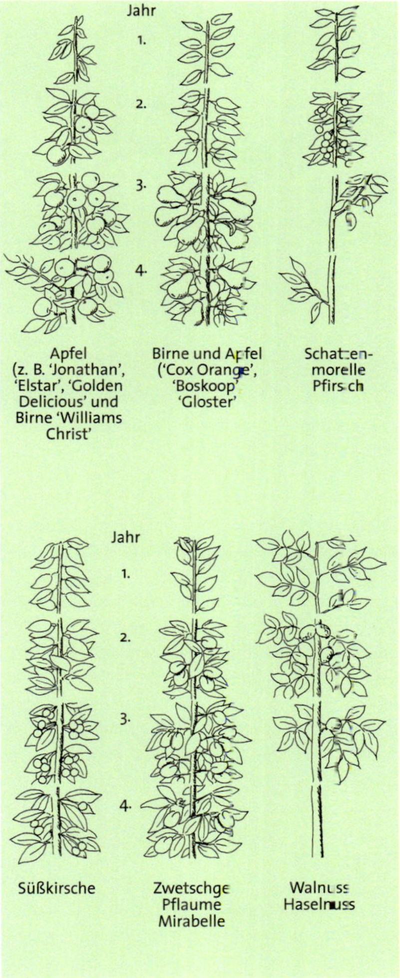

Zonen der natürlichen Blüten- und Fruchtbildung bei den verschiedenen Obstarten

Fruchtholzbildung

Die einzelnen Äste einer Krone verhalten sich in Bezug auf ihre Blühwilligkeit nicht gleichwertig. Die Fruchtbarkeit nimmt von den äußeren jüngeren Baumpartien zu den älteren inneren hin ab. Junge, erstmals blühende Sprosse tragen nicht nur viele, sondern auch vollwertige Blüten mit hoher Tendenz zur Fruchtbildung. In älteren Kronenpartien kann die Blühwilligkeit schlechter sein (teilweise

Die Verkahlung ist bei diesem Baum bereits weit fortgeschritten.

abhängig von der Sorte) und es entstehen nur minderwertige kleine Früchte (z. B. 'Goldparmäne'). Abhilfe dagegen ist nur durch die ständige Trieberneuerung möglich. Durch die Jungholzbildung wird das allmähliche Verkahlen des Kronenzentrums verhindert, der Baum kann physiologisch jung gehalten werden. Die Abbildung verdeutlicht den Verkahlungseffekt, der sich am Baum im Laufe der Zeit einstellen kann, wenn nicht pflegend eingegriffen wird.

Unterlagen

Für den Selbstversorger oder Hobbygärtner gelten grundsätzlich andere Entscheidungskriterien als im Erwerbsobstbau. Die für den Erwerbsobstbau wichtigen Merkmale lauten:

- schneller Ertrag
- hohe Qualität, guter Geschmack, Fruchtgröße und gute Ausfärbung
- geringer Pflegeaufwand
- günstiges Verhältnis zwischen Fruchtvolumen und Flächenbedarf

Diese treffen für den Selbstversorger und Hobbygärtner kaum zu. Für ihn sind andere Kriterien für die Wahl einer Obstsorte entscheidend:

- pflegeleicht
- Lebensdauer
- Bodenverträglichkeit
- Landschaftsbild
- Sorte

Auf der rechten Seite sind die handelsüblichen Baumgrößen und Unterlagenbezeichnungen aufgeführt. Sie erleichtern Ihnen die Kaufentscheidung in Bezug auf Kronendurchmesser, Ertrag und Standfestigkeit des Baumes.

Folgende Erkenntnis kann daraus abgeleitet werden: Je schwächer die Unterlage (die Baumschulen beraten Sie gerne) desto höher sind die Ansprüche an die Bodenqualität.

Ein paar Beispiele: Hoch-, Halb- und Viertelstammbäume können relativ problemlos auf Ackerflächen gepflanzt werden. Busch- und Spindelbäume erfordern gute Bodenbedingungen. Für den Hobbygärtner bedeutet das: Es muss vor dem Pflanzen eine Bodenaufbereitung in Form von Humus- oder Sand- und evtl. Nährstoffzufuhr erfolgen, um einen guten Ertrag zu ermöglichen.

Kronenaufbauten

Es gibt eine Vielzahl von verschiedenen Methoden, das Astgerüst zu erziehen, man spricht dabei von Kronenaufbauten. Im Wesentlichen unterscheidet man folgende Kronenformen:

- Pyramidenkrone
- Tellerkrone
- Dreiasthecke (heute nicht mehr so üblich)
- schlanke Spindel

Nachfolgend wird schwerpunktmäßig der Kronenaufbau von der Pyramidenkrone und der schlanken Spindel beschrieben. Wir werden uns auch im Kapitel „Schnittmaßnahmen“ vorwiegend mit diesen Kronenformen beschäftigen. Die anderen Kronenformen sind heute nicht mehr so üblich oder finden hauptsächlich im Erwerbsobstbau ihren Einsatz.

Die **Pyramidenkrone** kommt den in der Natur vorkommenden Kronenformen am nächsten.

Der Aufbau der Krone basiert im Wesentlichen auf folgende Hauptkomponenten: Stamm, drei, maximal vier Leitäste, Seitenäste, Fruchtäste.

Die **schlanke Spindel** entspricht keiner natürlichen Wuchsform des Baumes. Sie wurde hauptsächlich in den Obstbauregionen, z. B. am Bodensee, im Alten Land, in Südtirol, als schnell Frucht tragendes Obstgehölz eingeführt. Tatsächlich kann man bei einer Frühjahrspflanzung schon im gleichen Jahr einen oder zwei voll entwickelte Früchte ernten. Der Aufbau gliedert sich wie folgt:

- Stamm-Mitte (oder Hauptachse)
- drei bis fünf Seitenäste
- Fruchtäste.

Je nach Schnittmaßnahmen nimmt die schlanke Spindel im Endstadium eine Höhe von etwa 2,5 m und einen Kronendurchmesser von bis zu 2 m (beim Hobbygärtner) ein.

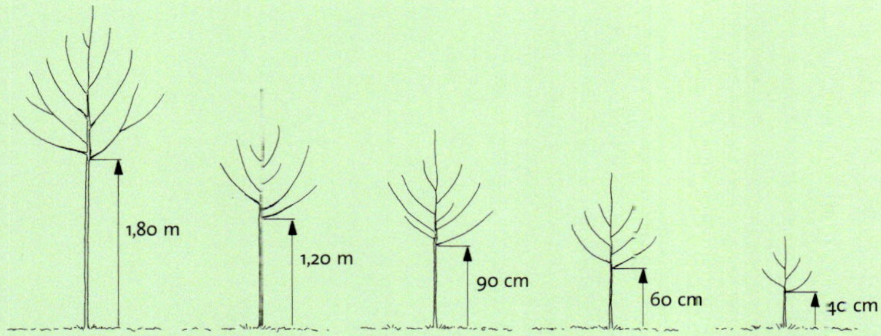

	Hochstamm	Halbstamm	Viertelstamm	Busch	Spindel
Bezeichnung	Sämling	A2 oder M11	M7 oder M4	M26	M9 oder M27
Kronen-Durchmesser	12–16 m	6–10 m	4–6 m	bis 4 m	bis 2 m
Baumhöhe	über 10 m	über 6 m	über 4 m	über 3 m	über 2 m
Ertragsbeginn	nach 7 Jahren	nach 4 Jahren	nach 3 Jahren	nach 1 Jahr	im Pflanzjahr
Standfestigkeit	sehr gut	sehr gut	sehr gut	gering	sehr gering

Unterlagen von Apfelbäumen. Im Prinzip gilt das Gleiche auch für die Birne, jedoch wird hier keine so starke Abstufung vorgenommen. Birnen auf Quittenunterlage haben einen mittelstarken Wuchs, vergleichbar dem Apfelhalbstamm.

Pflanzung und Pflanzsysteme

Bodenvorbereitung

Vor einer jeden Pflanzung ist die Bodenvorbereitung besonders wichtig. Sie entscheidet im Wesentlichen darüber, ob die Pflanzware gut anwächst oder nicht. Es ist dabei besonders wichtig, dass Sie für gut gelockerten (keine großen Klumpen), nährstoffreichen Boden sorgen. Er sollte einen ausgewogenen Humusanteil enthalten (etwa 30% Humus oder handelsübliches Substrate). Ein Baum oder Strauch in eine schlecht vorbereitete Pflanzgrube gepflanzt (große Klumpen, nährstoffarme oder tote Erde) bedeutet einen lange kümmernden Wuchs, verstärkte Krankheitsanfälligkeit und einen nur spärlichen Fruchtbehang. Damit es nicht so weit kommt, folgen ein paar Hinweise und Tipps, die – richtig umgesetzt – mit einem gut wachsenden Baum oder Strauch belohnen.

Arbeiten im Herbst

Sofern es sich um Ackerland ohne Grasnarbe handelt, reicht ein Durchhacken bzw. ein Auflockern der oberen Schichten.

Bodenunebenheiten sind soweit durchführbar auszugleichen.

Bodenproben ziehen und analysieren lassen: Der pH-Wert sollte 6,5 (± 0,5) betragen. Hinweis bei extremen Bodenwerten (hoher Nährstoffgehalt oder stark basischer bzw. saurer Boden) holen Sie sich gezielte Informationen über weitere Maßnahmen bei Ihrem zuständigen Landwirtschaftsamt oder bei der Grünlandberatung.

Arbeiten im Frühjahr

Reihenanordnung möglichst in Nord-Süd-Richtung.

Pflanzgruben ausheben.

Pfahl einschlagen.

Baum pflanzen und Grube füllen.

Pflanzstreifen oder Pflanzscheibe in den ersten zwei bis drei Jahren von Gras freihalten.

Auf einem freien Grundstück (Acker, Wiese)

Apfel und Birne gedeihen bevorzugt auf einem guten, tiefen und dränierten Lehmboden; das heißt: Wasser kann abfließen und es entsteht keine Staunässe. Auch sehr sand- oder kieshaltige Standplätze führen zu keiner guten Baumentwicklung. Sollten Ihre Bodenbedingungen nicht optimal sein, so können Sie den Boden in der Pflanzgrube mit Sand (bei schweren Böden) und mit Hilfe von gut verrottetem Mist oder Kompost verbessern. Hier ist allerdings das Ausheben einer großen Pflanzgrube Voraussetzung.

Was Apfel oder Birne nicht vertragen, sind „nasse Füße" (d. h., der Wurzelbereich steht im Wasser). Sehr nasse Bodenverhältnisse (Staunässe, hoher Grundwasserspiegel) sind nicht ideal für diese Obstart, man könnte höchstens auf die Zwetschge ausweichen.

Für ein freies Grundstück, das bepflanzt werden soll, empfehle ich Ihnen mindestens ein halbes Jahr vor der Pflanzung mit den Vorbereitungen anzufangen. Die beste Zeit dafür ist der Herbst, da der Frost in die Erdschollen eindringt und die Krümelbildung fördert.

Auf einem bestehenden Grundstück

Sie beabsichtigen einen oder mehrere weitere Obstbäume auf Ihrem Grundstück zu pflanzen. Sollten die Bäume auf Plätze gepflanzt werden, auf denen vorher kein Baum stand, so können Sie wie oben beschrieben vorgehen. Sind aber auf diesen Plätzen vorher Obstbäume gestanden, so empfehle ich Ihnen folgende Vorgehensweise:

1. Wurzelstock und starke Wurzeln soweit wie möglich entfernen (um die Entwicklung von Fäulnispilzen im Boden zu vermeiden).
2. Neue Pflanzgrube *nicht* am gleichen Platz ausheben wie die alte, sondern etwas entfernt (je weiter desto besser) ausheben. Dieser Aufwand ist nötig, weil der nicht mehr vorhandene Baum die Erde um seinen Standort völlig ausgelaugt hat. War der vorherige Baum ein Halbstamm, so empfehle ich mindestens einen Abstand von 2,50 m vom alten Standort zur neuen Pflanzgrube. Wenn das nicht möglich ist, ist ein großräumiges Ausheben (1,50 m × 1,50 m!) der Pflanzgrube am alten Standort nötig. Pflanzen Sie nicht unbedingt die gleiche Art von Baum an den Platz, an dem vorher z. B. ein Apfelbaum stand. Bei einem Hochstamm sind die Werte größer zu wählen, bei einem Buschbaum entsprechend zu verringern.
3. Keine schwach wachsenden Bäume in direkte Nähe von Halb- oder Hochstammbäumen pflanzen. Das Wurzelgeflecht der starken Bäume reicht so weit, dass es dem jungen Baum die Nährstoffe entzieht, und dieser kümmert oder er geht ein. Ein Mindestabstand von 2,50 m (besser mehr) sollte eingehalten werden.

Kirsche, Zwetschge, Pflaume

Die Süß- und die Sauerkirschen gedeihen sehr gut auf leichtem, gut durchlässigem Boden. Sandige Böden sowie Kiesböden sind auch noch akzeptabel. Der pH-Wert sollte zwischen 6 und 7 liegen. Für die Pflaumen ist ein pH-Wert von 7 anzustreben. Auch hier ist eine gute Wasserabfuhr notwendig, aber nicht so zwingend erforderlich wie bei Apfel- oder Birnbäumen. Sollte eine Bodenkalkung (abhängig vom pH-Wert) notwendig sein, so vertragen die Kirschen höhere Gaben als die Apfelbäume.

Der pH-Wert kann mit verschiedenen im Handel angebotenen Tinkturen gemessenen werden. In der Regel entnimmt man dem Boden feinkrümelige Erde und gibt sie mit einer bestimmten Menge Wasser in ein Glasgefäß. Hinzu kommt dann die Indikatorflüssigkeit, alles wird gut gemischt. Nach einigen Minuten verfärbt sich die Flüssigkeit; an der Tönung kann man mit Hilfe einer Farbtabelle den zugehörigen pH-Wert feststellen.

Himbeere, Brombeere, Johannisbeere, Stachelbeere

Sowohl Himbeeren als auch Brombeeren sind von ihrem Ursprung her Waldrandgewächse und benötigen deshalb saure Bodenverhältnisse (pH-Wert unter 6).

Der Boden sollte einen guten Humusanteil besitzen (Waldboden ist sehr humusreich). Bei der Pflanzung beträgt der Torfanteil mindestens ein Drittel. Es darf in keinem Fall gekalkt werden, das führt unweigerlich zu Chlorose (Gelbwerden der Blätter). Als Standort für Him- oder Brombeeren muss kein Sonnenplatz gesucht werden, es eignen sich auch halbschattige oder schattige Orte.

Johannisbeeren gedeihen auf fast jedem Boden, sie bevorzugen Schattenplätze (z. B. Nordseite). Wichtig für die Pflanzung ist, dass der Boden einen guten Humusanteil besitzt: Daher gilt es Kompost reichlich in die Pflanzgrube einzuarbeiten. Bei der Stachelbeere verhält es sich ähnlich wie bei der Johannisbeere, sie wächst auf fast jedem Boden und die Angaben bei der Johannisbeere können direkt übernommen werden.

Pflanzgrube

Kern- und Steinobst

Grundsätzlich können Sie zwischen verschiedenen geometrischen Formen wählen:

- die runde Form oder
- die quadratische bzw. rechteckige Form.

Ich empfehle die quadratische oder rechteckige Form; sie lässt sich leichter mit dem Spaten herstellen. Was die Maße der Pflanzgruben betrifft, werden in der Literatur bei Neupflanzungen für Hochstämme Kantenlängen von 1 m oder sogar 1,50 m mit 70 cm Tiefe gefordert. Auf Grund der praktischen Erfahrung bei meinen eigenen Pflanzungen sowie bei Pflanzaktionen im Rahmen von Vereinsarbeit betrachte ich diese Größenangaben als deutlich an der oberen Grenze orientiert, was hobbygärtnerische Sorgfalt anbelangt. Wichtig ist aus meiner Sicht nicht so sehr die Grubengröße, es kommt vielmehr auf die Bodenaufbereitung und die Pflanzenvorbereitung an. Ein gut durchgeführter Wurzelschnitt, das leichte Andrücken der eingeschaufelten Erde und zum Schluss das ausreichende Angießen des Baumes (Einschwämmen von feinkrümeliger Erde in die Hohlräume) bilden die Voraussetzung für das erfolgreiche Anwachsen des Baumes. Auch sollten Sie die Grube nicht zu früh vor dem Pflanztermin ausheben. Sie vermeiden dadurch, dass die Erde austrocknet. Als Orientierungshilfe sind auf Seite 33 einige Abmessungen für bestimmte Baumgrößen genannt, die man bei Bedarf erhöhen kann:

Wurzelschnitt heißt, dass starke Wurzeln um etwa ein Drittel zurückgeschnitten werden, vertrocknete Wurzeln werden entfernt.

Die vorher abgestochene Grasnarbe sollte nach der Pflanzung nicht wieder aufgesetzt werden. Damit wird erreicht, dass bei Regen das Wasser schneller zu den Wurzeln des Baumes gelangt.

Beerenobst

Bei Topf- oder Containerpflanzen können Sie für die Pflanzlochgröße folgende Faustregel anwenden: Pflanzlochdurchmesser etwa 1,5-mal oder doppelt so groß wie der Durchmesser des Pflanztopfes und etwa 1,5-mal so tief wie die Pflanztopfhöhe. Diese Regel können Sie auch bei Ballenpflanzen anwenden. Die ausgehobene Erde wird mit nassem Torf (Anteil etwa ein Drittel) gemischt und nach der Pflanzung am Rand wieder eingebracht (Beerensträucher sind Waldrandpflanzen und brauchen leicht sauren Boden).

Für starke Johannisbeer-, Stachelbeer- oder Jostabeerbüsche (4 bis 6 Triebe) empfehle ich eine Pflanzgrube mit den Mindestmaßen: Länge/Breite etwa 40 cm, Tiefe etwa 30 bis 40 cm. Bei schwächeren Büschen kann man

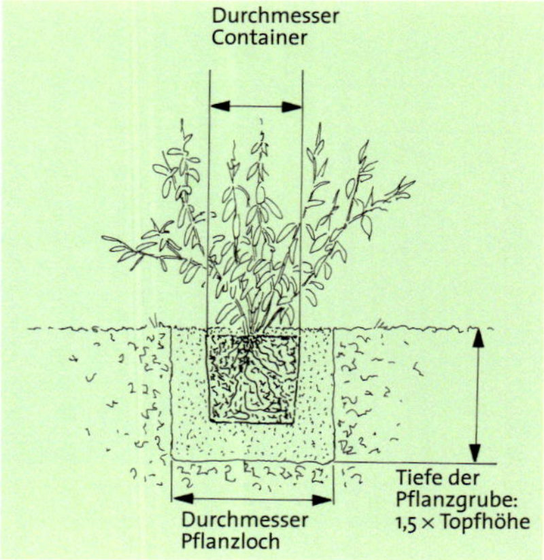

Pflanzgrube für einen Beerenstrauch im Container. Man pflanzt etwa 5 cm unter Bodenniveau ein.

die Länge/Breite auf etwa 25 bis 30 cm und die Tiefe auf 30 cm reduzieren.

Büsche werden meistens „wurzelnackt", also mit offenliegenden Wurzeln (z. B. Johannisbeere, Jostabeere usw.), oder als Ballenpflanzen angeboten. Nachdem Sie das Pflanzloch ausgegraben haben, können Sie gleich pflanzen. Bei Ballenpflanzen ist nicht zu vergessen, nach der Pflanzung das Ballentuch am Tuchknoten aufzuschneiden. Das Ballentuch kann im Pflanzloch bleiben, da es im Laufe der Zeit verrottet.

Pflanzzeiten

Kern- und Steinobst pflanzt man entweder im Herbst oder im Frühjahr.

Pflanzung im Herbst: Wenn Sie Ende November oder sogar erst Anfang Dezember pflanzen, gehen Sie das Risiko ein, dass die Pflanze nicht anwächst, so spät im Jahr hat die Pflanze kaum noch die Möglichkeit Wurzeln zu bilden. Der bessere Zeitraum ist zwischen Ende Oktober und spätestens Mitte November. Bei einer richtig durchgeführten Pflanzung im Herbst wächst die Pflanze noch an und treibt im Frühjahr gut aus. Ist der Winter nicht zu streng, sind die Startbedingungen besser als bei der Frühjahrspflanzung.

Pflanzung im Frühjahr: Im Frühjahr können Sie erst mit dem Pflanzen beginnen, wenn der Boden nicht mehr gefroren ist. Das heißt, eine Bodenbearbeitung auch in einer Tiefe von 30 bis 40 cm muss mit dem Spaten machbar sein. Das ist in aller Regel erst ab Mitte bis Ende März möglich (je nach Region gibt es hier Unterschiede).

Für **Beerenobst** ist das zeitige Frühjahr (ab Mitte März) die beste Pflanzzeit.

Pflanzung von Bäumen

Je nach Art des Baumes (z. B. schwach wachsend oder Sämling) müssen Sie Ihrem Baum den Start in seine Vegetationslaufbahn erleichtern. Nachdem Sie die Pflanzgrube ausgehoben haben, empfehle ich für alle

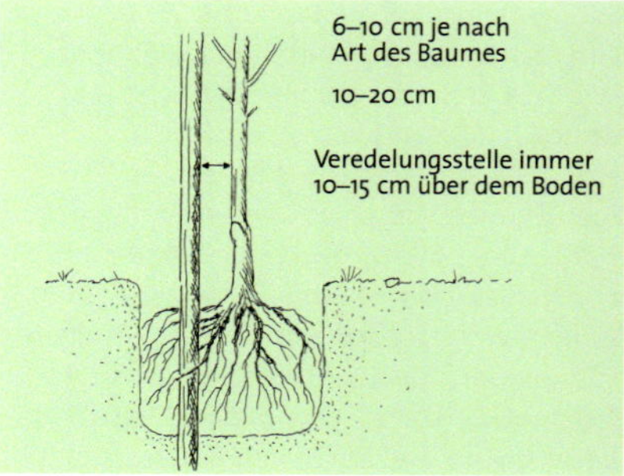

Richtiges Pflanzen für einen Obstbaum.

Wichtig bei der Pflanzung von Beerenobst (wie auch bei den Bäumen):
- das Einfüllen von krümeliger Erde mit Kompostzugabe,
- das vorherige Wässern der Wurzeln,
- ein gut durchgeführter Wurzelschnitt (abgestorbene Teile wegschneiden),
- keine nach oben verlaufenden Wurzeln in der Pflanzgrube.

Für eine gute „Verstockung" der Pflanze pflanzt man diese etwa 3 bis 5 cm tiefer. Für Spalieraufzucht wird die Pflanze kaum mit Boden bedeckt (etwa 1 bis 2 cm) und man belässt nur maximal *zwei* starke Triebe. Mit dem Gießen der Pflanze und dem Andrücken der Erde schließt die Pflanzaktion dann ab.

Bäume einen Pfahl mitzusetzen. Die Pfahlgröße für einen Sämlingsbaum beträgt etwa 2,20 bis 2,40 m Länge (davon stecken etwa 40 cm im Erdreich) und etwa 10 cm Durchmesser, am Fuß des Pfahles gemessen. Ich habe bei meinen Pflanzungen imprägnierte Pfähle verwendet. Wenn deren Beschaffung aber zu aufwendig ist, nehmen Sie einfach einen Naturpfahl und kohlen Sie diesen unten auf etwa 50 cm an. Dabei hält man diesen Bereich in die Flamme, bis er an der Oberfläche angekohlt ist.

Für schwächer wachsende Bäume gelten andere Pfahl-Höhenmaße *über* dem Boden:
Halbstamm: etwa 1,40 bis 1,60 m mit etwa 8 cm Durchmesser. Wählen Sie den Pfahl nicht zu kurz.
Busch- und Spindelbaum: etwa 2,0 bis 2,40 m Länge (die Mitte wird über die ganze spätere Baumhöhe und über die ganze Lebenszeit des Baumes am Pfahl befestigt); der Pfahldurchmesser beträgt etwa 4 bis 6 cm.
Ballerinas können fast überall gepflanzt werden wo wenig Platz zur Verfügung steht, z. B. auf einem Balkon, an einem Gewächshaus. Wichtig ist nur, dass mindestens zwei Bäume gepflanzt werden, wenn keine weiteren Apfelbäume in der Nähe sind (um die Befruchtung sicherzustellen). Der Pflanzabstand kann zwischen 80 cm und 1,50 m gewählt werden.

Pflanzung von Beerenobst

Von einer Startdüngung würde ich abraten. Meine Erfahrung in den Hausgärten ist, dass die Böden in aller Regel überdüngt sind. Hier würde ich empfehlen:
- Bodenprobe entnehmen oder, wenn nicht möglich,
- erst im Folgejahr nach der Analyse von: Blattfarbe (gelbliche Verfärbungen), Vitalität des Busches (viel Jungholz oder neue Triebe), optisches Erscheinungsbild (schwach, kränklich), gezielt mit nicht übermäßiger Düngung beginnen.

Der Pflanzabstand beträgt bei den **Himbeeren,** die im Container herangezogen wurden, je nach persönlicher Vorstellung und Geldbeutel etwa 25 bis 40 cm. Bei **Brombeeren** können Pflanzabstände von 2,50 m bis 3,50 m eingehalten werden. Der Pflanzschnitt wird wie auf Seite 60 beschrieben (Wurzel- und Pflanzschnitt) durchgeführt.

Pflanzen Sie die Pflänzchen immer etwas tiefer ein als die Bodenebene. Als Empfehlung kann mit folgendem Wert gearbeitet werden:
- Himbeeren etwa 5 cm tiefer (Pflanze mit Erde bedeckt),
- Brombeere etwa 3 bis 5 cm tiefer.

Arbeitsablauf beim Pflanzen eines Obstbaumes.

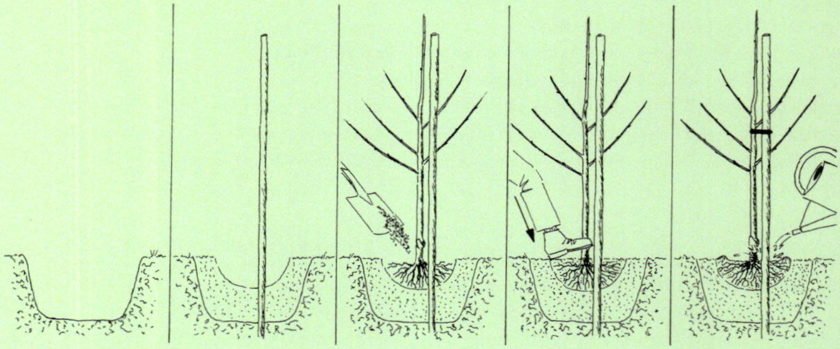

1. Pflanzgrube ausheben.
2. Lockere feinkrümelige Erde ca. 5 cm hoch in die Pflanzgrube einfüllen und mit Humus oder mit Komposterde den Ackerboden anreichern (Anteil etwa ein Drittel). Den Pfahl setzen.
3. Den Baum setzen und lockere Erde auffüllen. Die Veredelungsstelle muss mindestens 10 cm über den Boden herausragen.
4. Mit dem Stiefel die Erde leicht andrücken.
5. Gut angießen bzw. das Wurzelwerk mit Erde einschlämmen, damit sich keine großen Hohlräume bilden können, denn diese behindern die Wurzelbildung.

Die Pflanzgrube muss ausreichend breit und tief ausgehoben werden, bevor man feinkrümelige Erde auf den Grund gibt.

Die Veredelungsstelle sollte sich etwa 10 cm oberhalb der Bodenoberfläche befinden.

Nach dem Einsetzen wird das Ballentuch geöffnet. Es verbleibt in der Pflanzgrube und verrottet mit der Zeit.

Mindestmaße für die Pflanzgrube

Hochstamm: Länge/Breite etwa 70 cm, Tiefe etwa 40 – 50 cm
Halbstamm: Länge/Breite etwa 50 cm, Tiefe etwa 40 – 50 cm
Buschbaum: Länge/Breite etwa 40 cm, Tiefe etwa 40 cm
Spindelbaum: Länge/Breite etwa 30 cm, Tiefe etwa 30 cm

Der gepflanzte Baum wird ausgiebig gewässert.

So ist der Baum richtig mit einem Kokos- oder Hanfstrick am Pfahl angebunden.

Dieser Pfahl steht zu eng am Baum. Es besteht die Gefahr, dass der Pfahl an der Borke scheuert und Verletzungen hervorruft.

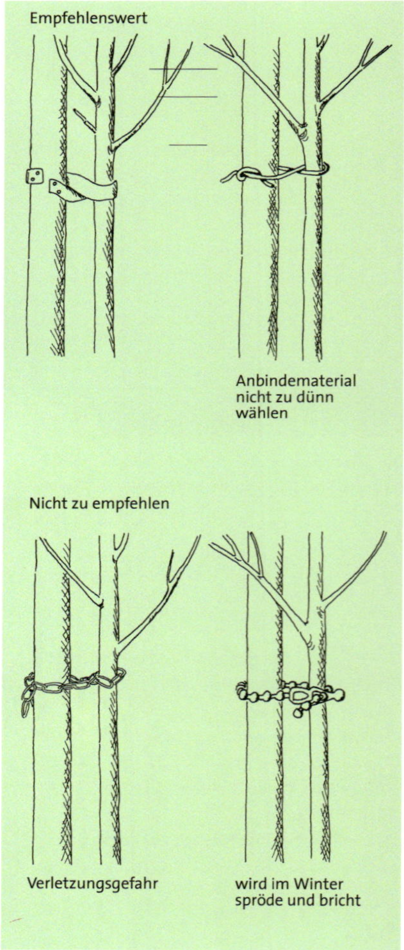

Anbindemöglichkeiten für einen Obstbaum.

Die Ruten der Himbeere und Brombeere werden bei der Pflanzung auf etwa 50 cm eingekürzt (abschneiden der Rute etwa 0,5 cm über dem letzten Blattaustrieb).

Als Pflanzabstand für die buschförmigen **Johannisbeeren, Stachelbeeren und Jostabeeren** sollte mindestens 1,50 m besser 1,80 m gewählt werden, damit Sie auch in fünf Jahren die Ernte noch von allen Seiten durchführen können. Für die Jostabeere empfiehlt sich ein Pflanzabstand von 2 m. Diese Beere wächst sehr stark in die Breite. Der große Abstand erleichtert später die Pflegearbeiten wie z. B. das Mähen. Für die Stachelbeere gelten die gleichen Abstandsmaße wie für die Johannisbeere. Die Verzweigungsstelle der Triebe sollte noch etwa 5 cm hoch mit Erde bedeckt sein.

Für die Beerenobstbäumchen beträgt der Pflanzabstand etwa 1,50 m. Bei den Stämmchen sollten Sie unbedingt einen Stützpfahl einbringen, sonst kann bei starken Winden die Krone oder Teile davon wegbrechen. Setzen Sie den Pfahl in die Nähe des Wurzelballens mit einem Abstand von 10 bis 15 cm zum Stamm. Der Pfahl hat idealerweise einen Durchmesser von 2 bis 3 cm und überragt das Bäumchen um etwa 20 bis 30 cm.

Pflanzung und Erziehung von Himbeeren am Draht.

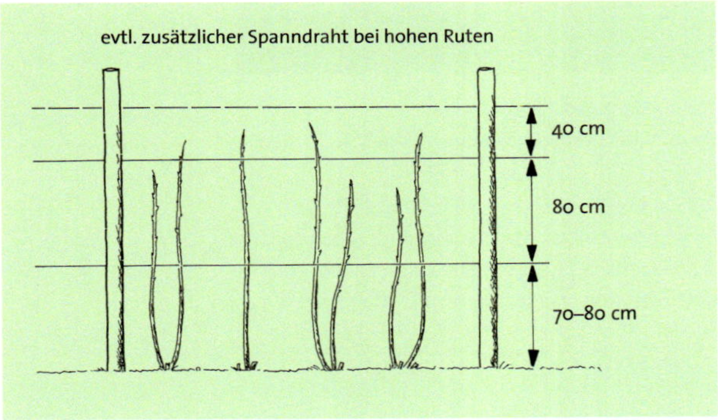

Erziehung von Brombeeren am Draht. Man verwendet 2 bis 3 mm starken, verzinkten oder kunststoffummantelten Draht.

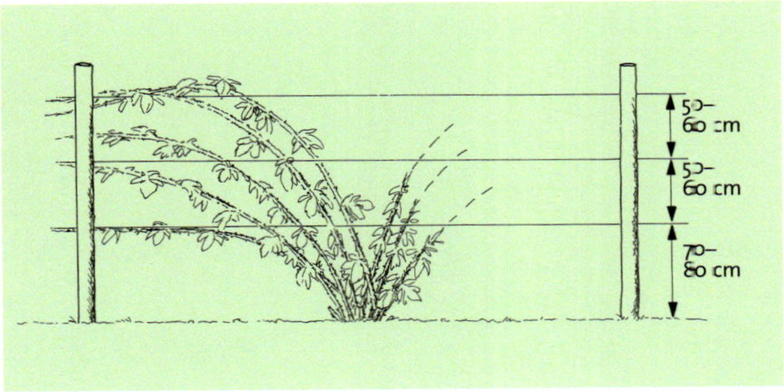

Die Aufsitzstange für Greifvögel bedeutet einen guten Schutz vor Schaden durch Nagetiere.

Für das Ziehen von **Johannisbeere und Stachelbeere am Draht** können die Pflanzabstände etwas geringer gewählt werden als bei den Büschen. Hier haben sich Abstände zwischen 1,20 m und maximal 1,50 m bewährt.

Himbeere am Draht. Die Himbeerruten oder im Topf herangezogene Pflanzen können im Abstand von 25 bis 40 cm gepflanzt werden.

Bei der **Brombeere am Draht** hat sich ein Pflanzabstand von mindestens 2 m oder mehr bewährt. Bei der Pflanzung empfehle ich Ihnen folgende Vorgehensweise: Sie schlagen drei Pfosten mit einer Höhe von etwa 1,80 m und einem Pfostenabstand von mindestens 2 m (besser mehr) ein. Der Pfostendurchmesser beträgt etwa 6 bis 8 cm. Der Brombeertrieb wird am *mittleren* Pfosten eingepflanzt. Im Laufe der Zeit werden die jungen Triebe nur auf eine Seite gelenkt. Im Sommer kommen dann die nachfolgenden Jungtriebe, diese werden dann auf das andere Feld gebunden. So hat man immer auf der einen Seite die Tragruten und auf der anderen Seite die Jungruten. Es erleichtert die Erntebedingungen.

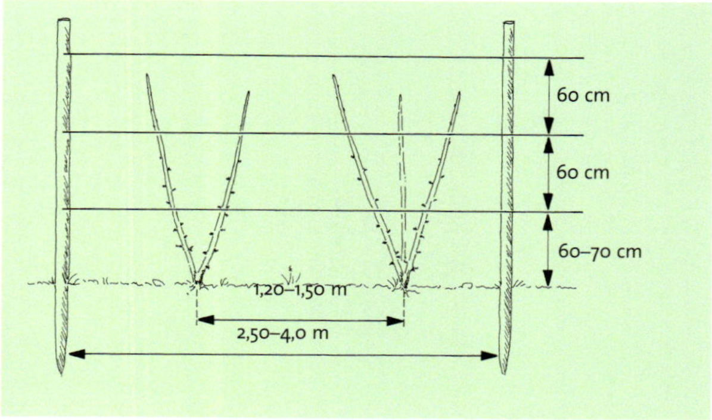

Erziehung von Johannisbeeren am Draht. Man zieht maximal zwei Triebe hoch. Der Durchmesser des Pfahls beträgt 6 bis 8 cm bei einer Länge von mindestens 2,40 m.

Zum integrierten Anbau gehören Nisthilfen für Nützlinge. In den Löchern des Altholzes nisten Wildbienen.

Durch Frosteinwirkung entstanden Risse in der Rinde.

Sonstige Maßnahmen

Vogelsitze und Nistkästen

Nichts hilft so sehr wie eine Vielzahl von Nützlingen in der Nähe ihrer Baumwiese. Erleichtern Sie den Greifvögeln den Ansitz, indem Sie Ansitzhilfen anbieten.

Der Pfahl, der für den Ansitz vorgesehen ist, sollte höher sein als die anderen Baumpfähle. Greifvögel lieben es über der Sache zu sitzen. Auf diesen Pfahl befestigen Sie ein Querholz, etwa 15 cm lang und 2,5 bis 3 cm im Durchmesser. In aller Regel werden diese Ansitzhilfen angenommen.

Zum Thema „Nistkästen“ kann ich Ihnen nur empfehlen sich an die örtlichen Vogel- oder Naturschutzvereine zu wenden. Dort berät man Sie gerne. In unserer Region habe

Der Kalkanstrich schützt im Winter vor übermäßigen Temperatur-Schwankungen und beugt dadurch Rindenrissen vor.

Links: Die Kunststoffspirale beugt Verbissschäden vor.
Rechts: Die Drahtummantelung schützt den Stamm vor nagenden Tieren.

ich gute Erfahrungen mit Meisen und Rotschwanz gemacht, aber auch der Haussperling machte sich ganz nützlich.

Baumschutz

Es gibt verschiedene Einflüsse die einem Baum schaden können:

- Klima, Witterung,
- Flechten (nur wenn der Baum sehr stark befallen ist),
- Fraßschaden durch Tiere.

Witterungseinflüsse wie z. B. Wind, Nässe, Frost, Hitze bzw. Wärme können einem Baum schon ganz schön zusetzen, wobei die meisten Schäden auf Frost, Wärme und Wind zurückzuführen sind. Diese Mixtur stellt sich vor allem im Spätwinter (Anfang Februar bis Mitte März) ein. Das typische Schadbild sind Rindenrisse oder Rindenabplatzungen. Diese Schäden schwächen den Baum für die bevorstehende Vegetationsperiode.

Um diesen Schäden vorzubeugen, besteht die Möglichkeit, dass Sie ihre Bäume im Herbst mit einer Kalkschlämme oder einem Fertigprodukt vom Grund bis zu den ersten Astverzweigungen einstreichen. Dieser Anstrich wirkt wie eine Schutzschicht gegen Wind, Feuchtigkeit, Wärme und Frost.

Aufgetragen wird der Anstrich Ende November bis Mitte Dezember bei frostfreiem Wetter.

Flechten verursachen grundsätzlich keinen Schaden. Dort wo sie massiv auftreten (am Stamm oder an Astpartien) kann nur lindernd eingegriffen werden. Dass die Obstqualität dadurch verschlechtert wird, lässt sich nicht bestätigen. Ich habe Bäume gesehen, an denen mit viel Mühe und Zeitaufwand die ganzen Flechten abgekratzt worden sind. Im diesem und im Folgejahr waren augenscheinlich keine Flechten mehr vorhanden. Im dritten Jahr sah man dann wieder die ersten Flechtenansätze. Und heute – fünf Jahre danach – sind die Bäume wieder stark mit Flechten befallen. Es gibt dafür sicherlich wissenschaftliche Erklärungen, jedenfalls sind bestimmte Umgebungsbedingungen für die Flechtenvermehrung ideal. Wer hier ein Problem sieht, kann sich bei den zuständigen regionalen Landratsämtern oder bei den Beratungsringen für Obstbau über eventuell mögliche Gegenmaßnahmen informieren.

Der Schaden, der durch **tierische Schädlinge** wie Wild (Hase, Rehe), Mäuse (Feldmäuse, Schermaus), Vögel verursacht wird, ist weitaus größer ist als landläufig angenommen. Eine Schermaus und deren Familienangehörige können durchaus einen gut entwickelten Halbstamm so schädigen, dass der Baum über lange Zeit kümmert oder im ungünstigsten Fall sogar eingeht. Der Schaden beschränkt sich in diesem Fall nicht nur auf den Baum, sondern auch auf den Ernteausfall über den gesamten Zeitraum, bis ein neu gepflanzter Baum den gleichen Ertrag bringt (und das kann leicht einen größeren Betrag ergeben).

Ähnlich verhält es sich bei Wildverbiss, da die dadurch verursachten Wunden den Baum deutlich schwächen und wieder zum Totalausfall führen können. Die Vögel schädigen in aller Regel nur die Früchte (z. B. Kirschen durch Stare). Also lohnt es sich schon, hier ein besonderes Augenmerk auf den Baumschutz zu richten.

Als Schutzmaßnahmen empfehlen sich:

- Gegen **Wildverbiss** sollte der Baum großzügig mit Drahtrosetten geschützt werden und zwar bis zur einer Höhe von etwa 1,50 m (ein Reh kann, wenn es Hunger hat, den Hals ganz schön weit strecken).
- Gegen **Hasenverbiss** kann der Baum mit Kunststoffspiralen, Drahtrosetten, Schutzanstrich oder Schutzzaun (Abbildungen) geschützt werden. Es gibt auch hier Spezialrezepte: angefangen bei mit Dieselkraftstoff getränkten Lappen, die in Bäume gehängt werden, bis hin zu Tinkturen, mit denen der Baum oder Tücher angesprüht werden. Bevor Sie dafür viel Geld ausgeben, erkundigen Sie sich bei den fachlich kompetenten Stellen (Obst- und Gartenbauvereine, Fachwarte, Grünlandberatungsstellen usw.) nach geeigneten Schutzmaßnahmen oder vorliegenden Erfahrungen.
- Gegen **Mäuse**, hier vor allem die Schermaus, kann ich nur regelmäßiges Begehen des Grundstücks empfehlen. Als geeignet für die Bekämpfung der Wühl- oder Schermaus sehe ich an:
  - die verschiedenen Fallenarten (z. B. Draht- oder Bügelfalle).
  - Gaskugeln (vor allem im Winter, wenn man wegen dem hartgefrorenen Boden keine Fallen einbringen kann).

Außerdem empfiehlt es sich, gleich den Wurzelballen des Baumes in einen Drahtkorb zu pflanzen. Damit ist gewährleistet, dass der Baum zumindest in der Anfangsphase keinem Wurzelfraß durch Mäuse ausgesetzt ist.

Als sinnvolle Abwehrmaßnahme gegen Vögel helfen nur Netze (bei Kirschen), die über die Bäume gespannt werden. Hier gibt die Baumgröße die wirtschaftlichen Grenzen vor, d. h. nur bei kleinkronigen Bäumen lohnt sich das Überspannen mit einem Netz.

Pflanzsysteme

Wenn Sie vorhaben, ein Grundstück zu bepflanzen, so können Sie sich zwischen verschiedenen Pflanzsystemen, die den Flächenbedarf, den Pflegeaufwand, den Nutzen und das Erscheinungsbild berücksichtigen, entscheiden.

Zunächst beschäftigen wir uns mit den Möglichkeiten, die für das Kern- bzw. Steinobst in Frage kommen, im Anschluss daran

Pflanzabstände bei Steinobst

Süß- und Sauerkirschen
(auf schwach wachsender Unterlage)

Reihenabstand	etwa 4 – 5 m
Baumabstand	etwa 2 – 3 m

Pflaume oder Zwetschge
(auf schwach wachsender Unterlage)

Reihenabstand	etwa 4 m
Baumabstand	etwa 2,50 – 3 m

Die kleine Obstanlage setzt sich aus Spindelbäumen zusammen.

werden die verschiedenen Beerenobstanpflanzungen betrachtet.

Kern- und Steinobst

Eine **Hochstamm-Anpflanzung** sollte keine geometrisch genau abgemessene Pflanzanordnung bekommen. Diese prächtigen Bäume wirken für sich, und in der freien Landschaft gibt es auch keine exakte Regelmäßigkeit. Pflanzen Sie Hochstämme frei und unregelmäßig an. Berücksichtigen Sie dabei aber die Pflanzabstände (mindestens 12 m Abstand zwischen den Bäumen).

Bei den **Halbstämmen** stehen wirtschaftliche Gesichtspunkte schon mehr im Vordergrund. Hier möchte man mit dem Traktor, der Mähmaschine bzw. dem Auto hindurch fahren können, um die Pflege und Ernte durchzuführen. Es empfiehlt sich eine Pflanzung der Bäume in Reihe, unter Berücksichtigung der Pflanz- und Grenzabstände. Der Pflanzabstand beträgt mindestens 8 m und der Reihenabstand sollte nicht unter 10 m gewählt werden. Eine Nord-Süd-Ausrichtung ist zu bevorzugen, aber auch eine Ost-West-Ausrichtung ist akzeptabel.

Bei den **Busch- und Spindelbäumen** (Kernobst) können Sie sich zwischen zwei verschiedenen Formen der Pflanzung entscheiden (es gibt auch noch weitere Anordnungsformen, die sind aber für den Hobbygärtner uninteressant):

- Rechteck oder Reihenpflanzung,
- Dreieckpflanzung oder Doppelreihenpflanzung.

Welche Form gewählt wird, hängt davon ab, ob die Anlage nur als Hobby oder im Nebenerwerb betrieben wird. Für den Hobbyisten empfehle ich die Reihenpflanzung. Sie ist einfach durchführbar und führt zu guten Obstqualitäten. Es gelten die auf der vorigen Seite genannten Abstandsverhältnisse.

Aber auch in der privaten Kleinanlage sollte man – sofern es die Grundstücksverhältnisse zulassen – eine Nord-Süd-Ausrichtung wählen.

Sollten Sie höhere Ansprüche in Bezug auf die Wirtschaftlichkeit haben, so können Sie die Pflanzabstände verringern. Sofern Sie aber mit Traktoren arbeiten, sind andere Reihenabstände notwendig. Die Arbeitsgasse sollte nicht kleiner als 1,50 m sein, das erfordert einen Reihenabstand von mindestens 4,50 m (bei Bäumen auf M9-Unterlagen). Bei stärker wachsenden Bäumen vergrößert sich dieses Maß entsprechend. Hier empfehle ich aber, sich bei den entsprechenden Institutionen (Landratsämter, Obstbauringe) Fachinformation einzuholen.

In Doppelreihe sollte man übrigens nur bei sehr schmalen Grundstücken pflanzen; sie bringt keine nennenswerten Vorteile gegenüber der Reihenpflanzung.

Spaliere

Gerade die schwach wachsenden Bäume ermutigen den Besitzer auch zu anderen Formschnitten. Vorgezogene Spalierbäume können in wenigen Baumschulen bezogen werden, oder Sie wählen einen Jungbaum aus, den Sie selber erziehen wollen. Eine kleine Auswahl von Spalierformen soll Ihnen zeigen,

Spalierobst (hier eine Birne) braucht nicht viel Platz, verlangt aber korrekten und regelmäßigen Schnitt.

Die wichtigsten Abmessungen für die Himbeer- und Brombeerkultur

Pfostenhöhe über dem Erdreich	etwa 1,80 bis 2,20 m
Pfostendurchmesser	etwa 6 – 8 cm
Pfostenabstand (je nach örtlichen Verhältnissen)	
Himbeere	2,50 – 3,50 m
Brombeere	3 – 5 m
Reihenabstand	mindestens 2 m
Drahtdurchmesser	zwischen 1,5 und 2,5 mm

wie mit Fantasie und etwas Mut Formen entstehen, die einfach schön sind. Suchen Sie sich das Beste aus, was für Ihren Garten in Frage kommt und beginnen Sie.

Es erfordert allerdings ein gewisses Maß an Schnitterfahrung, damit der Baum in der gewünschten Form bleibt bzw. damit der Baum erst einmal in die gewünschte Form gebracht werden kann. Wenn Sie noch keine Erfahrung haben, empfehle ich Ihnen mit einem ganz normalen Buschbaum anzufangen. Das Prinzip ist relativ einfach. An einem Gerüst (Draht, Gatter usw.) werden die einjährigen Triebe, die benötigt werden, in Form gebracht. Diese Maßnahmen werden idealerweise zwischen Mai und September durchgeführt. Störende Verzweigungen werden abgeschnitten. Bitte den Radius bei der Richtungsänderung nicht zu eng wählen (Gefahr des Abknickens!), sondern in einem weichen Bogen die Richtungsänderung einleiten. So verfahren Sie Jahr um Jahr. Spätestens im dritten Jahr ist die Grundform fertig.

Es gibt allerdings auch fertige Spalierbäume in den Baumschulen, diese sind zwischen fünf und acht Jahre alt und besitzen eine ausgereifte Form. Allerdings sind sie nicht ganz billig.

Aber auch im kleinen Hausgarten gibt es genügend Plätze für das Anpflanzen von schwach wachsenden Bäumen, die zu Spalieren herangebildet werden können. Wenn Sie z. B. neu gebaut haben, passen an die Garagenwand sicherlich drei Apfelbäume, oder als Einfriedung wird eine Apfelbaumhecke statt *Thuja* gewählt. Gestaltungsmöglichkeiten gibt es viele.

Beerenobst

Die Himbeere wie die Brombeere sind Flachwurzler und brauchen für ihre Standfestigkeit immer ein Spalier- oder Drahtgerüst.

Für eine Himbeerkultur können Sie ein Drahtgerüst nach folgenden Maßen aufbauen:

Der angegebene weite Pfostenabstand empfiehlt sich allein schon deshalb, um Probleme bei den Pflegearbeiten, z. B. dem Mähen, zu vermeiden.

Sie können die Drahtgerüste auch für Stachelbeeren, Johannisbeeren und evtl. für Jostabeeren verwenden. Für Stachelbeeren sind allerdings vier bis fünf Spanndrähte im Abstand von etwa 35 bis 40 cm notwendig (erster Draht etwa 40 cm über dem Boden).

Die wichtigsten Spalierformen im Überblick

Doppelte U-Form

Als Pflanzmaterial dient eine einjährige Veredlung. Der Trieb wird auf eine Länge von etwa 30 cm zurückgeschnitten (Abb. 1). Wichtig ist, dass sich unterhalb der Schnittstelle je ein nach rechts und links gerichtetes Auge befindet.

Die Austriebe werden flach am ersten Spalierdraht gebunden, wobei die Triebspitze leicht nach oben zeigen soll. Dadurch wird das Längenwachstum über die Vegetationszeit gefördert. Im folgenden Frühjahr schneidet man die beiden Kordonarme in Höhe des nächsten Spalierdrahtes, der etwa 30 bis 40 cm oberhalb des ersten angebracht ist, zurück (Abb. 2). Auch hier müssen die beiden oberen Augen nach rechts und links gerichtet sein.

Die Austriebe werden jeweils nach rechts und links abgeleitet und in einem Abstand von etwa 50 cm senkrecht nach oben geleitet (Abb. 3).

Es muss darauf geachtet werden, dass alle vier senkrechten Arme in gleicher Höhe

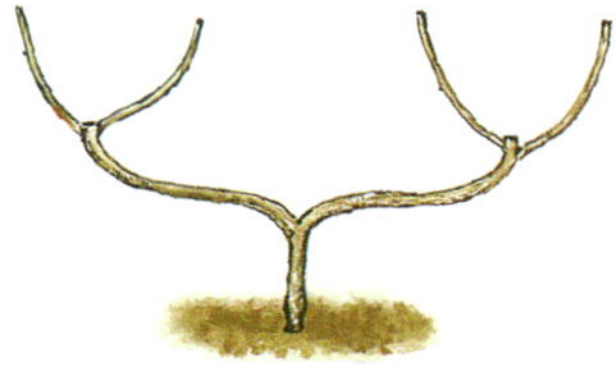
2

1

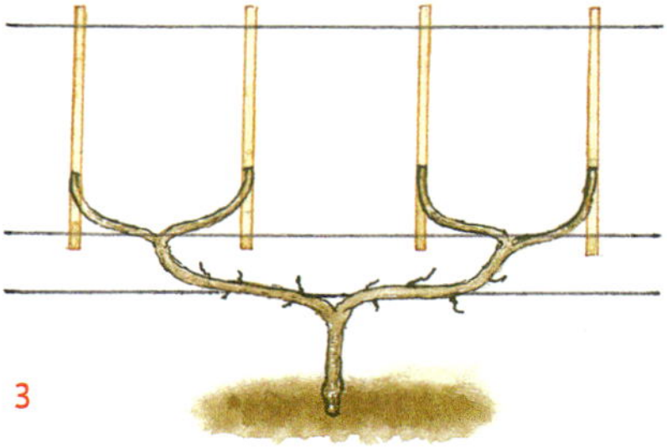
3

4

enden (Abb. 4). Sollte dies nicht der Fall sein, richtet man sich nach dem schwächsten und schneidet die anderen auf seine Höhe zurück. Alle weiteren Austriebe, die nicht dem Aufbau des Kordons dienen, werden im Sommer nach dem vierten voll entwickelten Blatt entspitzt. Dadurch kommt es zur Fruchtholzbildung.

Abb. 5 zeigt die fertige Doppelte U-Form.

Gabelspalier

Das Gabelspalier ist eine Abwandlung der Doppelten U-Form, in dem die beiden U nicht nebeneinander angeordnet, sondern ineinander gestellt sind (Abb. S. 39). Zu Beginn der Erziehung werden deshalb drei Augen benötigt. Das obere Auge bildet die kurze Stammverlängerung, während die beiden darunter befindlichen nach rechts und links gerichtet sind. Die Stellung der Augen muss man bereits bei der Pflanzung des Gehölzes

5

beachten. Der dritte waagerecht verlaufende Spalierdraht ist etwa 10 bis 15 cm über dem darunter liegenden angebracht.

Einfache Palmette

Als Pflanzmaterial eignet sich am besten ein Gehölz mit einer bereits in der Baumschule gebildeten ersten Etage in 30 cm Höhe. Die beiden Seitentriebe werden in einem Winkel von 45° vorerst am Spalier befestigt. So werden der Austrieb der Spitzenknospe und das Längenwachstum gefördert. Sind die Triebe noch nicht so lang, dass sie an den nächsten Draht heranreichen, kann man sie durch Latten oder Tonkingstäbe unterstützen, die in dem o.g. Winkel angebracht sind. Der Mitteltrieb wird etwas unter dem Niveau der Seitentriebe gehalten, damit sich die Seitentriebe kräftigen (Abb. 1 und 2, S. 37).

Im folgenden Jahr werden die Seitentriebe waagerecht am Spalierdraht befestigt, mit Ausnahme des vorderen Teiles, der schräg

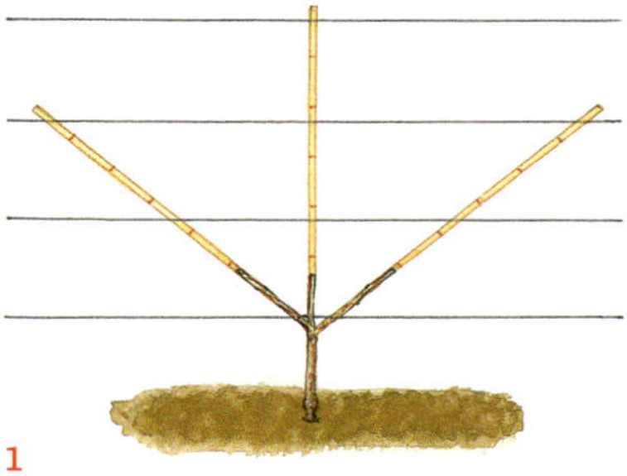

1

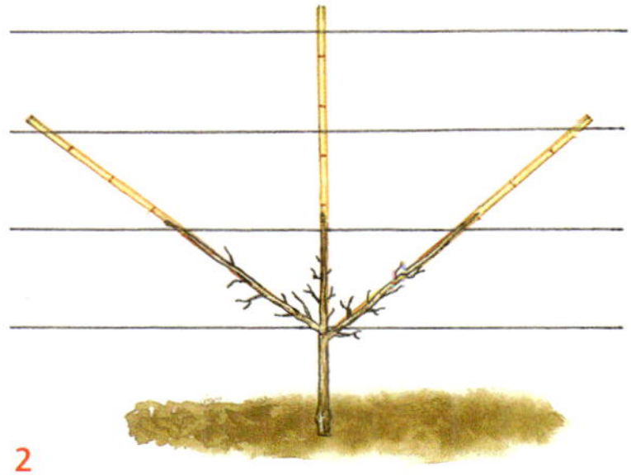

2

3

4

nach oben gelenkt werden muss. Dadurch wird die Spitzenknospe im Austrieb und Wachstum gefördert. Ein endgültiges Waagerechtstellen ist erst dann möglich, wenn die Palmette seitlich ihren vorgegebenen Standraum ausfüllt. Die nächste Etage befindet sich etwa 30 cm über der ersten. An dieser Stelle muss die gleiche Konstellation der Seitenknospen und Spitzenknospe vorhanden sein wie bei der unteren Etage (Abb. 3, S. 37). Das Formen der Triebe erfolgt wie bei der unteren Etage. Austriebe auf der Länge des waagerecht gestellten Holzes müssen entspitzt werden, damit sie sich zu Fruchtholz entwickeln.

In dieser Weise wird Etage für Etage aufgebaut, bis die mögliche Höhe erreicht ist. Es ist aber unbedingt darauf zu achten, dass mit dem Aufbau einer neuen Etage erst dann begonnen wird, wenn sich die unteren kräftig genug entwickelt haben (Abb. 4, S. 37).

Wechselpalmette

Die Wechselpalmette ist relativ einfach zu erziehen. Beim Spalier ist es erforderlich, dass immer im Abstand von 30 cm ein waagerechter Spalierdraht oder eine Latte verläuft. Als Pflanzmaterial eignen sich einjährige Gehölze. Der Baum ist so zu pflanzen, dass in der Höhe von 30 cm über dem Boden ein Auge nach vorn gerichtet ist und das darunter befindliche nach rechts oder links zeigt. Werden mehrere Bäume nebeneinander gepflanzt, muss dieses untere Auge immer gleichgerichtet sein (Abb. 1).

Das obere Auge bildet nach dem Austrieb die Stammver-längerung. Zu deren Unterstützung ist eine senkrechte Latte oder ein Tonkingstab erforderlich, damit die Stammverlängerung senkrecht gehalten wird. Der

1

2

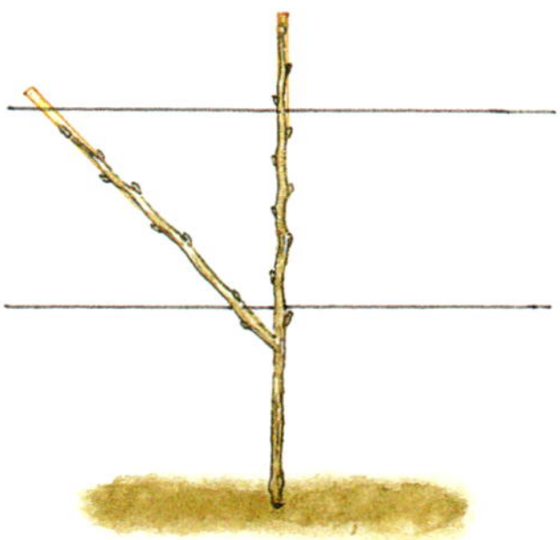

3

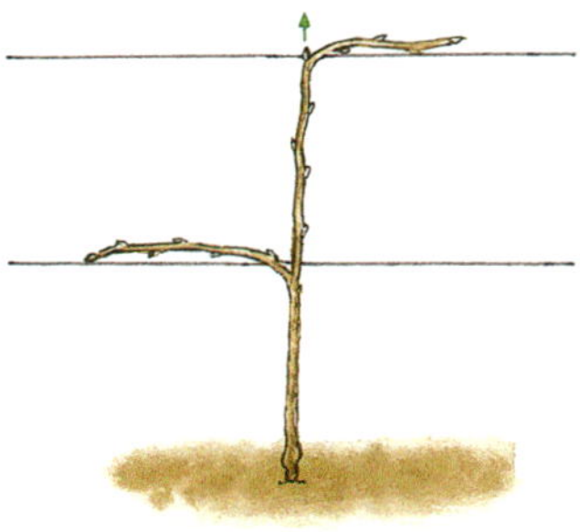

Austrieb des unteren Auges wird erst schräg am Spalier befestigt. Auch hier kann man durch eine entsprechend angebrachte Latte diese Lage fixieren. Die Stammverlängerung darf in ihrem Wachstum nicht dominant werden. Bei zu starkem Wachstum muss

4

dieses durch Entspitzen gebremst werden (Abb. 2).

Im folgenden Frühjahr wird der untere Trieb waagerecht am Spalier befestigt und um ein Drittel eingekürzt. Die Stammverlängerung wird in einer Höhe von 30 cm über dem unteren Trieb in die entgegengesetzte Richtung gebogen. Auf der Biegungsstelle muss sich ein Auge befinden, dass nach dem Austrieb die neue Stammverlängerung bildet (Abb. 3).

In dieser Art und Weise verfährt man jedes Jahr, bis die Palmette ihre vorgegebene Höhe erreicht hat (Abb. 4). Sämtliche Triebe, die sich an den Seitenästen sowie an der Stammverlängerung bilden, müssen zur Bildung von Frucht-holz entspitzt werden.

Formloses Pfirsichspalier

Die einjährige Veredlung wird auf etwa 40 cm zurückgeschnitten (Abb. 1, S. 40). Für den Aufbau genügen vier Augen, die hälftig nach rechts und links gerichtet sind.

Die Triebe werden schräg am Spalier angebunden. Die Mitte des Baumes bleibt vorerst frei von Trieben. Im ersten Jahr entstehen meist nur Holztriebe, die im Folgejahr eingekürzt werden. Schwachtriebe sind an der Basis vollständig zu entfernen (Abb. 2, S. 40).

Die sich nun bildenden Seitentriebe sind außer Holztrieben auch wahre Fruchttriebe, die im nächsten Jahr Früchte hervorbringen. Wichtig ist, dass alle Triebe ausreichend Licht erhalten. Dazu werden sie weiterhin

1

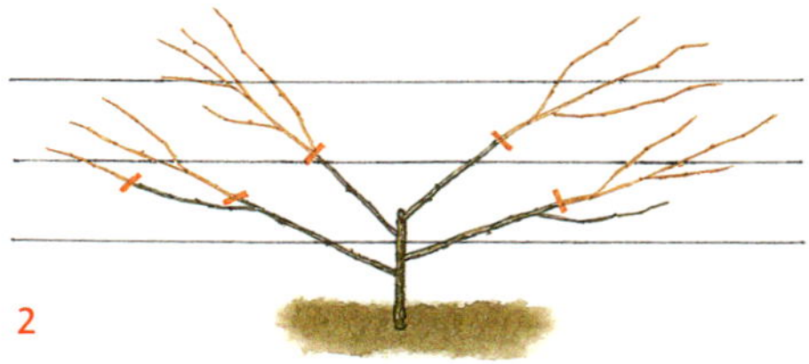

2

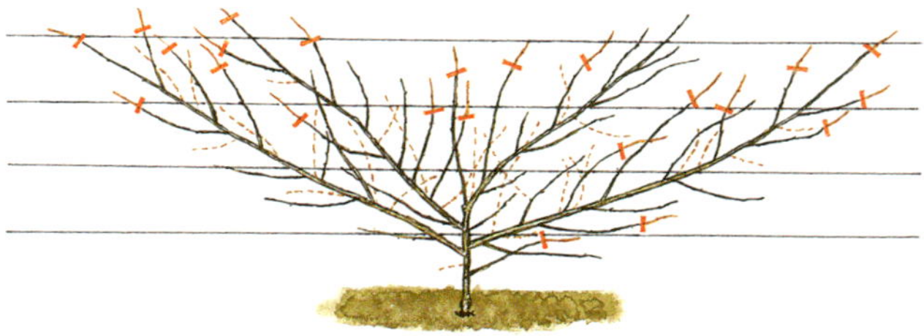

3

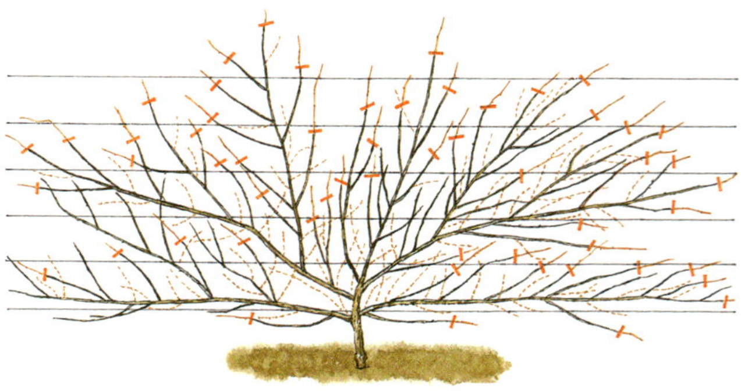

4

schräg am Spalier befestigt. Entwickeln sich Triebe im Bereich der Baummitte, so müssen diese ebenfalls schräg nach oben gerichtet am Spalier angebunden werden (Abb. 3).

Alle diese Triebe können natürlich im nächsten Frühjahr nicht am Baum belassen werden. Falsche Fruchttriebe sowie starke senkrecht stehende Reiter mit vorzeitigen Trieben werden ganz entfernt (gestrichelt dargestellt). Wahre Fruchttriebe müssen so weit gekürzt werden, dass etwa vier bis sechs Früchte verbleiben. Der Abstand zwischen den Fruchttrieben sollte mindestens 15 bis 20 cm betragen. Im oberen und damit auch jüngeren Teil des Baumes haben sich noch vorrangig Holztriebe gebildet. Diese sind

5

ebenfalls einzukürzen und schräg am Spalier zu befestigen (Abb. 4).

Wenn das Spalier sowohl in der Breite als auch in der Höhe durch den Baum bewachsen ist, muss jährlich im Frühjahr der Fruchtholzschnitt durchgeführt werden, d. h., Entfernen der falschen Fruchttriebe und schwachen Holztriebe sowie Einkürzen der wahren Fruchttriebe und gut entwickelten Holztriebe (Abb. 5).

Kesselbaum

Kesselbäume kann man mit 6, 12 oder sogar 24 Ästen erziehen. An dieser Stelle soll die Erziehung eines Kesselbaums mit 12 Ästen beschrieben werden. Bei einem Abstand der einzelnen Äste zueinander von 40 cm ergibt sich ein Durchmesser des Kreises von 1,60 m. Als Spalier werden sechs Stützen im Boden befestigt. Um die Stützen werden drei Bandeisenringe angebracht. Der unterste Ring befindet sich 40 cm über dem Boden. Die nächsten beiden Ringe folgen jeweils im Abstand von 80 cm. Daraus ergibt sich eine Gesamtspalierhöhe von mindestens 2 m. Rechts und links der Stützen werden im Abstand von 40 cm weitere Holzlatten senkrecht an den Bandeisen befestigt.

Die einjährige Veredlung auf einer stärker wachsenden Unterlage wird in die Mitte des Ringspaliers gesetzt und so weit zurückgeschnitten, dass ab etwa 20 cm über dem Boden drei gut entwickelte Augen erhalten bleiben. Die daraus er-wachsenden Triebe werden mit Stäben schräg nach dem in 40 cm über dem Boden befindlichen Drahtring an die im Boden stehenden Stützen geleitet (Abb. 1, S. 42).

Im folgenden Frühjahr schneidet man die Triebe auf etwa 30 cm zurück. Es müssen

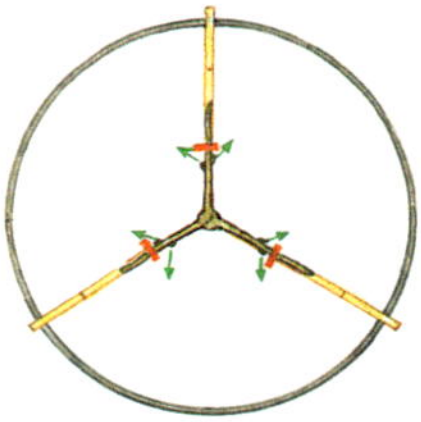

1

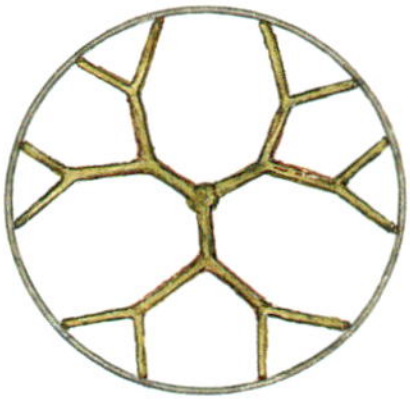

3

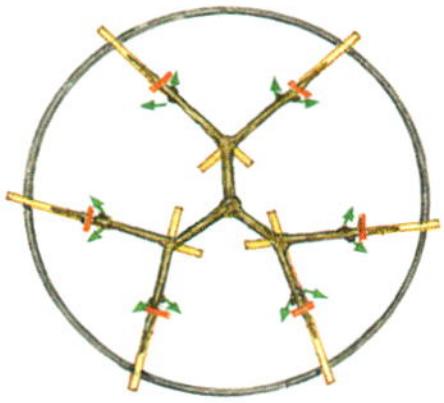

2

zwei Augen nach der Schnittstelle zum Austrieb kommen. Die sich bildenden Triebe werden wiederum schräg, unterstützt durch Stäbe, zum untersten Ring und den Stützen geleitet (Abb. 2, links).

Im Folgejahr werden die sechs Triebe wiederum auf die Hälfte ihrer Länge eingekürzt und es kommen ebenfalls zwei Triebe zur Entwicklung. In der Draufsicht ergibt sich die in Abbildung 3 (oben) dargestellte Verteilung der Äste.

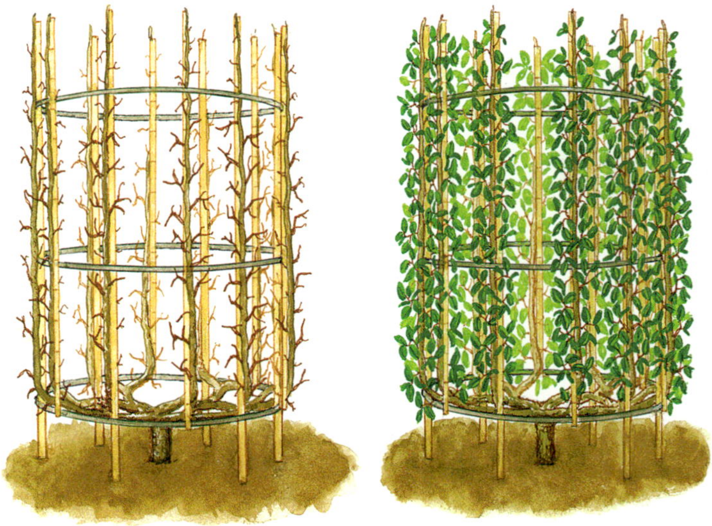

4

Die Triebe erreichen noch in diesem Jahr den Ring und können senkrecht an den Stützen und Latten nach oben geleitet werden. Abb. 4, S. 42 zeigt den fertigen Kesselbaum.

Armleuchterpyramide

Die Armleuchterpyramide kann auch als ein pyramidenförmig und oben geschlossener Kesselbaum betrachtet werden. Das Spalier besteht aus einem stabilen Mittelpfahl mit einer freien Länge von 2,50 m. An diesen Pfahl bringt man unten in etwa 40 cm Höhe zwei über Kreuz verlaufende Querträger an. Die Länge der Querträger beträgt 1,00 m. In gleicher Weise wird auch in einer Höhe von 1,80 m der Mittelpfahl mit zwei Querträgern mit einer Länge von 70 cm versehen. Diese Querträger dienen zur Fixierung der beiden

1

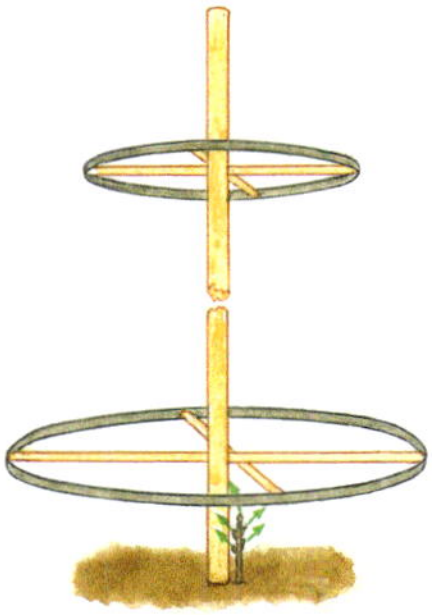

2

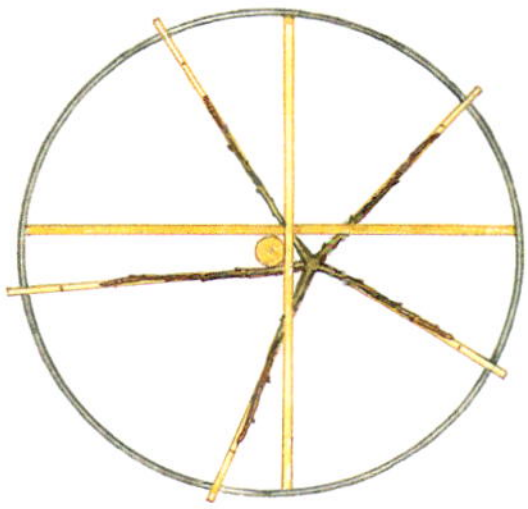

3

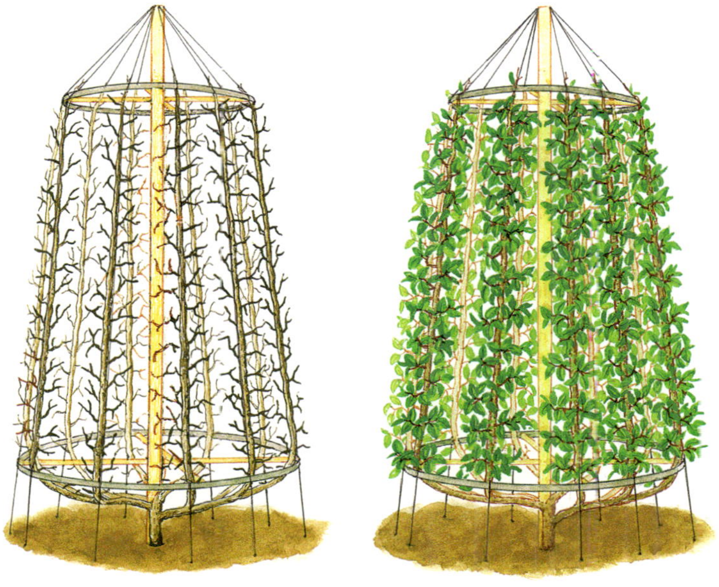

Bandeisenringe, die jeweils in diesen Höhen anzubringen sind. Von der Spitze des Mittelpfahles werden zehn stabile Drähte gleichmäßig verteilt nach unten geführt und am Boden an kleineren Erdankern verspannt. Letzteres wird aber erst dann ausgeführt, wenn die Seitentriebe des Baumes den unteren Ring erreicht haben und nach oben geleitet werden.

Die einjährige Veredlung auf einer stärker wachsenden Unterlage wird in die Mitte des kreisförmigen Spaliers gepflanzt und bei 20 cm über fünf Augen geschnitten (Abb. 1, S. 43).

Die Austriebe werden über Hilfsstäbe schräg nach oben zum unteren Ring geleitet (Abb. 2, S. 43).

Es wird keine Stammverlängerung gezogen. Im folgenden Frühjahr werden die Triebe auf etwa 30 cm Länge zurückgeschnitten und es kommen zwei Augen zum Austrieb. Diese sind erneut in Richtung unterer Ring zu leiten. Wenn sie diesen erreicht haben, müssen sie an den Drähten nach oben geleitet werden. Seitliche Austriebe müssen Anfang Juni nach dem vierten bis sechsten Blatt entspitzt werden. Schwierigkeiten können sich im gleichmäßigen Heranziehen der zehn Äste ergeben. Bei ungleichmäßigem Wachstum richtet man sich nach dem schwächsten Ast und schneidet die anderen auf seine Höhe zurück. Abbildung 3, S. 43 zeigt die fertige Armleuchterpyramide.

Spiralkordon

Der Spiralkordon (Abb. S. 44) benötigt ein Gestell, das aus vier senkrecht im Boden befestigten Stützen besteht. Wie beim Kesselbaum, werden drei Bandeisenringe angebracht. Der Durchmesser des Zylinders beträgt 60 cm. Der unterste Ring befindet sich in 30 cm Höhe. Die beiden anderen werden gleichmäßig auf die Höhe des Zylinders (2 m) verteilt angebracht.

Die einjährige Veredlung wird in die Mitte des Spaliers gepflanzt und auf drei Augen bei etwa 20 cm Höhe zurückgeschnitten. Die Triebe werden über Hilfsstäbe schräg nach oben zum untersten Ring geleitet. Haben die Triebe den Ring erreicht, werden sie an drei Drähten entlanggeführt, die im 45°-Winkel außen schräg um das Gestell verlaufen. Durch den schräg nach oben verlaufenden Wuchs der Triebe werden diese im Wachstum gefördert. Sind die Äste oben am Spalier angelangt, können sie im weiteren Wachstum unterdrückt werden. Andererseits hat man auch die Möglichkeit, das Spalier zu verlängern. Sich bildende Seitentriebe müssen jährlich Anfang Juni zur Fruchtholzbildung nach vier bis sechs Blättern entspitzt werden. Ein erneutes Einkürzen während der Vegetationszeit kann erforderlich sein.

Verrier-Palmette

Als Pflanzgut verwendet man eine einjährige Veredlung auf einer mittelstark wachsenden Unterlage. Diese wird auf 30 cm zurückgeschnitten. Unterhalb der Schnittstelle sollen drei Knospen zum Austrieb kommen. Die Oberste ergibt den Mitteltrieb. Aus den beiden darunter befindlichen Knospen entwickeln sich Seitentriebe, die zukünftigen zwei äußeren Arme. Damit eine ausreichende Länge dieser unteren Triebe erreicht wird, müssen sie vorerst schräg am Spalier befestigt werden. Wird die erforderliche Länge nicht im ersten Jahr erreicht, ist ein erneuter Rückschnitt unbedingt erforderlich. Seitenverzweigungen, die sich an der Stammverlängerung bilden, entfernt man (Abb. 1, S. 45).

Mit dem Aufbau der zweiten Etage kann erst begonnen werden, wenn die unterste Etage vollendet ist und die Triebe an den äußersten Latten nach oben geführt werden (Abb. 2, S. 46).

Die Entwicklung der zweiten Etage wird analog der untersten ausgeführt. Seitenverzweigungen, die sich nun an den waagerechten Ästen bilden, werden im Sommer entspitzt, da sie das zukünftige Fruchtholz bilden. Beim weiteren Aufbau muss darauf geachtet werden, dass die Triebe des äußeren Gerüstastpaares in ihrem Niveau über dem der inneren enden. Beim Aufbau des dritten Gerüstastpaares werden an der Stammverlängerung nur noch zwei Knospen benötigt (Abb. 3, S. 46 und 4, S. 47).

Abbildung 5, S. 47 zeigt eine fertig entwickelte und ertragsfähige Verrier-Palmette mit drei Gerüstastpaaren.

1

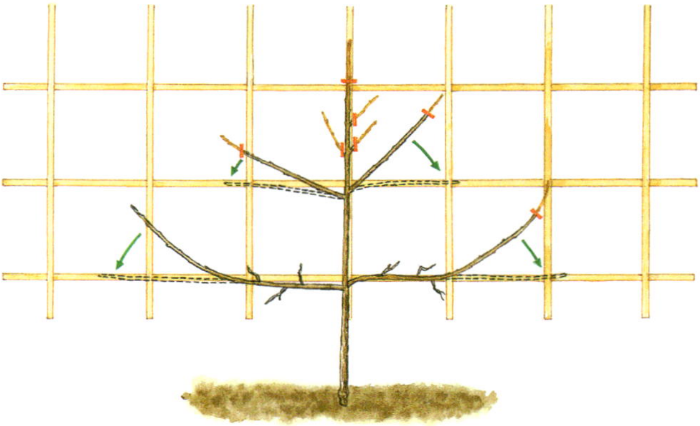

2

3

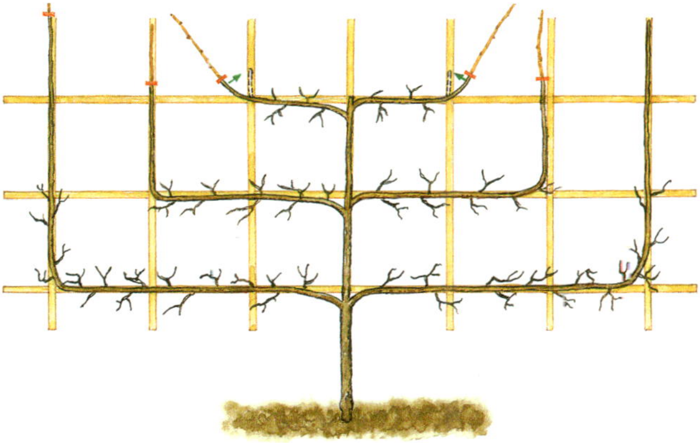

4

5

Schnittmaßnahmen

Warum sollen Bäume überhaupt geschnitten werden? In der Vergangenheit wurden Obstbäume überwiegend sich selbst überlassen. In der heutigen Zeit, mit dem hohen Anspruch an Qualität und Güte der Früchte, ist dieser Weg nicht mehr gangbar. Es wurde nach geeigneten Möglichkeiten gesucht, um Menge, Ertrag und Qualität der Früchte zu steigern. Die Lösung war – neben geeigneten Pflanzenschutzmaßnahmen – der Schnitt am Baum.

Der Schnitt bedeutet für jeden Obstbaum oder Strauch eine Wuchsanregung. Mit dem Schneiden von Bäumen oder Sträuchern beeinflussen Sie Kronenaufbau, Gesundheit, Erntemenge und Qualität von Baum und Frucht. Je nach Intensität wird im Folgejahr mehr oder weniger Frucht- oder Jungholz gebildet. Schneiden Sie mit Gefühl und Augenmaß. Vermeiden Sie Radikalschnitte (Prinzip Rasenmäher z. B. alles, was nach oben wächst, wird weggeschnitten). Lassen Sie Kurzholz (bis 5 cm lang) und Spieße (bis 15 cm lang) sowie Kurztriebe (bis 50 cm bei Hoch- und Halbstämmen, 30 cm bei Viertelstamm, Spindelbusch und Spindel) einfach stehen: sie stören nicht und Sie können sich auf die Langtriebe konzentrieren.

Über den ganzen Lebenszyklus betrachtet können die Schnittmaßnahmen in die unten genannten Kategorien eingeteilt werden.

Schnittkategorien

Pflanzung:
Neu gepflanzte Bäume bekommen ihr erstes Gerüst.

Erziehung:
Förderung der Triebbildung. Junge Bäume werden in die geeignete Form gebracht.

Auslichtung:
Kronenaufbau einleiten. Äste, Astverlauf und -stärke werden korrigiert.

Verjüngung:
Gesundheit und Form des Baumes erhalten. Alterung verlangsamen, Neuaustrieb fördern.

Sicherheit:
Kranke, beschädigte Äste entfernen. Alte Bäume komplett entfernen.

Schnitt-Technik

Wie man einen Baum gut und richtig schneidet, lernt man erst durch jahrelange Erfahrung. **Schnitt auf Astring**. Darunter versteht man das Zurückschneiden des Astes bis zum Stamm oder der Abzweigungsstelle. Bei einem fast bündigen Schnitt bilden sich in aller Regel keine Neutriebe.

So sieht der korrekt ausgeführte Schnitt auf Astring aus.

Der Schnitt am Trieb muss dicht am Ast erfolgen. Von welcher Seite man am besten schneidet, muss man ausprobieren.

Beim Schnitt auf Zapfen bleibt ein etwa 10 cm langes Aststück stehen.

Beim Rückschnitt eines starken Astes (Astdurchmesser größer 8 cm) auf einen anderen Ast schneidet man besser nicht bündig zurück, sondern lässt eine kleine Erhebung (etwa 1 bis 2 cm) stehen. Damit wird die Austrocknung ins gesunde Holz vermieden.

Schnitt am Trieb. Eine kleine Regel sollen Sie beim Arbeiten am Baum berücksichtigen: einjähriges Holz wird *nicht* angeschnitten.

Für die Durchführung der Arbeit sollten Sie gutes und scharfes Werkzeug zur Verfügung haben. Der zu schneidende Asttrieb wird in einem sauberen Schnitt (ohne Ausfransungen) senkrecht zur Triebmittelachse angeschnitten. Andere Autoren empfehlen eine Schnittachse von 60 Grad. Ich habe beide Methoden angewendet, und es ließen sich keine gravierenden Nachteile bei der einen oder anderen Variante feststellen. Wichtig für Sie ist nur, dass der Schnitt sauber durchgeführt wird. Sollte es Ihnen am Anfang nicht so gut gelingen, nehmen Sie ein scharfes Messer und schneiden Sie damit die Schnittfläche glatt.

Der **Zapfenschnitt** (Schnitt auf Zapfen) wird bei Kern- und Steinobst angewendet, wenn der Ast zwar stört, aber Austrieb in diesem Bereich gewünscht wird. Durch diese Schnittmaßnahme kann man Verkahlungen im Bereich der Stamm-Mitte entgegenwirken. Die Durchführung erfolgt durch einen Schnitt knapp oberhalb der sichtbaren Knospe. Als Zapfenlänge wählt man eine Länge von mindestens 5 bis 15 cm. Mit Beginn der Vegetationsphase erfolgt hier in aller Regel der Austrieb.

Der **Schnitt auf Auge** wird angewendet, um den zukünftigen Triebverlauf beeinflussen zu können. Bei einem Schnitt kurz oberhalb des Auges oder der Knospe treibt diese in der bevorstehenden Vegetationsperiode aus.

Der Schnitt auf Auge wird 1 cm über dem Auge geführt.

Ein Wundverschluss mit Baumwachs schützt vor Krankheitserregern. Hier wurde versäumt, die Schnittstelle am linken Rand ordentlich zu glätten.

Für Formierungsarbeiten (z.B. Spalier) ist diese Vorgehensweise sehr interessant. Schneidet man z. B. auf ein nach außen gerichtetes Auge, setzt an dieser Stelle Austrieb ein und man erreicht im Laufe der Zeit einen weit ausladenden Kronenaufbau.

Einen **Schnitt am Ast** können Sie bis etwa 2,0 cm Astdurchmesser mit einer Handschere durchführen. Mit einer Astschere bewältigen Sie Astdurchmesser bis etwa 4,5 cm. Für stärkere Äste empfehle ich eine Astbügelsäge. Kettensägen im Baum sind nur durch den geübten Fachmann mit entsprechender Schutzausrüstung (Augen-, Hand- und Gehörschutz sowie Schutzkleidung) auszuführen. Eine Kettensäge kann sehr gefährliche Verletzungen verursachen. Bei all meinen Arbeiten im Baum kam ich mit einer großen Astschere und einer Bügelsäge gut zurecht. Äste bis 15 cm Durchmesser sind damit auch kein Problem. Die Arbeit mit der Bügelsäge kostet zwar etwas mehr Schweiß, Zeit und Kraft, ist aber gegenüber einer Kettensäge für den Hobbybaumwart viel sicherer. Schneiden Sie längere, stärkerer Äste in Etappen zurück. Erstens geht es leichter und ist nicht so gefährlich für Mensch und Baum, zweitens vermeiden Sie dadurch, dass größere Rindenpartien vom Stamm herausgeschält werden. Dabei nicht vergessen: den zu entfernenden Ast an der Unterseite in Schnittebene etwa 2 cm einsägen.

Schnittmaßnahmen in der Altersentwicklung eines Baumes

Der Obstbaum durchlebt in aller Regel die folgenden Entwicklungsphasen:

Jugendphase

Der Baum setzt seinen Schwerpunkt auf die Triebbildung. In dieser Phase kann das Aussehen des Baumes entscheidend geprägt werden. Für Sie bedeutet das, dass Sie sorgfältig,

Im Jugendstadium werden die Weichen für die weitere Baumentwicklung gestellt.

Der Apfelbaum hat die Schwelle zur Altersphase überschritten.

gezielt und vorausschauend geeignete Schnittmaßnahmen durchführen sollten, die zu einem guten Kronenaufbau führen. In keiner anderen Phase können Sie aber auch mehr Fehler machen als in dieser. Vermeiden Sie Schnittfehler, wie sie ab Seite 65 aufgeführt sind, und Sie werden viel Freude und

Schnittarten

Man unterscheidet zwischen:

- Pflanzschnitt
- Erziehungsschnitt
- Auslichtungs- und Erhaltungsschnitt
- Verjüngungsschnitt

Diese Schnittarten kommen je nach Alter bei den Wuchsformen Hochstamm, Halbstamm, Viertelstamm evtl. noch beim Buschbaum zum Einsatz.

Befriedigung an Ihrem Tun haben.

Die Jugendphase ist bei den Bäumen abhängig von der betreffenden Unterlage. Das sollte bei den Schnittmaßnahmen berücksichtigt werden. So hat ein Sämling mit sechs Jahren seine Jugendphase noch nicht abgeschlossen, während bei der schlanken Spindel mit Beginn des dritten Standjahres schon die Ertragsphase eingeleitet wird. Als Regel kann daraus abgeleitet werden: Je schwächer die Unterlage desto kürzer sind die Entwicklungsphasen bzw. desto früher setzen die verschiedenen anderen Phasen ein.

Ertragsphase

Der Kronenaufbau ist abgeschlossen. Die drei oder vier Leitäste haben schöne nach oben verlaufende Züge und es haben sich vermehrt Jungholz und Fruchtspieße gebildet, Fruchtqualität und -menge stehen in einem guten Verhältnis zum Baumvolumen. Der Kronenaufbau wird weiter überwacht. Durch zielgerichtetes Auslichten und maßvolles Entfernen wird die Vitalität des Baumes erhalten.

Altersphase

Sie zeichnet sich beim Baum dadurch aus, dass der Triebzuwachs nachlässt und vermehrt abgetragenes Fruchtholz (Quirlholz) sichtbar wird, auch sind vermehrt Kahlstellen vorzufinden. Die Fruchtmenge und die Fruchtqualität gehen zurück; der Baum kommt „in die Jahre".

Was kann man tun? Grundsätzlich braucht ein Obstbaum immer, d. h. jedes Jahr, Pflege. Umgesetzt bedeutet dies: Man muss rechtzeitig mit den Schnittmaßnahmen zur Verjüngung beginnen, um die Altersphase hinauszuschieben bzw. verzögern zu können.

Die einzelnen Maßnahmen sind im Folgenden näher beschrieben.

Schnitt beim Kernobst, Hochstamm bis Viertelstamm

Die folgenden Ausführungen gelten in erster Linie für den Apfel.

Pflanzschnitt

Der Baum ist eingepflanzt, die vorhandene Veredelungsstelle befindet sich mindestens 10 cm über dem Boden. Die Erde ist leicht angedrückt und der Baum wurde angegossen. Wenn das alles abgeschlossen ist, wenden wir uns dem Baum, wie er aus der Baumschule gekauft worden ist, zu. Entschei-

Vor allem im erwerbsmäßigen Obstanbau werden Obstgehölze als schlanke Spindel erzogen.

Pflanzschnitt an einem Apfelbaum: Die Krone baut sich aus dem längeren Leittrieb und drei in gleicher Höhe geschnittenen Seitenästen auf.

den Sie sich für drei, maximal vier Leitäste: Es sind die wichtigsten Äste für den Kronenaufbau. Idealerweise wachsen die Leitäste stern- oder kreuzförmig aus dem Baum heraus. Der Kasten unten erklärt, wie Sie am besten vorgehen, um eine Rundkrone aufzubauen.

Nicht immer gibt es den idealen Baum zu kaufen. Aber auch die Problemfälle können Sie meistern. Die Fallbeispiele auf Seite 56 und 57 sollen Ihnen mehr Sicherheit für die richtigen Schnittmaßnahmen geben. Im Abschnitt „Schnittfehler und Schnittmaßnahmen“ stelle ich Ihnen ab Seite 69 noch weitere bebilderte Fälle für alle Altersphasen vor.

Erziehungsschnitt

Dieser Abschnitt beschreibt den Erziehungsschnitt, wie man ihn für den Sämlingsbaum bis zum Halbstamm und in Grenzen auch noch für den Viertelstamm anwenden kann. Die Ansprüche beim Erziehungsschnitt sind höher als beim Pflanz-, Auslichtungs- und Erhaltungsschnitt. Sie müssen beim Schneiden schon im Voraus wissen, was ihr Ziel ist, bitte nicht einfach darauf losschneiden und schon gar nicht am Baum herumschnippeln.

Ich empfehle Ihnen folgende standardisierte Vorgehensweise, die jeder selbstverständlich nach seinen/ihren eigenen Erfahrungen erweitern kann. Stellen Sie sich die Frage: Wie soll der Baum in fünf Jahren aussehen?

Eine schöne, ausladende Krone (Rundkrone), lässt sich wie rechts oben beschrieben aufbauen:

Bevorzugen Sie eine mehr pyramidenförmige Baumform, so schneiden Sie die oberen Astpartien etwas stärker zurück. (Üblich ist dies bei der Spindel, eventuell auch bei Buschbäumen.)

Vorgehensweise für den Aufbau einer Rundkrone

1. Leitäste in 45-Grad-Position bringen (abspriеßen, Gewichte, herunter- bzw. hochbinden).
2. Einkürzen der Leitäste um ein Drittel auf ein außenliegendes Auge. Die Schnittebene aller Leitäste sollte in etwa auf der gleichen Höhe liegen.
3. Konkurrenztrieb entfernen. Darunter versteht man die Abzweigung eines Triebes im oberen Teil der Stamm-Mitte. Er wächst ebenfalls steil nach oben und macht der Mitte Konkurrenz.
4. Einkürzen der Stamm-Mitte auf ein Auge, das etwa zwei Hand breit über der Schnittebene der Leitäste liegt. Geometrisch ausgedrückt: der Spitzenwinkel nimmt ungefähr einen Winkel von 120 Grad ein.

Erziehungsschnitt für den Aufbau einer Rundkrone

1. Jährlich die Stellung der Leitäste (45 Grad oder geringfügig flacher) überprüfen. Zu steile Stellung vermeiden.
2. Der Mitteltrieb wird, je nach Stärke, 60 bis 80 cm über den letzten Seitenästen zurückgenommen. Die Seitenäste werden eingekürzt. (Für einen offenen Kronenaufbau den Schnitt über einem nach außen gerichteten Auge durchführen.) Saftwaage (= Einkürzen der Äste auf die gleiche Höhenebene) dabei beachten!
3. Die Stamm-Mitte nicht zu hoch anschneiden. Bei zu hohem Anschneiden bilden sich zu wenig Frucht- oder Seitenäste.
4. Äste, deren Verlauf zu steil oder zu flach ist, werden in die gewünschte Richtung gebunden.
5. Langtriebe, die senkrecht nach oben oder unten wachsen, sind auf Astring zurückzuschneiden.
6. Alle Schnittmaßnahmen stets so ausrichten, dass Licht in das Bauminnere fällt.

Auslichtungsschnitt

Unter dem Auslichtungsschnitt versteht man Schnittmaßnahmen, die nicht in der kalten Jahreszeit (Dezember bis März), sondern in den Monaten Juli bis Mitte August durchgeführt werden. Der Hintergrund dieser Aktion ist das Entfernen von Trieben, die durch ihre Lage bzw. Stellung den Lichteinfall behindern. Ferner kommen beim Wegschnitt die Nährstoffe anderen Bereichen des Baumes zugute. Dies führt zu einer guten Astentwicklung und Fruchtausbildung. In diesem Jahresabschnitt haben die jungen grünen Triebe eine Länge von mindestens 20 cm erreicht und können leicht mit der Hand ausgerissen werden. Probieren Sie es ruhig: die auf den ersten Blick groß erscheinende Wunde heilt schnell und sicher zu. Der Baum steht in dieser Zeit voll im Saft und die Selbstheilungs-

Allgemeine Schnittregel

Kernobst (Apfel, Birne) wird um etwa ein Drittel zurückgeschnitten. Steinobst (Kirsche, Zwetschge) wird um etwa zwei Drittel zurückgeschnitten.

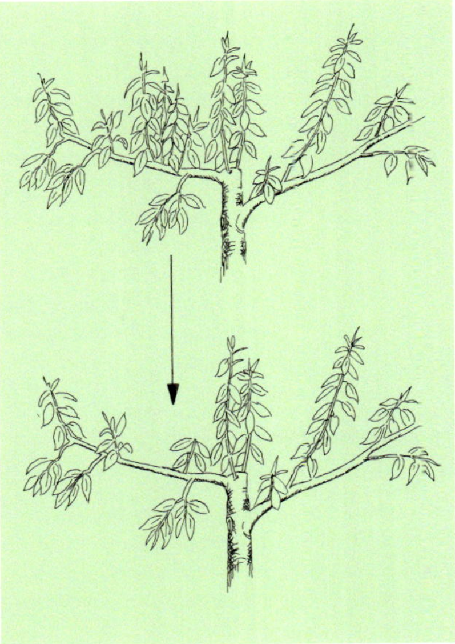

Überflüssige, noch nicht verholzte Sommertriebe lassen sich leicht ausbrechen. Der behandelte Ast sollte aber danach keine Verkahlung aufweisen.

Problemfälle für den Pflanzschnitt

1 Steile Äste

Stand	Maßnahme
Äste zu steil und Anordnung ungleichförmig	Verlauf der Äste mit Gewicht, Sprieß, Bodenbefestigung in 45-Grad-Stellung - bringen.

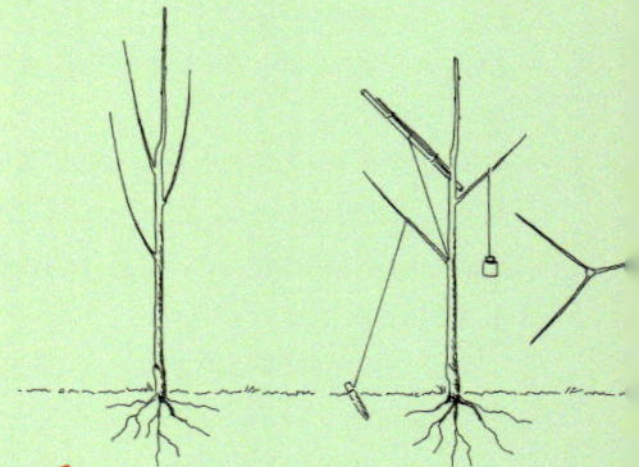
1

2 Schwache Seitentriebe

Stand	Maßnahme
Kurze Seitentriebe (bis 15 cm). Die Abgänge aus der Mitte liegen sehr dicht zueinander	Wenn die Seitentriebe nicht länger als 15 cm sind, werden sie entfernt und die Mitte in Stammhöhe +20 cm angeschnitten. In der nächsten Vegetationsperiode treibt der Baum Seitenäste, die dann zum Aufbau benützt werden können. Sind die Seitenäste zwischen 15 cm und 25 cm lang, kann man sie unter Vorbehalt belassen. Die Seitentriebe werden auf ein außenliegendes Auge angeschnitten und in Form gebracht (45-Grad-Stellung, Stern- oder Kreuzdicht anordnung).

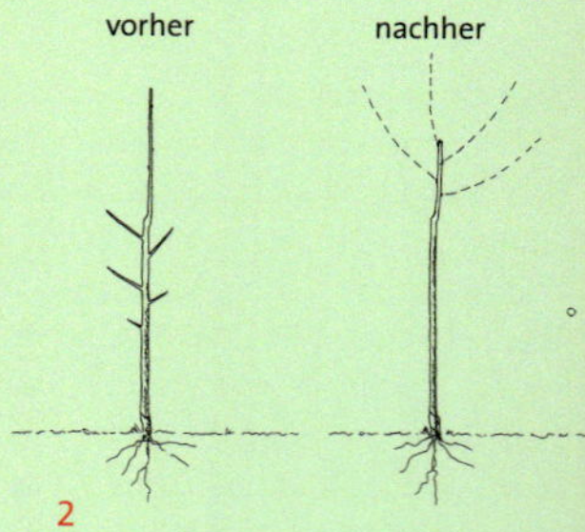

2

3 Viele Seitenäste

Stand	Maßnahme
Sehr viele in ihrem Verlauf unregelmäßige Seitentriebe über die ganze Stammlänge verteilt	Suchen Sie sich die drei oder vier schönsten Seitenabgänge heraus. Sie sollten idealerweise einen Abstand von mindestens 5 cm zueinander haben. Der Rest wird entfernt.

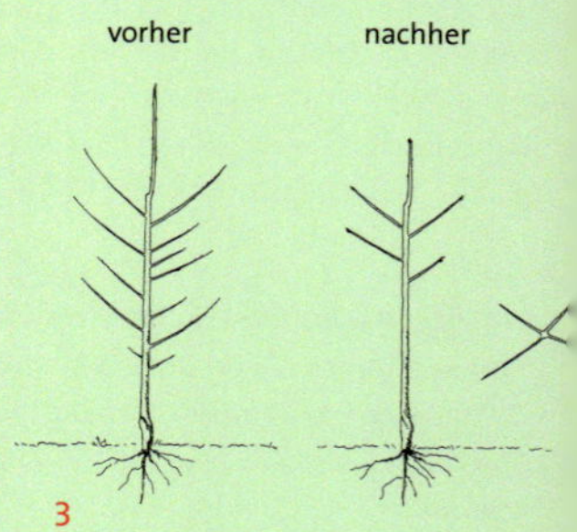

3

Problemfälle für den Pflanzschnitt

4 Lange Seitenäste

Stand	Maßnahme
Der gekaufte Baum hat sehr lange Seitenäste	Schneiden Sie alle drei Äste auf etwa der gleichen Höhenebene um etwa ein Drittel zurück. Legen Sie den Schnitt knapp über ein nach außen gerichtetes Auge. Wenn Sie das abgeschlossen haben, schneiden Sie die Mitte etwa zwei Handbreit über der Höhenebene der Seitenäste an. An der Spitze sollte sich ungefähr ein Winkel von 120 Grad einstellen.

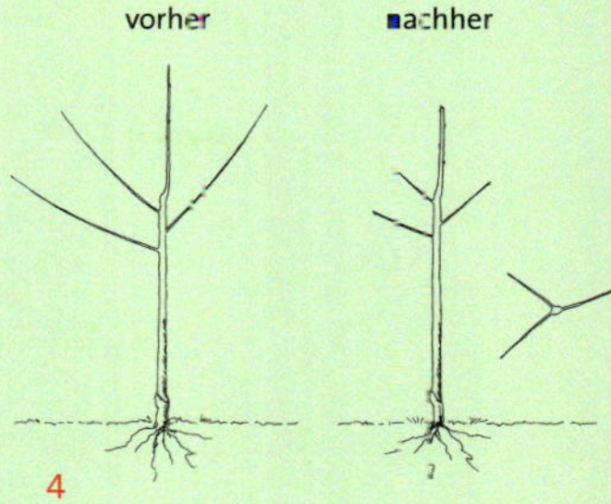

4

5 Kleine Seitenäste

Stand	Maßnahme
Sie haben einen Baum gekauft, der nur aus der Mitte besteht	Mitte in der Höhe der gewünschten Stammhöhe + 20 cm knapp über dem Auge anschneiden.

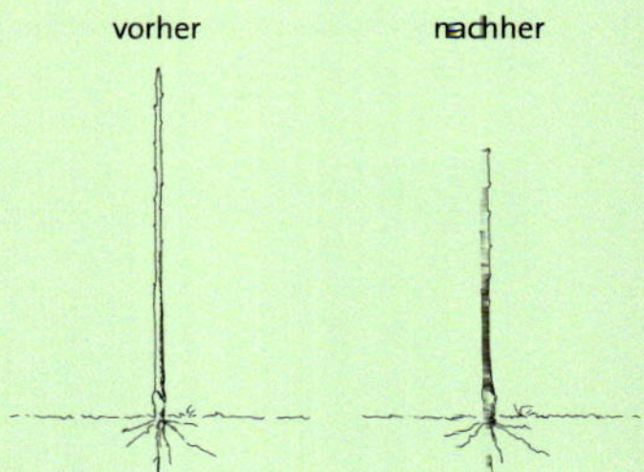

5

Empfehlung:

Verlangen Sie in der Baumschule einen schön garnierten Baum. Ein Bäumchen, das nur aus der Mittelachse besteht, ist nicht üblich. Diese Bäume sind speziell für den Erwerbsobstbau vorgesehen.

Der Baum erfuhr schon seit längerer Zeit keine Schnittmaßnahme mehr.

Der gleiche Baum nach einem drastischen Verjüngungsschnitt.

Dieser Baum hat nach einem radikalen Rückschnitt besonders viele steil nach oben stehende Langtriebe gebildet. Sie sind zum größten Teil zu entfernen.

kräfte sind enorm. Aber selbstverständlich können Sie ebenso auf ihre Schere zurückgreifen.

Verjüngungsschnitt

Das Jugendstadium des Baumes ist abgeschlossen. Das Alter des Baumes beträgt je nach Unterlage

- Hochstamm etwa 40 bis 60 Jahre,
- Halbstamm etwa 20 bis 35 Jahre,
- Viertelstamm etwa 15 bis 25 Jahre.

Der oder die Bäume sind vielleicht auch längere Zeit sich selbst überlassen gewesen und zeichnen sich aus durch:

- unkontrolliertes Wachstum,
- sichtbare Verkahlungen im Bereich der Stamm-Mitte,
- störende oder verletzte Astpartien,
- schlechte Fruchtqualität und -menge,
- sichtbare Vergreisungen.

Dann ist es höchste Zeit, dass Sie regulierend eingreifen. Ihre Schnittmaßnahmen müssen den Baum zur Bildung von jungen Trieben (Fruchtholz) anregen. Zusätzlich ist es notwendig, dass Sie zielgerichtet störendes, behinderndes sowie krankes Holz entfernen. Ziel ist immer ein besserer Lichteinfall in den Baum. Voraussetzung für diese Aktion stellt ein augenscheinlich gesunder Baum dar. Er sollte keine massiven Schäden aufweisen wie

- Blitzschäden, Schlitzastschäden, massiven Astbruch,
- großflächige Rindenschäden, z. B. Rindenrisse oder Ablösung,
- starken Schädlingsbefall, z. B. Blausieb, Apfelglasflügler oder Holzbohrer,
- sichtbaren Pilzbefall, z. B. durch Hallimasch oder Schillerporling.

Bei kranken Bäumen lohnt sich der Aufwand nicht, es sei denn es sind Sicherungsmaßnahmen notwendig. Sind die Bäume aber gesund, hindert Sie nichts daran, zur Tat zu schreiten. Gehen Sie bei seit längerer Zeit nicht geschnittenen Bäumen zuerst nur mit einer gute Säge und einer großen Astschere auf die Wiese, mehr brauchen Sie für diese Arbeit am Anfang nicht. Wenn Sie mit der groben Arbeit fertig sind, können Sie die folgende Feinarbeit dann mit der kleinen Astschere erledigen.

Schnitt beim Steinobst

In Bezug auf den Pflanzschnitt gilt für den Anschnitt der Wurzeln und der oberen Pflanzenteile das bereits auf Seite 19 (Foto) bzw. 54 Gesagte. Es ergeben sich nur einige der im Folgenden behandelten Abweichungen. Was den Erziehungsschnitt betrifft, können Sie sich grundsätzlich an den Aussagen zum Kernobst auf Seite 54 und 55 orientieren.

Die Besonderheiten von Sauerkirsche und Zwetschge werden unten behandelt.

Pflanzschnitt beim Pfirsich

Erschrecken Sie nicht, wenn Sie einen Pfirsich in der Baumschule kaufen und das Aussehen ihres Baumes sich nach dem Pflanzschnitt (den der Verkäufer durchführt) deutlich verändert hat. Dann wurde die Arbeit richtig getan und nicht Rücksicht auf den Kunden genommen, der nun nur „wenig Baum" für sein Geld bekommt. Die Abbildungen zeigen den richtig durchgeführten Pflanzschnitt bei einer einjährigen Veredelung.

Wenn Sie diese Arbeit selber durchführen wollen, dann sollten Sie folgendermaßen vorgehen:

1. Einen Baum mit einer Stammhöhe von mindestens 60 cm, besser 80 cm auswählen.
2. Auswahl der Leitäste, das sind – wie Sie schon wissen – die zukünftigen deutlich

Pflanzschnitt beim Pfirsich: Man wählt drei Seitenäste aus, die auf ein Drittel zurückgeschnitten werden.

sichtbaren starken Äste für den Kronenaufbau.
3. Festlegen von maximal drei bis vier übereinander liegenden Ästen, die idealerweise in einem Winkel von 60 bzw. 90 Grad zueinander stehen, die Äste sollten nicht zu dicht übereinander stehen und einen Winkel zur Stamm-Mitte von etwa 45 Grad einnehmen.
4. Anschnitt der Leitäste auf vier bis sechs Augen. Alles andere wird weggeschnitten.
5. Die Stammverlängerung etwa 15 bis 20 cm über den Leitästen anschneiden. Übrig bleiben die Stamm-Mitte und die angeschnittenen Leitäste.

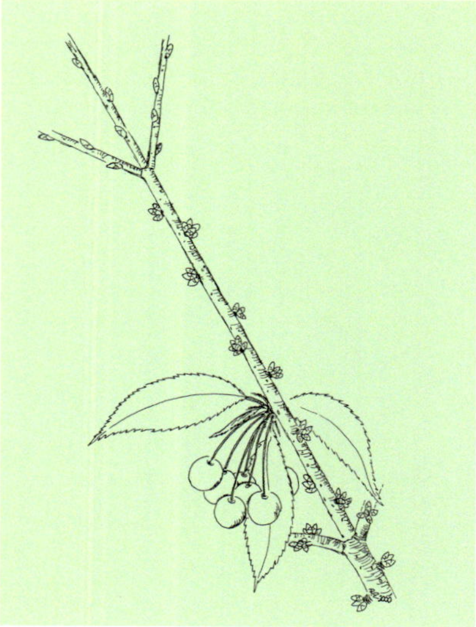

Bukett-Trieb der Süßkirsche. Die Früchte entwickeln sich in typischen Büscheln.

Pflanzschnitt bei der Sauerkirsche und Zwetschge

Die Vorgehensweise ist hier wieder anders als beim Pfirsich. Die Schnittmaßnahmen bei der Sauerkirsche bzw. bei der Zwetschge beschränken sich auf:

- Anschnitt der Stamm-Mitte je nach Veredelung etwa 20 bis 30 cm über dem letzten Ast, der als Leitast vorgesehen ist.
- Einkürzen der in 45-Grad-Stellung gebrachten Leitasttriebe um zwei Drittel auf ein außenliegendes Auge.
- Entfernen der bodennahen Triebe in der nächsten Vegetationsperiode, d. h. im nächsten Frühjahr.
- Zu flach verlaufende Äste können hoch gebunden werden.

Alternativ dazu führt man bei der Sauerkirsche keinen Pflanzschnitt durch. Die Korrektur erfolgt erst nach drei bis vier Jahren. (Dies erfordert aber eine gewisse Erfahrung.) Der Vollständigkeit halber folgt auch dazu eine kurze Beschreibung der Vorgehensweise:
1. Entscheidung über den Kronenaufbau: Hohlkrone oder Pyramidenkrone?
2. Leitäste festlegen.
3. Entfernen von überflüssigen Abzweigungen. Nicht zu viele Gabelungen bei den Leitästen akzeptieren.
4. Bei einem Hohlkronenaufbau wird der Mitteltrieb entfernt (im 4. oder 5. Standjahr).

Pflanzschnitt bei der Süßkirsche

Auch hier erfolgt der Anschnitt je nach Unterlage in unterschiedlichen Stammhöhen: Auf Vogelkirsche entwickelt sich ein starker Baum, der in 2,00 m Höhe angeschnitten wird. Auf anderen Unterlagen kommt es zu einer schwachen Entwicklung, ähnlich wie auf M-27- oder M-9-Unterlagen bei Äpfeln, und man kappt den Stamm in etwa 1,60 bis

➤ Obstgehölzschnitt – Webcode: obst1218

1,80 m Höhe. Ihre Baumschule berät Sie auch in Bezug auf die Unterlagenwahl gerne.

Die Vorgehensweise ist ähnlich wie bei der Sauerkirsche. Auch hier erfolgt der Anschnitt etwa 20 bis 30 cm über dem letzten Leitastabgang. Der einzige Unterschied besteht in der Beschränkung auf maximal drei Leitäste. Der Verlauf der Leitäste sollte einen betont flacheren Verlauf von etwa 20 bis 30 Grad einnehmen. Auch eine leicht waagerechte Stellung kann akzeptiert werden. Sollten die Äste des gekauften Baumes einen steileren Verlauf haben, bitte auf die gewünschte Neigung herunterbinden.

Erziehungsschnitt bei der Sauerkirsche

Die Sauerkirsche trägt am *zweijährigen* Holz! Eine Fruchtbarkeit am älteren Holz ist so gut wie kaum gegeben und somit ist die Ertragsleistung am älteren Holz sehr begrenzt. Begehen Sie nicht den Fehler, die Leitäste zu steil aufzubauen. Mindestens eine 45-Grad-Stellung sollte eingehalten werden. Damit erreichen Sie, dass man auch in späteren Jahren Früchte in Bodennähe ernten kann. Was den Erziehungsschnitt betrifft, werden die Leitäste bestimmt. Diese werden in den ersten zwei bis drei Vegetationsperioden nur leicht (etwa ein Drittel) angeschnitten. Gleiches gilt für die Stamm-Mitte. Nach acht bis zehn Standjahren können Sie die Stamm-Mitte auf den nächst tiefer liegenden Ast zur Höhenbegrenzung ableiten. Somit wäre der Baum,

Ein Zwetschgenbaum im Jugendstadium.

Zusammenfassung: Schnitt der Sauerkirsche und der Zwetschge

- Leitäste nicht steiler als 45 Grad, besser etwas flacher.
- Rückschnitt der Äste maximal um zwei Drittel ihrer Länge oder auf jungen Trieb.
- Leitastebene und Stamm-Mitte sollten auch im fortgeschrittenen Stadium einen Winkel von 120 Grad einnehmen.
- Um der Verkahlung vorzubeugen – Rückschnitt auf Zapfen (Zwetschge).
- Höhenbegrenzung auf den letzten Astring einleiten. Die Stamm-Mitte wird über diesem Astring entfernt (gilt nur für die Sauerkirsche).

Der grundsätzliche Fehler besteht bei diesem Zwetschgenbaum in einer zu steilen Aststellung und einem zu starken Seitenast.

was Ausladung und Höhenbegrenzung anbelangt, fertig. Es gibt zudem die Möglichkeit, die Stamm-Mitte herauszunehmen, dann besteht der Baum nur noch aus den Leitästen. Das hat den Vorteil, dass mehr Licht in den Baum eindringt, was sich qualitätssteigernd auswirkt.

Erziehungsschnitt bei der Zwetschge

Im Gegensatz zur Sauerkirsche tragen die Zwetschgen am *zwei- und dreijährigen* Holz, vereinzelt auch noch an älteren Holzteilen. Die Zwetschge hat das Bestreben schmal und hoch aufzubauen (aber nicht so schmal wie die Birne). Versuchen Sie, wie auch bei der Sauerkirsche beschrieben, die Leitäste (drei bis maximal vier) in einer 45-Grad-Stellung zu halten. Um dies zu erreichen, können Sie die Leitäste um zwei Drittel auf ein nach außen liegendes Auge zurückschneiden – der Baum nimmt dann eine breitere Form an. Um der Verkahlung entgegenzuwirken, sollten Sie störende Triebe auf Zapfen (etwa 10 cm des Triebes oder Jungastes bleiben stehen) zurückschneiden. Die Zwetschge treibt unterhalb des Zapfenschnitts wieder aus und füllt den Baum von innen heraus.

Nimmt Ihr Baum eine Höhe ein, die lange Schüttelstangen für die Ernte erfordert, dann sollten Sie über eine Höhenbegrenzung des Baumes nachdenken. Unternehmen Sie nichts, wird die Mitte immer stärker und wenn sie erst einen Durchmesser von 20 bis 25 cm in 7 Meter Höhe erreicht hat, ist es nicht mehr einfach, regulierend einzugreifen. Hat aber Ihr Baum hat in 7 oder 8 Meter Höhe noch keine starke Mitte, steht einer Höhenbegrenzung auf den darunter liegenden Astring nichts im Wege. Der Schnitt erfolgt etwa 10 cm über dem Astringkranz. Damit wird vermieden, das die Austrocknung in den vitalen Bereich der Stamm-Mitte reicht.

Erziehungsschnitt beim Pfirsich

Beim Pfirsich gilt es zu beachten, dass er – mit Ausnahme der Bukett-Triebe – nur am *einjährigen* Holz fruchtet.

Der Pfirsich nimmt unter den Obstbäumen eine besondere Stellung ein, und zwar aus folgendem Grund: Er bildet *wahre* und *falsche* Fruchttriebe. Es ist schon vorgekommen, dass Baumbesitzer immer die wahren Fruchttriebe herausgeschnitten haben und sich deshalb gewundert haben, warum ihr Baum so gut wie keine Früchte trägt. Was aber ist ein wahrer Fruchttrieb? Der Unterschied liegt in der Knospenbildung. Wahre Fruchttriebe haben Blüten- und Blattknospen in einem Knospen-

Fruchttrieb beim Pfirsich: Zwischen den Blütenknospen ist die Blattknospe zu erkennen.

büschel (Abbildung). Diese Anordnung nimmt einen Bereich von ein Drittel bis zwei Drittel des Triebes ein, gemessen ab der Triebspitze! Wer das nicht weiß und auf ein Drittel zurückschneidet, hat somit die Blüten entfernt und ist enttäuscht über die mangelnde Fruchtbildung. Der falsche Fruchttrieb trägt dagegen nur Blattknospen.

Nach fünf bis sechs Jahren können Sie sich entscheiden, ob Sie die Stamm-Mitte herausnehmen wollen. Im Hobbybereich ist diese Entscheidung von keiner so großen Tragweite wie im Erwerbsobstbau. Der Erziehungsschnitt beim Pfirsich hat die Entwicklung kräftiger einjähriger Triebe zum Ziel. Wir gehen nach dem bewährten Schema vor:

1. Drei bis vier Leitäste in 45-Grad-Position bringen.
2. Anschnitt um ein Drittel.
3. Entfernung schwacher Seitentriebe.
4. An den Leitästen werden nur kurze Verzweigungsstummel toleriert (maximal 40 cm Länge), an deren Ende sich wieder neues Fruchtholz bilden kann.

Erziehungsschnitt bei der Süßkirsche

Der Schwerpunkt der Fruchtbildung befindet sich bei der Süßkirsche am *dreijährigen* Holz. Wenn Sie mit den Schnittmaßnahmen bei der Süßkirsche beginnen wollen, beachten Sie Folgendes: Der Rückschnitt bei der Süßkirsche erfolgt nicht in der kalten Jahreszeit, sondern schon kurz nach der Ernte im August, d. h. der Baum steht noch im Laub! In der einschlägigen Literatur wird erwähnt, dass der Schnitt bei trockenem, warmem Wetter die Valsa-Krankheit begünstigt. Das sollte man bei den Schnitt-Terminen berücksichtigen.

Generell werden beim Kronenaufbau die Leitäste der Süßkirsche flacher gestellt als bei den anderen Baumarten (z. B. 30 ° oder noch flacher). Sie können wählen, ob Sie den Baum besser durch Binden der Äste oder durch Schneiden formieren wollen. Das Binden eignet sich bis Aststärken von 3 cm, darüber hinaus steigt die Bruchgefahr.

Es hat sich gezeigt, dass es besser ist, beim Schnitt von stärkeren Ästen (so ab 2 cm Durchmesser) einen Zapfen stehen zu lassen. Es erfolgt in aller Regel ein Austrieb an dieser Stelle, was der Verkahlung des Kroneninneren entgegenwirkt.

Auch bei der Süßkirsche sollten Sie stets danach trachten, dass sich eine Fruchtast-Erneuerung einstellt. So ab dem sechsten bzw. siebten Standjahr können Sie auch in das alte Holz auf einen Bukettzweig zurückschneiden (Abbildung Seite 60).

Auf Schnittmaßnahmen können Kirschen unter Umständen sehr empfindlich reagieren. Um Infektionen vorzubeugen, behandeln Sie die Schnittwunden sorgfältig. Sägewunden sollten Sie vom Rand her leicht bis in das Splintholz (Zeichnung Seite 10) mit dem Messer glattschneiden und danach mit einem Wundverschlussmittel behandeln.

Zusammenfassung: Schnitt der Süßkirsche

- Einen flachen Verlauf der Leitäste (etwa 30°) anstreben.
- Binden der Äste ist besser als Schneiden.
- Beim Schneiden von stärkeren Ästen Zapfen stehen lassen.
- Rückschnitt nach der Ernte, wenn der Baum im Laub steht.
- Sägewunden mit dem Messer glatt schneiden.

Schnitt der Walnuss

Beim Kauf einer unveredelten Walnuss entfernen Sie bitte nur die störenden Austriebe unterhalb 1,50 bis 1,80 m sowie das Zuviel an Verzweigungen bei den oberen Seitenästen. Für den Kronenaufbau bestimmen Sie maximal drei Seitenäste. Ein Anschnitt der Mitte erfolgt bei der Walnuss in aller Regel nicht.

Eine Walnuss erfordert keine regelmäßigen Schnittmaßnahmen. Sollte ein Schnitt jedoch nötig sein, so gibt es ein paar Rahmenbedingungen, die Sie beachten sollten: Geschnitten wird wie bei der Süßkirsche im belaubten Zustand. Falls der Rückschnitt eines Astes notwendig sein sollte, erfolgt er – wenn möglich – auf eine starke Knospe. Seitenäste, die zu viele Verzweigungen aufweisen, nehmen Sie am besten ganz heraus. Ziel bei diesen Schnittmaßnahmen sollte sein:

- ein ausgewogener Kronenaufbau,
- eine aufgelockerte Seitenastgestaltung, d. h. nicht zu viele Verzweigungen,
- eine gute Lichtdurchdringung.

Schnitt bei Beerenobst

(Rote und Schwarze Johannisbeere, Brombeere, Himbeere, Stachelbeere und Erdbeere)

Sie können beim Kauf in der Baumschule zwischen Container- (mit Erdballen im Kunststofftopf) und wurzelnackten Pflanzen (ohne Erde nur mit Wurzelstock) wählen. Der Vorteil der Containerpflanzen liegt darin, dass Sie diese Pflanzen sofort einpflanzen können. Bei den Wurzelpflanzen sollten Sie den Stock zwei bis drei Stunden vor dem Einpflanzen in einen Eimer mit Wasser stellen. Das gilt für Buschpflanzen wie auch für Stämmchen. Stämmchen haben den Vorteil, dass Sie sich bei der Ernte nicht bücken müssen, und es lässt sich leichter um die Pflanze herum mähen. Bei der Auswahl von Büschen sollte die Pflanzware etwa drei bis fünf schöne Triebe aufweisen. Diese sollten nicht zu flach stehen, denn sie haben nach dem Einpflanzen bald Bodenkontakt, was zu Verschmutzung der Früchte und eventuell zu Schneckenbefall führen kann.

Pflanzschnitt bei Johannis- und Stachelbeere

Sie haben ihre Pflanzen gekauft, jetzt wird das Pflanzloch gegraben. Graben Sie das Pflanzloch so tief, dass die Pflanze noch etwa 5 cm über dem Verzweigungsansatz mit Erde bedeckt werden kann. Wählen Sie die kräftigsten Triebe aus (mindestens drei, maximal fünf). Der Triebverlauf sollte, wie schon gesagt, nicht zu flach sein. Dann schneiden Sie die ausgewählten Triebe zur Hälfte ab. Der Schnitt erfolgt knapp oberhalb einer nach außen gerichteten Knospe. Wenn Sie einen schönen zentralen Mitteltrieb haben, dann lassen Sie diesen etwas höher stehen.

Pflanzschnitt bei Himbeere und Brombeere

Die angebotenen Pflanzen werden in Töpfen und als Wurzelware (vor allem Brombeere) angeboten. Bei der gekauften **Himbeere** sind die Ruten etwa 70 bis 80 cm lang. Nach dem Einpflanzen werden die Ruten auf eine Länge zwischen etwa 40 und 60 cm zurückgeschnitten. Beim Schnitt brauchen Sie keine Rücksicht auf etwaige Verzweigungen nehmen, Sie schneiden einfach ab.

Mit der **Brombeere** haben Sie es relativ einfach. Nach dem Einpflanzen der Jungpflanze unterbleibt jeglicher Schnitt.

Schnitt bei Johannisbeere und Stachelbeere

Rote Johannisbeere und Stachelbeeren tragen am *ein- und mehrjährigen* Holz. Schwarze Johannisbeeren sogar ausschließlich am *einjährigen* Holz! Die beste Fruchtqualität findet man an den einjährigen Fruchtspießen. Sie

Beim Schnitt der Johannisbeere werden immer einige ältere Triebe entfernt, damit der Strauch neues Fruchtholz bilden kann.

sind zwischen 15 und 30 cm lang. Die beste Schnittzeit für den Sträucherschnitt ist Ende Februar bis Mitte März.

In den ersten beiden Jahren nach der Pflanzung empfiehlt sich beim Johannisbeerstrauch keine Schnittmaßnahme, außer es handelt sich um zu flach über dem Boden verlaufende Triebe: die müssen weg. Ab dem dritten Jahr erfolgt regelmäßiges Auslichten. Werden keine Maßnahmen ergriffen, so entstehen überalterte, kaum Früchte tragende Sträucher. Für das Auslichten schneiden Sie die alten Triebe heraus, zwei oder drei können Sie stehenlassen. Die alten Triebe erkennen Sie an der schwarzen Rinde. Sie können auch einen älteren Trieb auf einen jüngeren ableiten. Auch die Jungtriebe (sie sehen hell bis silbrig aus) werden herausgeschnitten. Von den Jungtrieben bleiben die kräftigsten, maximal aber fünf, stehen. Ziel dieser Maßnahmen ist es, wie beim Kern- oder Steinobst, Licht in das Strauchinnere zu bringen. Strauchaufbau:

1. Ein Viertel des Strauches sind Jungtriebe (etwa 4 bis 5), ein Viertel sind zweijährige Triebe, der Rest sind die dreijährigen und vierjährigen Triebe.
2. Ältere Triebe mit kurzen Fruchtspießen (10 bis 15 cm) können Sie stehenlassen, aber jene ohne Fruchtspieße werden herausgeschnitten.
3. Bei den nicht so alten Trieben schneiden Sie den Trieb um zwei bis vier Augen zurück. Der Schnitt erfolgt über dem Augenansatz.

Mit dieser Vorgehensweise können die Sträucher sehr alt werden, ohne zu überaltern. Sie können mit den Schnittmaßnahmen gleich nach der Ernte beginnen.

Bei der Stachelbeere schneiden Sie die alten, sich überkreuzenden sowie die nach unten wachsenden Triebe heraus. Übrig bleibt ein Busch oder Stamm mit drei bis fünf starken Haupttrieben und vielen Kurztrieben.

Abweichend zu den Büschen werden die Bäumchen oder Stämmchen etwas anders geschnitten. Man verfährt ähnlich wie bei den Obstbäumen: Es werden drei oder vier Hauptäste ausgesucht, die als Gerüst dienen. Prinzipiell gilt das Gleiche wie oben beschrieben, die Gerüstäste können aber eine flachere Stellung einnehmen. Bei zu langen Gerüstästen kann auf weniger als fünf Augen zurückgeschnitten werden. Sie verringern damit die Bruchgefahr der Äste, wenn das Bäumchen trägt.

Schnitt bei der Himbeere

Die Schnittzeit für die abgetragenen Ruten beginnt bald nach der Ernte im August. Die Himbeere trägt am *zweijährigen* Holz. Was bedeutet das, wenn gerade erst frisch gepflanzt worden ist? Der Austrieb der jungen Ruten erfolgt im gleichen Jahr. Diese blühen im nächsten Jahr im Mai. In der gleichen Zeit entstehen wieder Jungruten. Ab Juli des nächsten Jahres können Sie dann mit Früchten rechnen. Die etwa zwei Meter hohen Tragruten werden nach der Ernte kurz über dem Boden abgeschnitten (wegen der Rutenkrankheit, siehe Abbildung). Die schon sichtbaren Jungtriebe bleiben stehen. Bei den Jungruten werden nur die schwachen Ruten (Bleistiftstärke) herausgeschnitten. Je nach Sorte bleiben dann etwa acht bis zwölf Ruten auf den Meter stehen. Wenn Sie die Sorteneigenschaften nicht so gut kennen, dann legen Sie einfach zehn Ruten pro Meter fest. Sie können dann im nächsten Jahr die Anzahl nach oben oder unten korrigieren.

Schnitt bei der Brombeere

Eine Brombeer-Anlage macht sehr viel Arbeit. Aber Sie werden durch gut schmeckende Früchte reichlich belohnt. Für Schnittmaßnahmen ist der Zeitraum Ende Februar bis Ende März zu empfehlen. Sollten Sie jedoch rot bleibende bzw. nicht ausgereifte Früchte an ihrer Brombeerhecke gehabt haben, so deutet das auf die Brombeermilbe hin. Hier empfiehlt es sich, den Rückschnitt der abgetragenen Ruten schon nach der Ernte vorzunehmen.

So ab Mitte August kann man die Aufmerksamkeit auf die oft endlos weiter wuchernden Seitentriebe lenken, die sogenannten Geiztriebe. Sie entziehen der Pflanze unnötig Kraft und bringen gar nichts. Wir schneiden diese Triebe bei einer Länge von etwa 50 bis 70 cm bis auf zwei bis vier Blatt zurück. Sollte der Trieb bei guten Witterungsbedingungen wieder austreiben, wiederholen Sie diese Maßnahme. Wenn Sie schon beim Schneiden sind, dann schneiden Sie bei dieser Gelegenheit auch die weniger gut entwickelten Schosse (schwache Bleistifttriebe) dicht über dem Boden weg.

Es bleiben je nach Pflanzenalter etwa vier bis sechs kräftige Haupttriebe stehen, den Rest können Sie in Bodenhöhe wegschneiden.

Schnitt der Brombeere

- Abgetragene Triebe im März (bei Befall durch die Brombeermilbe nach der Ernte) entfernen.
- Seitentriebe (Geiztriebe) auf zwei bis vier Blatt zurückschneiden.
- Schwach entwickelte Schosse nach der Ernte entfernen.
- Vier bis sechs Haupttriebe für das nächste Jahr stehen lassen.

Typische Wuchsmerkmale von Kern- und Steinobst

Die im folgenden beschriebenen Wuchsmerkmale gelten prinzipiell bei allen Erziehungsformen mit Ausnahme von Apfel-Ballerina.

Mangelhafte Fruchtbildung

Problem: Sie haben einen Baum, der sehr stark wächst, aber gar nicht oder wenig Früchte trägt. Sie schneiden den Baum immer wieder stark zurück, aber es bildet sich nur wenig Fruchtholz.
Wuchsmerkmal: Durch den starken Rückschnitt wird der Baum immer noch mehr zur starken Triebbildung mit wenig Blütenbildung angeregt.
Anmerkung: Es kann sich aber auch um eine stark alternierende Sorte wie z. B. 'Goldparmäne' oder 'Ontario' handeln. Diese Sorten können nur eingeschränkt durch Pflegemaßnahmen zur Blütenbildung angeregt werden.
Empfehlung: Den starken Rückschnitt unterlassen, sondern nur maßvoll die Leit- und Seiten- bzw. Gerüstäste regulieren. Nicht alle

Langtriebe herausschneiden, z. B. nur jeden zweiten oder dritten. Der Baum beginnt sich zu beruhigen. Die wichtigsten Astpartien zur Blütenbildung sind die zweijährigen Triebe!

Dreijähriges Holz bildet schon benachteiligte Blüten, und Blüten am sogenannten Quirlholz (mehrjähiges Holz) sind von schlechter Qualität. Auch für das mehrjährige Holz gilt es Maß und Ziel zu berücksichtigen. Nicht alles Quirlholz herausschneiden, sondern nur z. B. die stark überalterten Bereiche.
Ergebnis: Es bilden sich zahlreiche schwach entwickelte Neutriebe mit 20 bis 50 cm Länge. Nach einer, maximal nach zwei Vegetationsperioden sollte sich ein guter Blütenansatz einstellen.

Ungleiche Aststellung
Problem: Sie haben einen Baum mit ungleicher Aststellung. Zum Beispiel wächst ein Ast relativ steil nach oben, während der andere Ast fast waagerecht verbleibt.
Wuchsmerkmal: Der waagerechte Ast ist benachteiligt, da die Triebbildung beim nach oben gerichteten Ast viel stärker ausgeprägt ist. Dieser Ast zieht mehr Nährstoffe an sich, welche dem waagerechten Ast dann fehlen, was zu einem schwächeren Dickenwachstum führt.
Empfehlung: Erstens den steil nach oben wachsenden Ast stärker zurückschneiden, den waagerechten Ast wenig oder gar nicht schneiden. Den steilen Ast schneidet man zweckmäßig auf ein außenliegendes Auge oder einen nach außen abzweigenden Ast.

Zweitens den nach oben wachsenden Ast in eine Stellung, die noch leicht nach oben zeigt, herunterbinden. Diese Maßnahme ist nur bei Bäumen im Jugendstadium durchführbar. Äste mit einem Durchmesser größer 5 cm sind kritisch (Bruchgefahr!).
Ergebnis: Durch den starken Rückschnitt des steil nach oben wachsenden Astes können nicht mehr so viele Nährstoffe in diesem Ast verbraucht werden, was den anderen Ästen zu gute kommt. Durch das Herunterbinden wird das Längenwachstum gebremst.

Verschiedene Astdurchmesser
Problem: Äste mit unterschiedlichen Durchmessern zweigen vom Stamm in ähnlicher Neigung ab.
Wuchsmerkmal: Die starken Äste werden bestrebt sein, ihre Dominanz beizubehalten. Das kann soweit gehen, dass der von der Mitte abzweigende Ast einen Durchmesser einnimmt, der der Stamm-Mitte entspricht. Im Extremfall verkümmert die Mitte.
Empfehlung: Die starken Äste massiv zurückschneiden, oder den starken Ast herausnehmen. Das Gesamtbild des Kronenaufbaus muss noch stimmen. Lieber über ein, zwei

Der Konkurrenztrieb (links im Bild) muss entfernt werden.

Der steil nach oben verlaufende Ast dieser Zwetschge muss entfernt werden.

oder sogar drei Vegetationsperioden immer ein Stück zurückschneiden.
Ergebnis: Nach ein oder zwei Vegetationsperioden hat sich der schwache Ast erholt.

Viele schwache Seitenäste
Problem: Der Baum hat ein normales Kronenbild, aber von der Stamm-Mitte zweigen viele nur schwach ausgebildete Seitenäste ab.
Wuchsmerkmal: Durch die Vielzahl der Seitenäste konnte die Nährstoffversorgung für die einzelnen Ästen nicht mithalten. Die Wüchsigkeit, hier speziell das Dickenwachstum, wird eingeschränkt.
Empfehlung: Erstens überflüssige Seitenäste herausnehmen. Zweitens die Stamm-Mitte zurücknehmen, damit die Seitenäste besser versorgt werden.

Ergebnis: Nach ein bis zwei Vegetationsperioden sind die Seitenäste gestärkt.

Zu sehr steil stehende Seitentriebe
Problem: Die Seiten- bzw. Leitäste wachsen steil nach oben.
Wuchsmerkmal: Durch diese Stellung ist der Ast bestrebt, noch mehr Nährstoffe für sich zu beanspruchen. Die daraus abzweigenden Äste nehmen eine untergeordnete Stellung ein und werden bei der Nährstoffvergabe auch so behandelt.
Empfehlung: Einen abzweigenden Ast auswählen und den darüber liegenden Teil entfernen.
Ergebnis: Ein offener, weiter Kronenaufbau stellt sich ein.

Zusammenfassung

- Je steiler der Ast, desto größer die Wuchskraft.
- Eine flache Aststellung hat Wuchsberuhigung zur Folge.
- Nicht zu viele Seitenastbildungen tolerieren, maximal vier bis fünf Seitenäste pro Ebene.
- Der Durchmesser des Seitenastes sollte maximal 50 % der Stamm-Mitte betragen.
- Einkürzen der Äste bedeutet vergrößertes Nährstoffangebot für die anderen Astpartien.
- Sägewunden mit dem Messer glatt schneiden.

Schnittfehler und Schnittmaßnahmen

Bei meinen vielen Rundgängen sind mir eine Vielzahl von Schnittfehlern aufgefallen. Jeder Besitzer möchte seinen Baum sicherlich richtig schneiden, aber im Laufe der Zeit schleichen sich Fehler ein (oder man weiß es einfach nicht besser).

Entnehmen Sie aus den Hinweisen zu den Abbildungen Anregungen für Ihr zukünftiges Handeln. Bauen Sie Vergleiche zu Ihrem Baumbestand auf und wägen Sie ab, ob Maßnahmen notwendig sind. Bedenken Sie: Ziel aller Erziehungs- bzw. Schnittmaßnahmen sollte immer eine offene, schön gestaltete und von Licht gut durchdrungene Krone sein.

1 In dieser Krone ist ein Leitast zuviel. Empfehlung: Der lange Trieb rechts muss entfernt werden. Die Mitte gehört weiter eingekürzt, so dass sich ein spitzer Winkel von etwa 120 Grad ergibt (Saftwaage).
Wem das zu geometrisch ist: Mitteltrieb über einem Auge etwa zwei Hand breit über der Ebene der Leitäste abschneiden.
Danach drei oder vier Leitäste festlegen. Den Rest wegschneiden, dabei Saftwaage berücksichtigen.

2 Hier zweigen zu viele Äste ab. Es ist keine Eindeutigkeit für eine Leitastfestlegung erkennbar. Drei Abzweigungen stehen auf der gleichen Ebene. Vom Leitast zweigt ein starker Seitentrieb ab.
Empfehlung: In diesem Stadium des Baumes muss Eindeutigkeit erzeugt werden: Ein Trieb muss weg.

3 Stehen die Leitäste zu steil, empfiehlt sich das Abspreizen auf 45 Grad mit einem Spreizholz. Weisen im Alter schon fortgeschrittene Bäume eine zu steile Leitaststellung auf, können nur noch grobe Korrekturen vorgenommen werden wie zum Beispiel: Steile Äste auf nach außen wachsende Äste ableiten oder die Höhe über mehrere Vegetationsperioden hinweg zurücknehmen.

4 Die Abzweigung des ersten Astes liegt viel zu tief. Der zweite darüber stehende Ast ist zu stark ausgeprägt, so dass sich auf der gegenüber liegenden Seite keine Seitentriebe mehr bilden können. Empfehlung: Den ersten Ast komplett herausnehmen. Den zweiten Ast stark einkürzen (auf ein Drittel seiner Länge).

5 Ausgangssituation: Der Leitast wurde im Laufe der Zeit sich selbst überlassen. Er hat einen zu steilen Verlauf eingenommen.

6 Die Schnittmaßnahme hat zum Ziel, auf einen nach außen wachsenden Ast abzuleiten. Damit kommt wieder Licht in den Bereich der Stamm-Mitte, und die Astkonkurrenz ist beseitigt.

7 Hier wurden die Triebe zu lang belassen. Früchte hängen auf den Boden herab. Es wurden außerdem zu wenige Früchte ausgedünnt. Bruchgefahr ist
die Folge.
Empfehlung: Winterschnittmaßnahmen so auslegen, dass die Äste mit den zu erwartenden Früchten nicht den Boden berühren bzw. nicht überlastet werden.

8 Wurzelausläufer sind komplett zu entfernen. Gleiches gilt für Austriebe, die sich kurz über der Veredelungsstelle gebildet haben.

9 Ausgangssituation: Ein senkrecht im Anfangsbereich abzweigender Ast besitzt fast den gleichen Durchmesser wie der Leitast. Der untere Ast wird stark überdeckt.

10 Maßnahme: Der starke Ast wird herausgenommen, damit wieder Eindeutigkeit herrscht.

11 Diese Zwetschge wurde über mehrere Jahre nicht geschnitten. Im unteren Bereich befindet sich zu steiles, im oberen Bereich zu dichtes Astwerk. Dazu kommen Verkahlungen im Bereich der Stamm-Mitte. Im oberen Bereich lädt die Krone sehr breit aus.
Empfehlung: Entweder den Baum so belassen oder Korrekturen von oben her vornehmen.

- Die Stammhöhe um ein Drittel zurücknehmen. (Das kann über ein, zwei Vegetationsperioden geschehen.)
- Dünnes Holz herausschneiden.
- Ganze Astkränze komplett entfernen und dadurch Licht in die Baummitte bringen.
- Den Zapfenschnitt nicht vergessen, vor allem nicht im Bereich der Stamm-Mitte, um der Verkahlung entgegenzuwirken.

12 Dieser Birnbaum ist „durchgegangen". Er besitzt viel Höhe, aber schwache Seitenäste. Es sind zu viele Astkränze; obere Äste überdecken die unteren, was zur einer schlechten Belichtung führt. Im oberen Bereich finden sich zu viele Astabzweigungen, dadurch besteht die Gefahr des Astbruches (der Kronenbereich ist stark kopflastig). Die oberen Äste laden teilweise genauso breit aus wie die unteren. Ein Pyramidenaufbau ist nicht ersichtlich.
Empfehlung: Entweder den Baum so belassen und alle Konsequenzen akzeptieren oder:

- Die Höhe bis zu dem letzten stark verdichteten Astkranz zurücknehmen. Damit werden die Voraussetzungen dafür geschaffen, dass die unteren Astpartien wieder besser versorgt werden.
- Zusätzlich einen kompletten Astkranz herausnehmen, hier den zweiten von unten. Die oberen Astkränze deutlich einkürzen.

Eine Bemerkung zum Zeitaufwand für so eine Maßnahme: Dieser Baum verursacht mindestens einen halben Tag intensive Arbeit für die groben Schnittarbeiten. Zu einem späteren Zeitpunkt sollten die Feinkorrekturen durchgeführt werden, die wiederum einen halben Tag in Anspruch nehmen können.

13 Eine Höhenbegrenzung wurde in der Vergangenheit durchgeführt, aber nicht weiter verfolgt. Im oberen Bereich stehen zu viele Seitenäste und sehr viele Ständertriebe (senkrecht nach oben wachsende Äste). Das Astwerk steht sehr dicht.
Empfehlung:

- Eine Höhenbegrenzung einleiten.
- Den oberen Astkranz bis auf drei Äste reduzieren.
- Die Ständertriebe herausnehmen.
- Die oberen Astpartien in der Länge zurücknehmen. Ziel sollte ein pyramidenförmiger Kronenaufbau sein.
- Altes Holz herausnehmen, damit Licht in den Baum kommt.

14 Ein zu starker Seitenast zweigt aus der Mitte ab. Es finden sich schwache und zu viele Seitenäste im unteren und oberen Baumbereich. Es ist kaum Jungholz vorhanden.

Empfehlung:

- Untere Äste entfernen (sie behindern nur beim Mähen).
- Den starken Seitenast zurücknehmen (sofern es der Kronenaufbau zulässt).
- Altes abgetragenes, nach unten wachsendes Holz entfernen.

Und wenn Sie einmal einen Ast falsch abgeschnitten haben: Halb so schlimm – es wächst meistens etwas nach.

15 Ausgangssituation: Für den Pflanzschnitt besitzt diese Krone wenig brauchbare Verzweigungen.

16 Schnittmaßnahme: Alle Triebe wurden entfernt. Die Mitte schneidet man auf Stammhöhe plus etwa 20 cm an. Zur Erinnerung: Die Stammhöhe beträgt beim Buschbaum etwa 90 cm, beim Halbstamm etwa 1,20 m und beim Hochstamm 1,80 m.

17 So sieht ein gut verzweigter und geschnittener Halbstamm aus: Die Leitäste stehen in gleicher Ebene. Der Verzweigungswinkel beträgt 120 Grad (für eine gute Saftwaage). Es wurde eine schöne, offene Krone geformt. Beim Pfosten wurde hier leider gespart.

18 Links: Ausgangssituation: Hier ist keine Mitte mehr sichtbar und die Seitenäste sind zu lang.

19 Rechts: Schnittmaßnahmen:

- Man muss einen neuen Mitteltrieb festlegen. Hier steht er zwar etwas schräg, aber das ist noch akzeptabel.
- Ins alte Holz zurückschneiden mit dem Ziel, eine offene Krone zu gestalten.
- Die Langtriebe entfernen.
- Auf schwächere Seitentriebe ableiten.

20 Links: Es ist keine Mitte vorhanden.
Empfehlung: Den gebogenen Astbereich komplett bis auf den nach oben wachsenden Ast zurücknehmen und den neuen Mitteltrieb auf Höhe (z. B. 2,20 m Höhe) anschneiden.

21 Rechts: Ein Trieb wächst steil nach oben.
Empfehlung: So etwas wird weggeschnitten. Es sei denn, Sie brauchen diesen Trieb zum Kronenaufbau. Dann den Trieb entweder herunterbinden oder mit Gewichten beschweren. Der Ast sollte einen leicht steigenden Verlauf (nicht waagerecht) bekommen.

22 Es wurde auf Zapfen zurückgeschnitten (mindestens 10 cm lang), um einer Verkahlung vorzubeugen.
Ergebnis: Durch den Rückschnitt wurde der Austrieb angeregt. Dadurch sinkt die Gefahr, dass die Äste verkahlen.

23 Es hat sich ausschließlich Quirlholz gebildet. Sollten Sie Bäume mit einem mehr oder weniger gleichen Erscheinungsbild besitzen, dann ist es höchste Zeit, mit dem Erneuerungsschnitt zu beginnen. Hier heißt das konkret: Rückschnitt des vorderen Teils. Die Schnittebenen ließen sich an unterschiedlichen Stellen ziehen, aber das hängt vom Mut des jeweiligen Baumbesitzers ab.

24 Krankes, abgestorbenes Holz prägen das Erscheinungsbild dieses Baumes, ebenso wie längere Zeit nicht geschnittene Astpartien. Solche Astpartien sind für Schadpilze willkommene Bereiche, um sich auszubreiten.
Empfehlung: Einen deutlichen Rückschnitt ins gesunde Holz vornehmen oder man entfernt diesen Ast ganz, da er den unteren Ast überdeckt.

25 Gut durchgeführter Erziehungsschnitt: Der Baum zeigt eine schöne Anordnung der vier Leitäste. Sie stehen versetzt im 90-Grad-Winkel.

26 Ein Beispiel zur Höhenbegrenzung. Für die Durchführung suchen Sie sich im oberen Baumbereich Seitenäste aus, die einen relativ flachen Verlauf haben. In welcher Höhe Sie begrenzen wollen, das ist Ihre Entscheidung. In aller Regel orientiert man sich an der Leiterlänge bzw. an der Länge des Schüttelhakens. Wenn Sie diese Äste festgelegt haben, entfernen Sie den Mitteltrieb. Damit liegt die Höhe fest. Im Laufe der darauf folgenden Vegetationsperioden entfernen Sie immer wieder die Ständertriebe (senkrecht nach oben wachsende Jungtriebe oder Langtriebe), die sich aus der Schnittfläche des Mitteltriebs bilden. Auch bei den Seitenästen entfernen Sie die senkrecht nach oben wachsenden Langtriebe. Die Kurztriebe können Sie stehen lassen, sie beruhigen die Triebbildung des Baumes ein wenig.

Pflanzenschutz

Bei allen Überlegungen, wie Sie in Ihrem Garten Schädlinge, Pilze oder andere Krankheiten abwehren können, sollte stets für Sie im Vordergrund stehen, Wege einzuschlagen, die nach dem jeweiligen Stand der Erkenntnisse einen bestmöglichen Ausgleich zwischen den ökonomischen und ökologischen Interessen bietet. Haben Sie wirklich alle Maßnahmen ausgeschöpft, bevor Sie zur Chemie greifen? Mit ausgewogener Düngung, dem Einsatz von Nützlingen, sorgfältiger Bodenbearbeitung und der Beseitigung von kranken oder schwachen Pflanzen bzw. Pflanzpartien wird schon viel erreicht. Erst wenn das alles berücksichtigt worden ist und die Schadschwellen (siehe Seite 79 überschritten worden sind, dann können Sie geeignete Mittel verwenden, die für die Klein- und Hobbygärten bzw. für landwirtschaftliche Flächen zugelassen sind.

Noch ein paar Worte zum Hausgarten. Es ist auf den ersten Blick vielleicht schwer zu verstehen, dass der Apfelbaum im Hausgarten nicht mit den gleichen Mitteln behandelt werden darf, die auf der Baumwiese so gute Erfolge gezeigt haben. Das Gesetz schreibt für den Hausgarten andere Kriterien vor als für Acker- bzw. landwirtschaftliche Flächen.

Der Hausgarten ist eine *nicht* landwirtschaftliche, forstwirtschaftliche oder erwerbsgärtnerische Fläche.

Als Alternative dazu gibt es biologische Mittel. In der Schadbildtabelle ab Seite 82 sind für die wichtigsten Fälle neben chemischen Mittel auch biologische Alternativen aufgeführt.

Bereiche, in denen Pflanzenschutzmittel nur eingeschränkt erlaubt sind:

- Hausgärten, Kleingärten und sonstige Gärten,
- begrünte Dachflächen und Fassaden,
- Park- und Grünanlagen,
- Friedhöfe und Balkonbeplanzung.

Für diese Bereiche ist die Anwendung von Herbiziden *nicht* erlaubt. Dies gilt auch für Düngemittel mit Unkraut- oder Moosvernichter.

Erlaubte Pflanzenschutzmittel für diese Bereiche müssen folgende Eigenschaften bzw. Merkmale aufweisen:

- nicht als giftig (T) oder sehr giftig (T+) gekennzeichnet,
- nicht bienengefährlich,
- ohne Wasserschutzgebietsauflage,
- Wartezeit nicht länger als 21 Tage,

Dosierung von Pflanzenschutzmitteln

Bitte halten Sie sich an die angegebenen Dosierungsmengen (in g oder ml je Liter). Viele Hobbygärtner stehen auf dem Standpunkt, ein bisschen mehr könne nicht schaden oder hilft noch besser. Das aber ist der falsche Ansatz. Abgesehen von der Belastung der Umwelt durch verschenkte bzw. nutzlos zum Einsatz kommende Mittel kann sich die Wirkung eines überdosierten Pflanzenschutzmittels rasch in Richtung pflanzenschädigend umkehren.

Was die **Aufwandmenge** an Spritzflüssigkeit betrifft, so haben sich im Laufe der Jahre die in der Tabelle Seite 78 angegebenen Werte in meiner Anlage bewährt. Parallel dazu sind die Flüssigkeitswerte aus der Informa-

Dosierung von Pflanzenschutzmitteln

Konzentrationsangabe in %	g bzw. ml in 10 l Wasser	g bzw. ml in 5 l Wasser
0,05	5	2,5
0,1	10	5
0,15	15	7,5
0,2	20	10
0,25	25	2,5
0,3	30	15
0,5	50	25

tionsschrift „Lebensraum Garten 2" vom Ministerium für Ländlichen Raum, Ernährung, Landwirtschaft und Forsten Baden-Württemberg in Klammern aufgeführt. Ich benütze einen tragbaren 5-Liter-Druckbehälter oder eine 15-Liter-Rückentragespritze. Die Angaben sind nicht für Feldspritzen mit Düsen geeignet!

Wichtig ist, dass Sie diese Mengen nicht noch weiter reduzieren. Für Bekämpfungsmaßnahmen ist eine gute Benetzung von Frucht und Blatt wichtig. Bitte hier kein falsch verstandenes Umwelt- oder Kostenbewusstsein an den Tag legen.

Bedarf an Spritzflüssigkeit für Obstgehölze

Spindelbusch, jung	etwa 0,25 – 0,5 l (0,5 l)
Spindelbusch, 5. Standjahr	etwa 1,0 – 1,5 l (2,0 l)
Spindelbusch, ausgewachsen	etwa 1,5 – 2,0 l
Halbstamm, Jugendphase	etwa 4,0 – 6,0 l
Halbstamm, Ertragsphase	etwa 7,0 – 12,0 l (8,0 – 14 l)
Beerensträucher, Jungpflanze	etwa 0,5 l
Beerensträucher, ausgewachsen	etwa 1,0 – 2,0 l
Himbeeren und Brombeeren	etwa 0,5 – 1,0 l je Meter

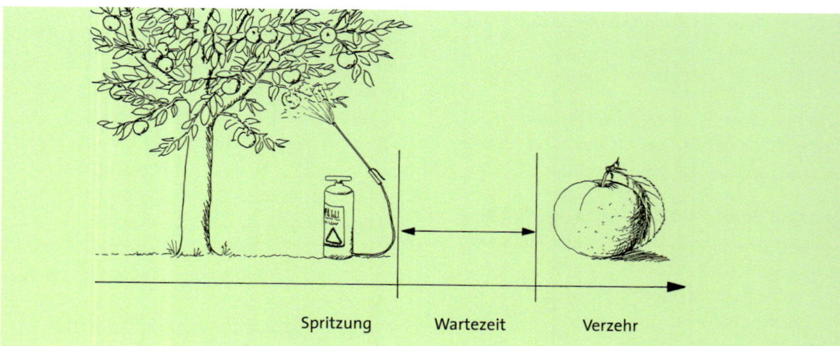

Zwischen einer Behandlung mit einem Pflanzenschutzmittel und dem Verzehr ist die vorgeschriebene Wartezeit einzuhalten.

Die **Reste von Pflanzenschutzmittel** gehören in das Abwasser. Für einen sorgfältig und verantwortungsvoll arbeitenden Hobbygärtner gilt wie im Erwerbsobstanbau: keine Spritzmittel auf offene Gewässer ausbringen oder im schlimmsten Fall in das Grundwasser gelangen lassen!

Wirtschaftliche Schadschwellen

Bei den wirtschaftlichen Schadschwellen geht es darum, Aufwand und Ertrag in ein Verhältnis zueinander zu bringen. Der Obstliebhaber sollte sorgfältig abwägen, ob die 20 Euro oder 40 Euro für Spritzmittel wirklich notwendig sind, oder die 20, 30 Kirschen oder Zwetschgen als Verlust akzeptiert werden. Nicht jede Laus muss bekämpft werden. Um aber beurteilen zu können, ab wann Bekämpfungsmaßnahmen wichtig und angebracht sind, gibt es die Schadschwellen. Werden bei dem einen oder anderen Baum die Grenzen überschritten, sind Gegenmaßnahmen gerechtfertigt.

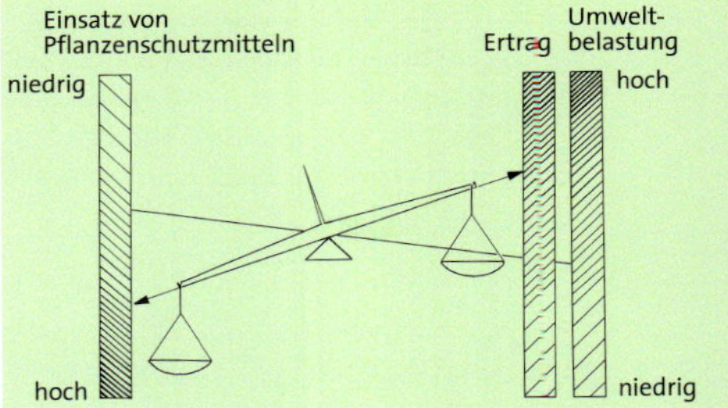

Pflanzenschutz bedeutet einen Mittelweg zu finden zwischen Ertragssicherung und möglichst geringer Umweltbelastung.

Schadschwellen für die Schädlingsbekämpfung an Obstgehölzen

Schädling	Vorblüte	Nachblüte (Mai–Juni)	Sommer (Juli–August)
Raupen insgesamt	10 – 15 Raupen pro 100 Büschel	1 – 2 Raupen pro 100	Auf Blattfraß besonders an den Triebspitzen achten
Spannerraupen	5 – 8 Raupen pro 100 Büschel		
Apfelgraslaus	8 Kolonien pro 10 Blütenbüschel		
Mehlige Apfellaus	1 – 2 Befallstellen pro 100 Büschel	1 – 2 Kolonien pro 100 Triebe	1 – 3 Kolonien pro 100 Triebe. Bemerkung: Bei der Mehligen Apfellaus gilt es schnell und gründlich einzugreifen, denn sie vermehrt sich explosionsartig
Schwarze Kirschblattlaus	2 – 5 Kolonien pro 100 Triebspitzen	mehrmals nach der Blüte bis 14 Tage vor der Ernte	

➤ Schadbilder – Webcode: obst1220

Schadbilder an Obstgehölzen

Die folgende Tabelle fasst die wichtigsten Schadbilder zusammen, wie sie durch Viren, pilzliche oder bakterielle Krankheitserreger, Insekten oder andere Schädlinge hervorgerufen werden. Es ist allerdings nicht möglich, im Rahmen dieses Buches für Einsteiger alle potentiell in Frage kommenden Schadbilder und Faktoren aufzuzeigen. Die wichtigsten sind erwähnt und ermöglichen eine grobe Ein-

Krankheiten	Hinweis	biologische Maßnahme
Feuerbrand Bakterienkrankheit: Blätter verfärben sich braun bis fast schwarz. Bei anfälligen Sorten verläuft der Prozess sehr schnell. Ganze Äste verdorren. Die Spitze der Triebe rollt sich ein, am Trieb selbst bilden sich leicht rötlich gefärbte Harztropfen.	Nicht verwechseln mit der Triebspitzendürre! Bei ihr fehlt die Tropfenbildung. Im Zweifelsfall den zuständigen Grünland-betreuer fragen. Feuerbrand ist **meldepflichtig**!	Schneidgeräte in 70% Alkohol desinfizieren oder abbrennen.
Triebsucht/Besenkrankheit Im oberen Bereich treiben die Seitenknospen vor-zeitig aus. Der Haupttrieb bleibt zurück und die Seitentriebe nehmen einen steil nach oben ge-richteten Verlauf ein.	Der innere Aufbau der Pflanze wird verändert. Die Übertragung erfolgt durch Pfropfung und In-sekten (Zikaden).	
Scharka Blattadern aufgehellt. Ältere Blätter mit oliv-grünen Flecken (5 mm ⌀). Vertiefungen auf der Oberfläche der Frucht; je älter die Frucht, desto ausgeprägter. Fruchtfleisch verfärbt.	Die Früchte sind ungenießbar. Übertragen werden die Viruser-reger der sogenannten Pocken-krankheit durch saugende Insek-ten sowie durch Pfropfung.	
Schorf An den nicht mehr hellgrünen Blättern bilden sich olivgrüne bis ins Braungrüne gehende verwasche-ne Flecken. Auch die Blattadern können davon be-troffen sein. An der Frucht entstehen dunkelbrau-ne Flecken, die im Laufe der Zeit einreißen oder schuppenförmig ausgebildet sind. An den Zwei-gen bilden sich schuppenförmige Zonen, die auf-platzen können, bzw. die Rinde löst sich ab.	Die Schorfbekämpfung nimmt einen hohen Stellenwert im Er-werbsobstbau ein. Die Qualität der Frucht ist durch die Pilz-krankheit vermindert, aber für den Selbstversorger nicht weiter schlimm. Ein paar Flecken auf der Frucht sind tolerierbar.	Aufspritzen von Schwefelleber oder Netzschwefel. Bei starker biologischer Ausrichtung kann die Dosierung vermindert wer-den, aber dafür wird häufiger gespritzt. Ferner kann Bio-S (Ledax-San) eingesetzt werden. Bei hohem Infektionsdruck mehrmals ausbringen.
Mehltau beim Apfel Junge Blätter, Triebspitzen, aber auch ganze Triebe sind von einem weißen Belag überzogen. Das Blattwachstum bleibt aus, die Blätter rollen sich ein und fallen ab. Der Zweig sieht vertrocknet aus.	Mehltau bereitet immer häufi-ger Probleme. Sehr warmes und trockenes Wetter lassen diesen Pilz sehr schnell fortschreiten. Das Pilzgeflecht selbst über-wintert innerhalb der Knospe und des Triebes.	Ackerschachtenhalm-jauche, Bio-S oder Le-dax-San, Rainfarn-brühe sowie Netz-schwefel.
Monilia bei Steinobst An den Spitzen welken die Blätter und Blüten in relativ schneller Zeit. Man nennt dieses Erschei-nungsbild auch Triebspitzendürre oder -welke.	Die Monilia-Spitzendürre kann, wenn sie unbehandelt bleibt, zu deutlichen Ernteeinbußen führen. Die Monilia-Fruchtfäule ist eine Lagerkrankheit.	Aufspritzen einer Meeret-tichbrühe.

ordnung des Schadensfalls sowie das Einleiten der richtigen Behandlung. Die vorgestellten Maßnahmen unterliegen einem ständigen Wandel und sind womöglich in fünf Jahren nicht mehr aktuell. Bitte betrachten Sie die Vorschläge für Maßnahmen zunächst als Orientierungshilfe. Aktuelle Informationen erhalten Sie in den einschlägigen Fachgeschäften sowie bei den Beratungsstellen der Landratsämter.

chemische Maßnahmen für integrierte Produktion, teilweise für den Hausgarten	**sonstige Gegenmaßnahmen**	**Einsatzzeitpunkte**
Anwendung von Plantomycin für Kernobst. Z. Zt. hat dieses Mittel noch keine Zulassung, sondern nur eine Ausnahmegenehmigung. Hinweis des Pflanzenschutzdienst *muss* beachtet werden!	Rückschnitt mindestens 30 cm in das gesunde Holz. Oder den ganzen Baum roden, wenn der Befall zu stark ist. Das Pflanzenmaterial verbrennen oder über die Müllabfuhr beseitigen. Nicht auf den Häckselplatz bringen.	Nach besonderem Aufruf durch die Ämter.
	Infizierte Bäume bei starker Krankheitsausprägung entfernen. Nahrungsgrundlage der Zikaden (Unkräuter, Wurzelausläufer) entfernen.	
	Vorbeugende Bekämpfung der Blattläuse. Sofortige Rodung erkrankter Bäume.	
Ein paar Beispiele für die in der integrierten Produktion zugelassenen Mittel: Baycor, Euparen, Delan, Saprol (nicht Birne) HG Discus Weitere Informationen erteilen die entsprechenden Beratungsstellen.	Falllaub untermulchen. Spritztermine auf den Lebenszyklus des Pilzes einstellen (Abbildung), d. h. möglichst termingerecht spritzen, vor allem in der Zeit von April bis Ende Juni. Anpflanzung von schorfresistenten Apfelsorten.	Anfang–Ende März, Mitte April–Anfang Mai, Ende Mai–Anfang Juli, abhängig von Niederschlag, Temperatur und Luftfeuchte.
Empfohlen werden folgende Mittel: • Rubigan • Benocap • Netzschwefel HG • Saprol Neu HG	Auf die klimatischen Bedingungen abgestimmte Auswahl der Sorten. Schnitt der befallenen Treibe schon im Winter. Bei Zur jeder Jahreszeit können bei Befall die Triebe ausgebrochen oder abgeschnitten werden. Ausbrechen oder Abschneiden der Triebe.	Schnitt Anfang Januar–Mitte März, Spritzen und Ausbrechen der Triebspitzen ab Anfang April
Empfohlen werden: • Baycor • Saprol Neu	Befallene Triebspitzen und Früchte entfernen. Rückschnitt (mind. 10 cm) ins gesunde Holz. Schnittholz nicht kompostieren. Fruchtmumien entfernen. Weniger empfindliche Sorten pflanzen.	

Schadbilder an Obstgehölzen (Fortsetzung)

Krankheiten	Hinweis	biologische Maßnahme
Monilia bei Kernobst Wie beim Steinobst welken die Blätter und die Spitzen, die Triebe werden dürr. Nicht verwechseln mit dem Feuerbrand: Monilia produziert *keine* Schleimtropfen! Neben den Trieben werden auch die Früchte befallen. Die Früchte werden braun und weisen weiße Pusteln auf.	Infizierte Früchte verursachen Lagerfäule. Die Früchte werden im Lager schwarz. Sehr anfällig sind frühe Apfelsorten.	Siehe *Monilia* beim Steinobst.
Birnengitterrost An der Oberseite des Blattes bilden sich anfangs gelbe, im weiteren Verlauf rötliche bis braunrote Flecken. Auf der Blattunterseite sind kleine trichterförmige Pusteln sichtbar.	Bei geringem Infektionsdruck von etwa 3–5 Flecken pro Blatt ist keine Behandlung notwendig. Bei starkem Befall kann Schorfmittel den Befall mindern.	Ackerschachtelhalmbrühe mit Schwefelzusatz.
Obstbaumkrebs An jungen Trieben ist die Rinde um das Auge eingesunken und stirbt ab. Die Zweige werden dürr. Die Selbstheilungskräfte des Baumes versuchen hier durch Überwallung den Bereich zu schließen. Es kommt dann zu Wucherungen.	Das vom Krebs befallene Gewebe muss ausgeschnitten werden. Braune Stellen entfernen. Anschließend ist ein sorgfältig durchgeführter Wundverschluss notwendig. Diese Maßnahmen sind bei trockenem Wetter durchzuführen.	Entfernen der befallenen Triebe. Ausschneiden der Befallsfläche. Hierzu mindestens 1 cm tief das gesunde Holz mit herausschneiden. Gesundes Holz ist sehr hell, krankes dagegen braun.
Kräuselkrankheit Auf den jungen Blättern bilden sich blasige Deformationen, die im weiteren Verlauf eine rote Farbe annehmen. Im Endstadium vertrocknen die Blätter und fallen ab. Davon sind auch die Fruchtkörper betroffen.	Wenn der Baum nicht zu sehr geschädigt ist, kommt es im Juni zum Neuaustrieb und der Baum überlebt.	Ausbringung der Bordeaux-Brühe, wie sie im Weinbau gegen *Peronospora* und Kräuselkrankheit angewendet wird.
Himbeerrutenkrankheit Im Frühjahr und im Sommer werden an den Ruten violette Flächen sichtbar, die sich im Laufe der Zeit vergrößern. Die geschädigten Ruten treiben im Folgejahr kaum oder gar nicht aus.	Auf den geschädigten Ruten bilden sich nur unterentwickelte Früchte.	Keine zu dichten Rutenbestände zulassen, maximal 12 Ruten auf den Meter. Bestände unkrautfrei halten. Boden mit Mulchschicht abdecken.
Taschenkrankheit bei der Zwetschge Besonders anfällig ist die Hauszwetschge. In raueren Lagen ist mit evtl. stärkeren Infektionen zu rechnen.	Es handelt sich um eine Pilzkrankheit, deren Entwicklungsgang noch nicht vollständig geklärt ist.	
Rotpustelpilz Der Rotpustelpilz gilt als Zeiger für abgestorbenes oder krankes Holz. Bereiche, die von diesem Pilz befallen sind, sind nicht mehr zu retten.	Der Pilz ist leicht durch seine roten Pusteln erkennbar. Er siedelt sich in der Nähe von krankem Gewebe an und breitet sich aus. Nach deutlichem Rückschnitt gesunden die Bäume in aller Regel.	Mit den Schnittmaßnahmen sehr früh beginnen. Zapfenschnitt vermeiden (Infektionsgefahr).

chemische Maßnahmen für integrierte Produktion, teilweise für den Hausgarten	sonstige Gegenmaßnahmen	Einsatzzeitpunkte
Ein zielgerichtetes Mittel gegen *Monilia* bei Kernobst wird nicht angeboten. Gegen die Lagerfäule können folgende Mittel empfohlen werden: • Euparen WG • Benomyl • Cercibin FL	Entfernen der Fruchtmumien. Gezielte Schorfbekämpfung durchführen. Entfernen der befallenen Zweige.	Siehe Schorfbekämpfung.
Auftragen von Wasserglaspräparat (0,5–1,5%) nicht bei Sonne und nicht in die Blüte spritzen. Zusätzlich können empfohlen werden: Delan SC 750, Rubigan SC, Scala. Mit Saprol (Triforin) habe ich bei Birnen keine so guten Erfahrungen gemacht.		Ausbringungstermine wie bei der Schorfbekämpfung.
Folgende Präparate werden für die integrierte Produktion empfohlen: • Funguran • Cuprozin Bei der Verwendung von Kupferpräparaten die Schädigung von Regenwürmern beachten.	Keine Pflanzung von krebsanfälligen Sorten, dafür Pflanzung standortgemäßer Sorten. Regelmäßige Kontrollen vor der Ernte.	
Folgende Präparate eignen sich: • Euparen WG • Delan SC 750 • Kupferoxychlorid Kupferpräparate schädigen Regenwürmer!	Prüfung, ob die Standortbedingungen für Pfirsich zutreffen. Verwendung von weniger anfälligen Pfirsichsorten wie: Amsden, Alexander, Mayflower	Während des Knospenschwellens im zeitigen Frühjahr, Anfang Januar bis Mitte Februar.
Fungizidpräparate ab einer Rutenlänge von etwa 20 cm ausbringen. Nach zwei Wochen wird die Behandlung wiederholt (Behandlungsvorschriften des Herstellers sind vorrangig!)	Waldähnliche Umgebungsbedingungen schaffen. Tiefgründiger und nährstoffreicher Boden. Abgetragene Ruten über dem Boden abschneiden. Spritzungen gegen die Himbeergallmücke durchführen.	
	Entfernen der befallenen Früchte. Eventuell mit Schwefelpräparaten kurz nach der Blüte arbeiten.	
	Entfernen der befallenen Äste bzw. Astpartien bis weit in das gesunde Holz. Bei großflächigen Stamminfektionen ist nur noch Rodung möglich. Das Schnittholz sofort vernichten.	Immer wenn der Pilz sichtbar ist.

Schadbilder an Obstgehölzen (Fortsetzung)

Schädlinge	Hinweis	biologische Maßnahme
Blattläuse an Kernobst Grüne Apfelblattlaus, Apfelfaltenlaus, Mehlige Apfellaus, Blutlaus, Schildlaus Die Blätter rollen sich ein, das Triebwachstum wird gehemmt. Bei starkem Befall vertrocknen die Triebe bzw. der Baum „bleibt stehen" (d. h. es werden keine Jungtriebe mehr gebildet).	Blattläuse leben in Kolonien, vorwiegend an jungen Trieben. Die Blattläuse sind Krankheitsüberträger und sollten sich nicht zu sehr ausbreiten (Schadschwellen beachten). Die Eiablage erfolgt ab Oktober an geschützten Astbereichen.	Bekämpfung mit Seifenlösung, Brennnesselbrühe, Gesteinsmehl, Asche. Abspritzen der Blätter mit kaltem Wasser Eine weitere Möglichkeit bei schwachem Befall ist das Zerdrücken von Hand.
Frostspanner und andere Insektenlarven Meist massenhaftes Auftreten richtet großen Schaden an. Die Knospen sind innen ausgefressen und hohl, dadurch entsteht keine Blüte mehr. Die Blätter werden stark dezimiert, durch starken Loch- oder Kahlfraß bis auf das Gerippe. An den jungen Früchten findet man Fraßstellen.	Das typische Erkennungsmerkmal für Spannerraupen ist der Katzenbuckel. Massenhaftes Auftreten kann den Ertrag von Kern- und Steinobst stark eingeschränken. Im Spätherbst kriecht das Weibchen den Stamm hinauf und legt ihre Eier ab.	Leimanstrich am Fuß des Baumes anbringen. Austriebsspritzung mit Paraffinöl. Im Hausgarten Verwendung von *Bacillus thuringiensis.*
Apfelblütenstecher Bei diesem Schädling handelt es sich um einen Rüsselkäfer. Gegen Ende der Blütezeit haben sich manche Blüten nicht geöffnet. Die Blütenblätter sind vertrocknet. Öffnet man so eine Blüte, dann befinden sich darin kleine Larven, die das Innere der Blüte auffressen.	In gewisser Weise trägt der Apfelblütenstecher zur Ausdünnung bei. Allerdings kann er, wenn keine regelmäßigen Kontrollen durchgeführt werden, ganze Bestände dahinraffen.	
Kirschfruchtfliege Die Früchte zeigen am Stieleingang eine leicht bräunliche Verfärbung. Öffnet man eine Frucht, so befinden sich im Inneren kleine, etwa 5 mm lange Maden.	Gefahr des Totalausfalls gegeben. Einer der wichtigsten Schädlinge an der Kirsche. Zwischen Mitte Mai (Schlüpfen der Fliege) bis zur Eiablage Ende Mai, Anfang Juni ist eine zielgerichtete Bekämpfung möglich.	Einsatz von Pheromonlockstoffen.
Brombeergallmilbe Die Früchte reifen nicht oder nur teilweise aus. Teile der Frucht bleiben rot, während der Rest sich weiterentwickelt. Die rot gebliebenen Fruchtteile bleiben hart und sauer.	Der Schädling ist mit bloßem Auge kaum sichtbar. Die Länge beträgt etwa 0,15 mm Die Winterquartiere sind: Knospenschuppen, Stängelteile	Verwendung einer Wermutjauche. Leider liegen keine Erfahrungen vor.
Napfschildlaus Stamm, Äste und Zweige sind mit dicken Krusten überdeckt. Die Rückenhaut der Weibchen ist schildartig erhärtet. Darunter entwickeln sich gut geschützt die Larven. Die Schildläuse stechen die Rinde an und verursachen durch Saftentzug Wachstumsstörungen und Verkrüppelungen.	Die Larven überwintern an Stamm und Zweigen. Erst im Frühjahr bilden sich die Schilder. Auf den Ausscheidungen entwickelt sich durch Schwärzepilze Rußtau.	Sofort nach Erkennen Schildlä se mit einem Messer abschab Gegebenenfalls den ganzen Zweig entfernen. Im Winter (Knospenstadium) und im Fr jahr (Mausohrstadium) Austriebsspritzung durchführen.
Wühlmaus Die Wühlmaus zählt zu den bedeutendsten Schädlingen in einer Obstbaumkultur. Treten Wühlmäuse verstärkt auf und es werden keine Gegenmaßnahmen getroffen, so hat dies meistens (im Gegensatz zu anderen Schädlingen) den Totalausfall des Baumes zur Folge.	Der Baum wird unterhalb der Erdoberfläche pfahlförmig und restlos abgenagt. Wenn man aufmerksam durch die Anlage geht, kann der Schaden eventuell noch frühzeitig erkannt werden: Der Baum lässt die Blätter hängen.	

Allgemeiner Hinweis: Spritzen Sie nicht bei zu kaltem (unter 15 °C) bzw. zu warmem (über 25 °C) Wetter. Die besten Spritzzeiten sind morgens und abends.

chemische Maßnahmen für integrierte Produktion, teilweise für den Hausgarten	sonstige Gegenmaßnahmen	Einsatzzeitpunkte
Es werden folgende Mittel für den integrierten Anbau empfohlen: • Neudosan (nützlingsschonend) • Confidor • Methasystox R • Pirimor	Austriebsspritzung z. B. mit Paraffinöl. Mit Leimanstrichen am Stamm den Ameisen den Weg zu den Läusen erschweren (sie verhindern, dass Nützlinge sich stärker ausbreiten können). Nützlinge schonen.	Austriebsspritzung Mitte Januar – Ende Februar, chemische Mittel Anfang März – Mitte April und Anfang Mai – Mitte Juni
Mittel für die integrierte Produktion: • Dimilin 25 WP • Triflumuron • Isegar	Gezielte Bekämpfung nur über Falterflugkontrollen.	Leimanstrich Anfang Oktober – Mitte November, Austriebsspritzung Anfang Januar – Mitte Februar, chemische Mittel Anfang März – Mitte April
Die Anwendung von chemischen Mitteln ist nur während des Mausohrstadiums sinnvoll. Ist die Larve erst mal im Inneren der Blüte, wird sie vom Spritzmittel nicht mehr erreicht. Empfohlende Mittel sind: • Unden flüssig, ME 605		Ende Februar – Ende März
Empfohlen wird folgendes Präparat: • Lebaycid	Abernten von abgefallenen Früchten! Gelbe Leimtafeln aufhängen. Mit dem „Gelbwerden" der Frucht kommt auch die Kirschfruchtfliege.	Anfang – Ende Juni
Verwendung von Netzschwefel. Es hat sich bewährt, mindestens zwei, besser drei Spritzungen durchzuführen.	Zurückschneiden der Brombeertriebe im Spätherbst bis auf den Grund.	Ende – Mitte März, Anfang Mai – Anfang Juni
	Schutz der natürliche Feinde z. B. der Zehrwespe.	
Einbringen von Gaskugeln in die Gänge. Anschließend die Gänge gut verschließen.	Wenn ein deutlicher Befall sichtbar ist, benötigt man etwa 10 bis 12 Draht- oder Bügelfallen. In jeden Gang sowie in jede Richtung wird eine Falle gelegt. Im Laufe der Zeit gewinnt man an Erfahrung und kann die Fallen gezielt um das Nest auslegen. Pflanzung der Bäume in Drahtkörben. Das Gras sollte sehr kurz gemäht werden, um der Maus wenig Deckung zu bieten.	

Abwehrmaßnahmen im Hausgarten

Im Hausgarten kommen überwiegend biologische Mittel zum Einsatz, aber auch abgeschwächte chemische Mittel, die für dieses Einsatzgebiet zugelassen sind. Aber bevor Sie zur Spritze greifen, prüfen Sie, ob die nachfolgend aufgeführten Kriterien für Ihren Garten zutreffen.

Haben Sie danach gehandelt, dann sind zwei Drittel der Arbeit schon getan. Sie müssen dann nur noch die wirtschaftlichen Schadschwellen prüfen und bei Überschreitung geeignete Maßnahmen, z. B. biologische, einleiten.

Schließlich noch ein paar Anmerkungen zu biologischen Mitteln: Biologische Mittel sind im Vergleich zu chemischen Mittel relativ milde, wirken nicht sofort, sondern langsam, und damit für die Pflanze schonend. Nützlinge werden überwiegend geschont, Schädlinge werden in aller Regel nicht vernichtet, sondern deren Lebensbedingungen werden verschlechtert. Der Einsatz biologischer Mittel erfordert in der ersten Zeit viel Geduld und Toleranz. Sie müssen sich davon lösen, dass nach Anwendung eines biologischen Mittels die Pflanzen völlig schädlingsfrei dastehen. Die Lebensbedingungen der Schädlinge werden nur verschlechtert, selten werden die Schädiger komplett vernichtet. Dass man aber diesen Weg einschlagen kann, haben viele Hobbygärtner schon bewiesen. Ist die Entscheidung dafür einmal getroffen, werden Sie durch das Wissen der Zusammenhänge, durch das Reagieren der Pflanzen je nach Maßnahme und einen chemiefreien Garten oder Baumwiese belohnt.

In der nachfolgenden Tabelle sind die für den Hausgarten zugelassenen und freigegebenen Mittel aufgeführt. In vielen Fällen stellt sich ein ausreichender bis guter Erfolg ein. Wenn Sie oft durch Ihren Garten gehen, merken Sie schon bald Blattveränderungen, die durch Schädlinge hervorgerufen wurden: z. B. Läuse zerdrücke ich einfach an den Blättern, für diese Art von Schädlingbekämpfung benötige ich kein Spritzmittel mehr.

Schonende Abwehrmaßnahmen, Vorbeugung und Förderung

- Nützlinge fördern (z. B. Vögel, Marienkäfer, Larven)
- sorgfältige Bodenbearbeitung
- richtiger Standort (kein Pfirsich in Höhenlagen)
- Verwendung von Jauchen
- zielgerichtete Düngung

Gefahrensymbole und Gefahrenbezeichnungen.

Pflanzenschutzmittel für den Hausgarten

Krankheit, Schädling	**erlaubte Wirkstoffe**	**Abwehrmaßnahmen**
Birnengitterrost	Triforin	Kurz vor der Blüte beginnen. Drei Behandlungen im Abstand von 10 bis 12 Tagen. Bei weniger als 5 Flecken pro Blatt keine Bekämpfung notwendig
Echter Mehltau	Triforin (Saprol) Netzschwefel Ackerschachtelhalmbrühe Wasserglas	Rückschnitt der befallenen Triebspitzen im Winter wie im Sommer. Netzschwefel nicht bei empfindlichen Sorten (Birne, Apfel) anwenden
Kräuselkrankheit	Dichlofluanid	Einsatz bereits beim Knospenschwellen im Frühjahr (ab Januar). Weniger anfällige Sorten wählen
Monilia-Spitzendürre	Triforin Bitertanol	Rückschnitt in das gesunde Holz (10 cm mindestens!)
Obstbaumkrebs	Grünkupfer	Anwendung während des Blattfalls im Oktober. Ausschneiden der befallenen Stellen
Schorf	Netzschwefel Dichlofluanid Bitertanol Ackerschachtelhalmbrühe Wasserglas 1- bis 2-%ig	Einsatz abstimmen auf die Blattnässezeit. Netzschwefel ab der Blüte nicht bei Birnen und schwefelempfindlichen Apfelsorten
Schädlingsbefall		
Blattläuse	Kali-Seife 1- bis 2-%ig Brennnesselbrühe Pirimicarb Ton- und Mineralmehle	Die Wirkstoffe erfassen die Blattläuse nur, wenn sie direkt getroffen werden. Bei leicht angefeuchteten Blättern auftragen
Frostspanner	Bacillus thuringiensis (nicht für Wasserschutzzone 1 und 2) Piperonylbutoxid + Pyrethrine	Leimringe oder Leim ab Anfang Oktober anbringen oder auftragen. Einsatz der Präparate möglichst nicht unter 18 °C
Obstmade	Granulosevirus Piperonylbutoxid + Pyrethrine	Obstmadenfanggürtel ab Mitte Juni und Anfang August anlegen. Die Abnahme erfolgt Ende Juli bzw. Anfang Oktober. Spritzpräparate müssen mehrmals in Folge eingesetzt werden

Pflanzenschutzmittel für den Hausgarten (Fortsetzung)

Krankheit, Schädling	erlaubte Wirkstoffe	Abwehrmaßnahmen
Pflaumenmade	Piperonylbutoxid + Pyrethrine	Je nach Befallsdruck sind zwei bis drei Behandlungen notwendig
Spinnmilben	Mineralöl Rapsöl Piperonylbutoxid + Pyrethrine Farnkräuterbrühe Brennnesselbrühe	Öle nur zur Austriebsspritzung verwenden. Auf eine gute Benetzung der Blattunterseite achten
Wühlmaus (Schermaus)	mechanische Fallen	Gras sehr kurz mähen, damit wird die Deckung vermindert. Bäume mit Drahtkorb pflanzen
Wildverbiss	Wildverbissmittel ohne Fungizid und ohne Insektizid	Drahtrosen, Kunststoffspiralen

Mengenverhältnis für das Ansetzen von Pflanzenjauchen

10 l Wasser	Etwa 1 kg frisches, grob zerkleinertes Pflanzenmaterial
10 l Wasser	Etwa 100 bis 200 kg getrocknetes Pflanzenmaterial

Bei Verwendung von 60- oder 120-Liter-Fässern kann die Menge um etwa 10 Prozent reduziert werden.

Die Tabelle nennt Viruskrankheiten, pilzliche Krankheitserreger und tierische Schädlinge. Zusätzlich zu den Einsatzmitteln sind vorbeugende oder weitere Maßnahmen aufgeführt.

Biologische Maßnahmen beruhen in der Regel auf Pflanzenjauchen. Sie können die Jauche mit frischen, aber auch mit getrockneten Kräutern in kaltem Wasser ansetzen. Als Orientierungshilfe dienen die Angaben in der Tabelle.

Nützlinge

Die besten biologischen Einsatzmittel und natürlich auch die kostengünstigsten sind die Nützlinge. Unsere Hauptpartner zur Schädlingsminimierung sind: Vögel, Marienkäfer und seine Larve, Florfliege, Schwebfliege, Raubwanze, Ohrenkneifer, Raubmilben.

Alle Nützlinge haben eines gemeinsam: Sie vertilgen Unmengen von Raupen, Läusen und anderen Schädlingen. Kommen sie in Mengen vor, können die Nützlinge alleine über einen langen Zeitraum für ein ausgewogenes Gleichgewicht im Garten sorgen. Um den Einsatz chemischer Produkte mehr und mehr reduzieren zu können, werden heute schon gezielt Nützlinge, die im Handel erhältlich sind, zum Einsatz gebracht.

Boden und Düngung

Die Erde, die Sie sehen, hat eine lange Zeitgeschichte hinter sich. Jeder Boden ist ursprünglich aus der über Jahrtausende anhaltenden Verwitterung der Erdkruste entstanden. Böden unterscheiden sich in ihren chemischen und physikalischen Eigenschaften, je nachdem aus welchem Gestein sie hervorgegangen sind.

Bei unzureichender Wasser- oder Nährstoffversorgung verfärben sich die Blätter braun.

Bodeneigenschaften

Entscheidend für das Wachstum der Wurzeln und die Wasserhaltefähigkeit ist die Verteilung der Korngrößen, wobei man die Fraktionen (vom Feinsten zum Gröbsten) Ton, Schluff, Sand, Kies, Steine unterscheidet. Um den Boden grob zu klassifizieren, eignet sich die Handprobe:

Bodenbewertung mit der Handprobe

<u>Leichter Sandboden</u>
Versuchen Sie die Gartenerde zu einem Ball zu kneten. Zerfällt dieser, sobald Sie ihre Hand öffnen, handelt es sich um diese Bodenart.

<u>Leichter Sandboden mit Tonanteilen</u>
Es gelingt wieder nicht, einen Ball aus der Erde zu kneten, im Unterschied zum leichten Sandboden bleibt zwischen den Fingern Erde hängen.

<u>Mittelschwerer sandiger Lehmboden</u>
Die Erde lässt sich zu einer Kugel formen und ist knetbar. Allerdings zerfällt auch diese relativ leicht. Es sind etwas höhere Anteile von Ton und Schluff vorhanden.

<u>Schwerer Lehmboden</u>
Man kann die Bodenprobe richtig kneten und in Form bringen.

<u>Stark humushaltiger Boden</u> (z. B. Moorböden)
Er weist einen hohen Anteil verrottetes organisches Material auf. Man erkennt es schon an der Farbe. Die Farbe der Erde geht von Schwarzbraun ins Schwarze. Die Erde zerfällt sofort, sie ist ausschließlich krümelig. Komposterde wäre ein guter Vergleich.

Der Säuregrad oder pH-Wert

Die Eignung eines Bodens für bestimmte Pflanzen hängt von vielen Eigenschaften ab: dem Humusgehalt (sichtbar in der Färbung), der Gründigkeit, der mikrobiologischen Aktivität und von seinem pH-Wert. Manche Pflanzen, wie zum Beispiel die Kulturheidelbeeren, brauchen unbedingt einen niedrigen pH-Wert. Zwetschgenbäume bevorzugen höhere pH-Werte. Der pH-Wert gibt an, wie sauer oder basisch der Boden ist.

Bodenuntersuchungen

Bevor Sie zum Düngersack greifen, sollten Sie eine Bodenuntersuchung durchführen lassen. In aller Regel scheut der Hobbygärtner den Aufwand für eine Bodenanalyse durch ein Labor. Leicht und ohne allzu großen Aufwand lässt sich der pH-Wert des Bodens bestimmen. Es gibt in den Gartencentern und

Orientierungswerte zum Kalkbedarf

pH-Wert 4 – 4,5	Kalkbedarf sehr hoch
pH-Wert 4,6 – 5,5	Kalkbedarf hoch
pH-Wert 5,6 – 6,5	Kalkbedarf mittel
ph-Wert 6,6 – 7,5	Kalkbedarf niedrig

Baumärkten einfache Geräte zur pH-Bestimmung zu kaufen. Diese Messungen sind einigermaßen exakt und erlauben Ihnen eine grobe Einordnung Ihres Bodens und damit die Erkenntnis, ob gekalkt werden muss oder nicht.
Diese Bodenuntersuchungen sollten alle zwei Jahre durchgeführt werden.

Nährstoffversorgung

Die Nährstoffe im Boden stehen in einem sehr komplizierten Gleichgewichtsverhältnis. Viele Hobbygärtner besitzen in dieser Hinsicht eine falsche Einstellung: Ein bisschen Düngung hier, ein wenig dort, möglichst noch etwas mehr als auf der Dosieranleitung beschrieben – es kann ja nicht schaden. So hat man im guten Glauben, alles richtig gemacht zu haben, unter Umständen viel falsch gemacht. Ein Überschuss an einem oder mehreren Elementen kann zum Mangel an anderen Elementen führen. Zum Beispiel: zuviel Stickstoff kann die Aufnahme von Kali beeinträchtigen, und das bedeutet dann: die Pflanze wächst sehr üppig, allerdings zu Lasten der Blütenbildung, die Zellen werden sehr groß, das Gewebe entwickelt sich weich, was wiederum eine hohe Anfälligkeit für Pilzkrankheiten und Lausbefall nach sich zieht. Düngung erfordert also unbedingt eine gewisse Sorgfalt.

Stickstoff

Stickstoff übernimmt vielfältige Funktionen im pflanzlichen Stoffwechsel und ist für das Wachstum der Pflanze verantwortlich. Stickstoff ist ein wesentlicher Bestandteil der Aminosäuren und Eiweiße, von Chlorophyll, Vitaminen und Enzymen. Stickstoffmangel führt zu kümmerlichem Wuchs oder schwacher Entwicklung. Aber Vorsicht: Zu hohe Stickstoffgaben erzeugen ein gröberes Zellgewebe bei den Pflanzen, sie verlieren an Festigkeit und Schutzfähigkeit.

Phosphor

Die wichtigste Funktion des Phosphors ist die Speicherung und Übertragung chemischer Energie. Phospor dient zudem als wichtiger Baustoff der Nukleinsäuren und der Biomembranen, und es fungiert als Träger für andere Nährstoffe. Bei Phosphormangel entwickeln sich kleine, kümmerliche Pflanzen mit starrem Wuchs, dünnen Stielen und schwachem Wurzelwerk.

Kalium

Kalium ist für die Regelung des osmotischen Drucks in den Zellen und somit für den Wasserhaushalt der Pflanze verantwortlich. Es spielt eine wichtige Rolle bei der Photosynthese und Kohlenhydratbildung Kalium aktiviert verschiedenste Enzyme. Kalimangel erkennt man an einer vom Blattrand ausgehenden gelb- bzw. rotbraunen Verfärbung der Blätter. Die Blätter welken frühzeitig.

Magnesium

Magnesium ist ein bedeutender Bestandteil des Chlorophyll. Magnesium steuert die Wirkungsweise von Enzymen, vor allem bei der Eiweißsynthese. Der Mangel an Magnesium zeigt sich am Blattbild, man spricht in diesem Fall von Chlorose. Das äußere Erscheinungsbild zeichnet sich durch das Verfärben

Zeigerpflanzen geben Hinweise auf die Bodeneigenschaften.
Oben: Vogelsternmiere, *Stellaria media*: stickstoffreiche Böden.
Mitte: Hungerblümchen, *Erophila verna*: Nährstoffmangel.
Unten: Ackerhundskamille, *Anthemis arvensis*: Nach sauer tendierender Boden.

Beispiele für Zeigerpflanzen

Name	**Bodeneigenschaft**
Große Brennnessel Vogelmiere Hirtentäschel	hoher Nährstoffgehalt (Stickstoff)
Hasenklee Hungerblümchen Heidekraut	Nährstoffmangel
Hundskamille Taubnessel Ackerfrauenmantel	schwach sauer

der Blattfläche aus, sie verfärbt sich gelblich, die Blattadern bleiben grün. Das Blatt fällt frühzeitig ab.

Kalzium

Kalzium wirkt entquellend und ist wichtiger Baustein von Stützstrukturen in der Pflanze. Es trägt damit zur Festigkeit von Gewebe bei. Kalzium ist für eine gute Krümelstruktur im Boden mitverantwortlich. Bei Mangelerscheinungen verschlämmt der Boden, eine Verminderung des Luftaustausches ist die Folge, ebenso ein Rückgang des Bodenlebens und unter Umständen Staunässe. Damit verbunden ist eine schwache Bewurzelung, die Triebspitzen sterben ab und die Stippigkeit bei Äpfeln tritt verstärkt auf.

Neben diesen Hauptnährstoffen, von denen die Bäume und Sträucher höhere Mengen brauchen, gibt es eine Vielzahl von Elementen, die für das gesunde Wachstum der Pflanze in geringen Mengen benötigt werden, so etwa Schwefel, Bor, Molybdän, Silizium, Eisen, Mangan, Zink, Kupfer. Als Orientierungshilfen, welche Nährstoffe fehlen oder im Überschuss vorhanden sind, können die Unkräuter als Zeigerpflanzen herangezogen werden.

Werkzeuge

Um gute Arbeit verrichten zu können, ist gutes Werkzeug notwendig. Zur Grundausrüstung für den Hobbygärtner gehören:

- Baumschere,
- Astschere mit langen Holmen und Griffen (es wird weniger Kraft benötigt, und beim Schnitt von Brombeeren kommt man nicht so bald mit den Stacheln in Berührung),
- Bügelsäge,
- Abziehstein zum Schärfen der Klingen.

Bei Bedarf empfehlen sich noch folgende Werkzeuge:

- Schwertsäge,
- Scherentasche,
- Hippe,
- Teleskopsäge (Foto Seite 48).

Scheren

Für den Schnitt von Obst- und Beerenobst eignen sich bis zu einer Aststärke von maximal 1,5 cm die einschneidigen Leichtmetallscheren. Kennzeichnend für diese Art Scheren ist, dass die Klinge schneidend durch das Material hindurchgleitet. Im Gegensatz zu den Ambossscheren: Bei diesen Scheren drückt die Klinge das Material gegen eine feste Fläche und infolge der steigenden Krafteinwirkung wird das Material durchgetrennt. Die Vor- bzw. Nachteile sind:

Einschneidige Scheren:

- geringerer Kraftaufwand,
- in der Regel austauschbare Klingen,
- relativ teuer.

Gute Werkzeuge gehören gepflegt, wenn sie über Jahre hinweg funktionstüchtig bleiben sollen.

Ambossscheren:

- höherer Kraftaufwand,
- ausgewogenes Preis-Leistungs-Verhältnis bei mäßiger Beanspruchung.

Noch ein Tipp zum Kaufentscheid: Natürlich gibt es eine Vielzahl von lukrativen Billig-Angeboten bei den Scheren. Bevor Sie aber kaufen, sollten Sie Folgendes beachten: In aller Regel haben Sie die Scheren zehn oder fünfzehn Jahre im Besitz. Auf diesen Zeitraum betrachtet ist ein teures Werkzeug, das Sie nicht im Stich lässt, unterm Strich das billigere.

Astscheren

Wie bei den Handscheren hat gute Ware ihren Preis. Bei den Astscheren sollten Sie das Einsatzgebiet eingrenzen. Arbeiten Sie vorwiegend im Garten, um Brombeeren, Johannisbeeren und ab und zu einen schwachen Obstbaumast zu entfernen, so reicht eine preisgünstige Astschere mit kurzen Griffen. Benötigen Sie aber die Scheren zum Schneiden von Ästen bis 3,5 cm Durchmesser, so ist der Kauf eines teuren Markenartikels zu empfehlen. Denn es treten dabei so große Hebelkräfte auf, die ein billigeres Produkt auf Dauer nicht so leicht mitmacht.

Sägen

Greifen Sie beim Baumschnitt nicht auf die Sägen in Ihrer Haushaltswerkzeugkiste zurück. Damit haben Sie unter Umständen beim ersten Ast noch Erfolg, aber der Kraftaufwand ist unverhältnismäßig hoch. Spätestens wenn die Platzverhältnisse nicht so ideal sind, treten die Nachteile deutlich zu Tage. Viel leichter geht es mit einer speziellen **Bügelbaumsäge** mit verstellbarem Sägeblatt (damit können Sie auch in Astgabeln zum Schnitt ansetzen). So eine Säge mit einem neuen Sägeblatt durchsägt Äste von bis zu 15 cm Durchmesser.

Als Ergänzung zur Bügelsäge kann die **Schwertsäge** dienen. Sie ist leicht, preiswert und braucht in eingeklapptem Zustand wenig Platz. Zum Auslichten von niedrigen Kronen oder zum Entfernen von Bodentrieben sind sie bestens geeignet.

Messer

Das Messer wird zum Ausschneiden von krankem oder verletztem Holz benötigt. Ferner braucht man das Messer zum Nachschneiden der Wundränder, die beim Durchtrennen mit der Säge entstehen.

Dass gute Werkzeuge auch einer guten Pflege bedürfen, versteht sich von selbst. Die wesentlichen Hauptarbeiten sind:

- Reinigen der Werkzeuge nach dem Arbeitseinsatz mit Lappen, Bürste usw.
- eventuell Einölen der beweglichen Teile,
- Schärfen der Klingen,
- Sägeblätter erneuern.

Leitern

Wie war das noch mit den schönsten Früchten? Sie wachsen tatsächlich meistens hoch oben auf dem Baum. Leitern sind das geeignete Arbeitshilfsmittel für die Ernte und Pflege. Ohne das Thema zu dramatisieren: Leitern waren früher und sind heute noch gefährlich. Das heißt nicht, dass das Material mangelhaft sei oder Leitern konstruktive Mängel besäßen. Überwiegend ist es die menschliche Fehleinschätzung, die schwere Leiterunfälle in der Landwirtschaft, im Gartenbau und im privaten Bereich verursacht. Alle Varianten – vom tödlichen Absturz über Querschnittslähmung, Knochenbrüche, Quetschungen und Stauchungen – sind auch heute leider immer noch an der Tagesordnung.

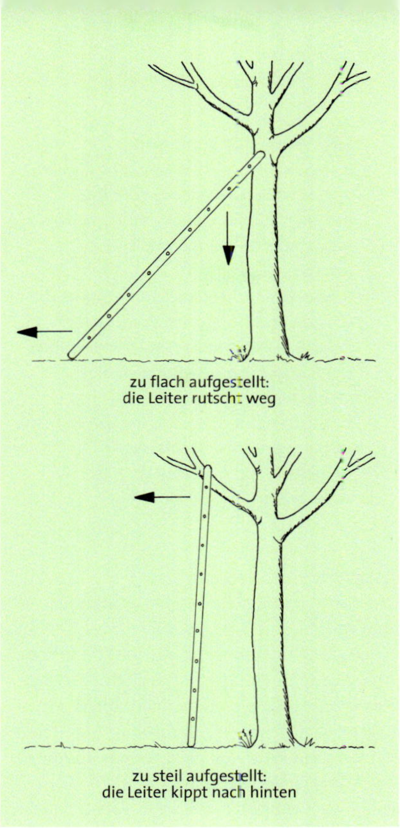

Nur ein Anstellwinkel von 45 Grad gewährt Sicherheit für die Arbeiten auf der Leiter.

Damit Sie es besser machen, möchte ich Ihnen die typischen Gefahrenquellen kurz beschreiben und Anregungen für den richtigen Umgang mit der Leiter geben. Meine Ausführungen gründen auf der Fibel der Landwirtschaftlichen Berufsgenossenschaft Württemberg. Für deren Unterstützung sei auf diesem Weg ganz ausdrücklich gedankt.

Worauf es ankommt

- Beim Leiterkauf auf das GS-Zeichen achten.
- Auf sachkundige Beratung Wert legen.
- Bestehen Zweifel am sicheren Stand der Leiter, muss sie von einer Hilfsperson gehalten werden.
- Bei Neupflanzungen sollte man grundsätzlich dem Halbstamm den Vorzug geben (oder man entscheidet sich für Spalierobst).
- Der Abstand von Freileitungen sollte mindestens 5 m betragen.
- Schäden beheben durch Aufnageln von Latten, Brettern ist unzulässig.
- Holzleitern sind zusätzlich vor Nässe zu schützen.

Anlegeleitern an Bäumen

Zur Ernte und zur Pflege der Obstbäume im Hausgarten, auf der Obstwiese oder in Plantagen dient überwiegend die herkömmliche Anlegeleiter, deren Füße mit Spitzen ausgerüstet sein müssen. Alle Obstbaumleitern haben an den Füßen mindestens 7 cm lange Spitzen, die sie auf gewachsenem Boden vor dem Abrutschen sichern.
Folgende Leiterarten führt der Fachhandel:

- Mehrzweckleiter,
- Anlegeleiter (ein- und mehrteilige),
- Stehleiter (mit oder ohne Schiebeteilen),
- Einholmleiter.

Unfallgefahren durch Leitern

Die häufigsten Unfälle mit Leitern ereignen sich aus folgenden Gründen:

Der Leiterfuß rutscht nach hinten weg: Einteilige Obstbaumleitern oder mehrteilige Obstbaumleitern dürfen nur frei aufgestellt werden, wenn sie über fest angebrachte Stützen verfügen. Wird eine mehrteilige Leiter benutzt, muss der Leiterkopf unbedingt an einem tragfähigen Ast angelegt werden. Leitern mit Stützen ohne Spreizsicherung (meistens ältere Ausführungen) sind noch gefährlicher, weil sie nach hinten vom Baum wegkippen können.

Die Leiter gleitet zur Seite: Beim Aufstellen der Leiter am Baum ist für eine sichere Ablage bzw. Halt des Leiterkopfes zu sorgen. Die Leiter ist also so aufzustellen, dass bei einem Astbruch die Leiter *in den Baum* hineinrutscht und dort wieder Halt findet.

In schwierigen Situationen ist ein zusätzliches Befestigen des Leiterkopfes mit Hilfe eines Strickes am Baum oder Ast erforderlich. Das ist besonders wichtig bei der Kirschenernte: Die Äste von Kirschbäumen brechen schlagartig. (Wenn hier nicht gesichert worden ist, kann der Pflücker durch drei Astkränze durchrauschen.)

Leitern mit Stützen stellt man möglichst *breitbeinig* und unter Berücksichtigung des zulässigen Neigungswinkel auf. Auf jeden Fall dürfen Sie keine Veränderungen an Leiterbestandteilen vornehmen, dazu gehört zum Beispiel: Abschneiden der Gurte, Zwangsführung der Ständer verändern, Zurückbiegen von verbogenen Aluminiumteilen.

Aber auch das Akzeptieren von eingedellten Holmen ist gefährlich. Die Schwächung des Querschnittes kann z. B. dazu führen, dass der Fuß einknickt. Holzleitern müssen außerdem vor Nässe geschützt werden.

Bei Beachtung der Sicherheitsratschläge und sorgfältigem Umgang mit den Leitern ließen sich viele Unfälle vermeiden.

Weitere Informationen erhalten Sie bei den verschiedenen Landwirtschaftlichen Berufsgenossenschaften der Länder, dem Bundesverband der Landwirtschaftlichen Berufsgenossenschaften, Weißensteinstraße 72, 34313 Kassel, sowie bei den verschiedenen Leiterherstellern.

Sicherer Umgang mit Leitern und Tritten

- Keine schadhaften Leitern und Tritte (z. B. bei Pflückschlitten) verwenden.
- Leitern im richtigen Winkel anlehnen.
- Leitern nur auf rutschsicheren Böden aufstellen.
- Maximale Belastung von 150 kg je besteigbarem Leiterschenkel beachten.
- Bei Arbeiten auf der Leiter nicht seitlich hinauslehnen.
- Bei Stehleitern die Spreizvorrichtung immer gespannt halten.
- Bei beidseitig begehbaren Stehleitern darf die oberste Stufe nicht bestiegen werden.
- Anlegeleitern müssen mindestens 1 m höher sein als das zu besteigende Objekt.
- Anlegeleiter nicht an unsichere Punkte anlegen, z. B. schwache / kranke Äste, frisches Holz(Kirschenernte).
- Bei Mehrzweckleitern ist die **fünfte** Sprosse von oben in der Stehleiterstellung die letzte zulässige Standsprosse. Bei Anlegeleitern ist es die **vierte** Sprosse von oben.
- Bei mehrteiligen Leitern müssen die Einrastvorrichtungen vorhanden sein und verwendet werden.
- Von Stehleitern aus darf man nicht auf andere höher gelegene Objekte z. B. Äste übersteigen.
- Auf gewachsenem Boden sind Erdspitzen zu verwenden.
- Vorsicht mit elektrischen Freileitungen: **Nicht berühren!**

Obsorten von A–Z

Übersicht Farbleitsystem

Symbolerläuterung

Folgende Symbole wurden verwendet, um eine schnelle Orientierung für die vorrangige Verwendung der Sorten zu ermöglichen:

Brennsorte

Erwerbsanbau; Tafelsorte

Hausgarten; Selbstversorger; Liebhabersorte

Mostobstsorte; Sorte für industrielle Verarbeitung

Ökoanbau; Bioanbau

Streuobst; Landschaftsgehölz

Wildart

Zierform

* Bei Birnensorten werden in den Beschreibungen nur Kurzformen der Namen verwendet (ab Seite 136).

** Süßkirschensorten mit gleichen S-Allelen sind untereinander unfruchtbar. S_4' bedeutet, dass dieses Allel mutiert ist und dadurch Selbstbestäubung ermöglicht (ab Seite 178).

A Anfang
E Ende
M Mitte
I–XII Monatsnamen

Apfelsorte 'Piros'

Entstehung unserer Obstarten und ihre Bedeutung aus heutiger Sicht

Apfel

Der Apfel, *Malus domestica* BORKH., ist schon lange kein Genussmittel mehr, er ist Grundnahrungsmittel. Immerhin liegt der Apfel mit etwa 56 Mio. t jährlicher Erntemenge an der zwölften Stelle in der Weltproduktion an Nahrungsmitteln (Mais 604 Mio. t, Zitrusfrüchte 103 Mio. t, Bananen 57 Mio. t) (FAO 1998). Die Tendenz ist steigend. Grund für diese Entwicklung sind der ernährungsphysiologische Wert der Früchte einerseits und die gute Handhabung derselben bei Ernte, Lagerung, Transport und Vermarktung andererseits. Der Apfel ist ein Produkt weltweiten Handels geworden.

Als Nahrungsmittel ist der Apfel seit etwa 8000 Jahren bekannt. Er verbreitete sich aus seinem Mannigfaltigkeitszentrum (Genzentrum), einem Gebiet, welches etwa dem heutigen südwestlichen China, Kasachstan und Kirgisien entspricht, über Zentralasien und von dort über die historische Seidenstraße in den Vorderen Orient. Aus diesem gelangte er durch die Griechen und Römer nach Europa und erst viel später von Europa nach Amerika. Als Ausgangsform wird heute die in Zentralasien beheimatete Wildart *Malus sieversii* betrachtet. Auf seinem Weg nach dem Vorderen Orient erfolgten nördlich des Kaukasus Einkreuzungen des Kaukasus-Apfels, *Malus orientalis*. Dagegen besitzt der im zentralen Europa heimische Holz-Apfel, *Malus sylvestris*, nur eine geringe Bedeutung für die Herausbildung unserer Apfelsorten.

Die Verbreitung des Apfels, der sich ja bekanntlich durch eine sehr hohe genetische Variabilität auszeichnet, ging stets einher mit einer entsprechenden Selektion, sodass letztlich wohlschmeckende und großfrüchtige Formen vermehrt wurden, die als Urformen unserer heutigen Sorten angesehen werden können. Um die Entwicklung auch im Bild zu charakterisieren, sind die zwei bedeutendsten Ursprungsformen unserer Kultursorten mit in das Buch aufgenommen worden. Daran ist die enorme Selektionsarbeit, die über Jahrhunderte betrieben worden ist, deutlich abzulesen.

Der Apfelanbau in der Welt wird gegenwärtig durch eine starke Konzentration auf wenige Sorten bestimmt, wobei die Anforderungen an die Sorten besonders durch die Anforderungen der Vermarktung bestimmt werden: hohe Festigkeit, gute Lagerfähigkeit mit günstigem Nachlagerverhalten („shelf life"), gute Transportfestigkeit, abknackendes und saftiges Fruchtfleisch, mittlere Größe und gutes Aussehen, wobei gelbgrüne Grundfarbe und rote Deckfarbe dominieren. Im Geschmack geht der Trend eindeutig nach mehr süßen Früchten. Zu den weltweit gehandelten alten Hauptsorten 'Golden Delicious', 'Red Delicious' und 'Granny Smith' sind 'Jonagold', 'Elstar', 'Gala', 'Fuji', 'Braeburn' und zuletzt 'Pinova' hinzugekommen. Vielfach werden besser gefärbte Mutanten der Ausgangssorten bevorzugt, die aber letztlich das Grundproblem der zunehmenden Sortenverarmung an den Märkten nicht mindern. Mehr Sortenvielfalt ist bereits zur Nischenproduktion geworden, die nur bei Direktvermarktung eine Chance besitzt. Außerdem sind Klein- und Hausgärten angehalten, von dieser Vielfalt zu profitieren und nicht die Sorten anzupflanzen, die ständig in den Einkaufsmärkten ausliegen. Dazu werden in diesem Buch zahlreiche Anregungen vermittelt.

In der Züchtung wird weltweit an krank-

Apfelsorte 'Pilot'

heitsresistenten Sorten gearbeitet. Die hauptsächlichen Zuchtziele in der Apfelzüchtung lassen sich zusammenfassend folgendermaßen formulieren: Kombination von Fruchtqualität + Ertrag + Resistenz. Das klingt sehr einfach, ist aber schwer zu realisieren, da die Zuchtzeit für eine neue Sorte etwa 16 bis 20 Jahre beträgt und die ersten Früchte an neuen Sämlingen erst im vierten bzw. fünften Jahr ansetzen. Erst dann kann die Fruchtqualität beurteilt werden, Ertragsverhalten sowie Resistenzeigenschaften in der Obstanlage entsprechend später. Hauptzuchtrichtung sind Tafelapfelsorten für den Frischverzehr, wobei die Fruchtqualität absolut an vorderster Stelle steht. Resistente Sorten können zahlreiche Pflanzenschutzprobleme lösen helfen, besonders für Öko-Anbauer, Kleingärtner, Landschaftsgestalter und in Streuobstanlagen.

Eine Idealsorte wird und kann es nicht geben, dazu sind die Anforderungen viel zu komplex und ständigen Änderungen unterworfen. Neue Sorten brauchen einen langen Zeitraum, um sich im Anbau zu etablieren. Alte Sorten durchleben derzeit eine Art Renaissance. Das liegt einmal an der bereits erwähnten Sorteneinfalt in den Einkaufsmärkten, andererseits an der Entwicklung zu mehr süßen neuen Sorten. Wenn säuerliche Sorten gewünscht werden, gibt es höchstens noch den 'Boskoop' zu kaufen. Ansonsten gilt: „Selbst ist der Mann". Hier haben Selbstversorger, Kleingärtner und Direktvermarkter ein ideales Betätigungsfeld, zu einer größeren Sortenvielfalt beizutragen. Man sollte nur beachten, dass nicht jede alte Sorte so gut ist, wie sie mitunter geredet wird. Objektive Prüfungsdaten sollten eine Voraussetzung für die Auswahl für eine Pflanzung sein. Das vorliegende Buch möchte dazu seinen Beitrag leisten.

Birne

Die Gattung *Pyrus* (Wildbirne) ist beheimatet im Kaukasus und in Zentralasien (ähnlich dem Apfel), etwa 20 *Pyrus*-Arten wurden in Kleinasien, Nordafrika und Europa gefunden. Daraus entwickelten sich zwei Gruppen domestizierter Birnen: *Pyrus communis* L., die saftige, aromatische, weichfleischige europäische Birne, und *Pyrus pyrifolia* (Burm.) Nakai, die mehr festfleischige und meist steinzellenreiche, weniger aromatische und rund geformte Asien-Birne („Nashi"-Birne). Ein exakter Nachweis der Entstehung der europäischen Birne ist bisher nicht gelungen.

Im Laufe der Zeit entwickelten sich innerhalb der Gattung *Pyrus* in unterschiedlichen geografischen Regionen verschiedene Arten, so die Ussuri-Birne (*P. ussuriensis*) in Nordchina, der Mandschurei und Sibirien, die Sand-Birne oder Asien-Birne (*P. pyrifolia*) in Japan, China und Korea, die Birkenblättrige Birne (*P. betulifolia*) in Zentralchina und der südlichen Mandschurei, die Weidenblättrige Birne (*P. salicifolia*) in Persien, Südostrussland und Südwestasien, die Ölweidenblättrige Birne (*P. elaeagrifolia*) in Kleinasien, dem Kaukasus und Südosteuropa, im Kaukasus die Kaukasische Wildbirne (*P. caucasica*), im Mittelmeerraum die Dornige Birne (*P. spinosa*), im Kaukasus, in Marokko, Kleinasien bis Europa die Holz-Birne (*P. pyraster*) – die einzige in unseren Breiten noch natürlich vorkommende Birnenwildart –, in West- und Südeuropa die Schnee-Birne (*P. nivalis*) und letztlich in Kleinasien, West- und Südeuropa und im Kaukasus Urformen der Kultur-Birne (*P. communis*). An der Entstehung der Kultur-Birne scheinen vor allem *P. communis*, *P. pyraster* und *P. nivalis* beteiligt gewesen zu sein, aber auch die Beteiligung anderer Wildarten, wie *P. elaeagrifolia*, *P. salicifolia* und *P. spinosa* wird nicht ausgeschlossen (Silbereisen et al. 1996). Einige dieser Wildarten sind in den Taschenatlas aufgenommen worden, um den Schritt zur Kulturbirne als großartiges Werk menschlicher Auslese- und Züchtungsarbeit aufzuzeigen.

In der Vorzeit bis ins Mittelalter spielte die Birne eine weit größere Rolle als der Apfel. Vor allem in Klöstern beschäftigte man sich ausgiebig mit Obstbau, mit der Baumerziehung (Spalier- und Kunstformen) und der Verarbeitung von Obst.

Es waren meist Liebhaber und damals schon enthusiastische Sammler, die sich der Vielfalt der Birnen annahmen. Die eigentliche bäuerliche Tradition war auf die Eigenversorgung ausgerichtet. Man pflanzte meist Hochstämme – in der Regel auf Sämlingsunterlagen von Holz-Birne veredelt. Erst Mitte des 19. Jahrhunderts begann man auch mit Obst in größerem Umfang zu handeln. Mit der Herausbildung des Marktobstbaues aber zeigten sich sehr schnell die Grenzen der Birne mit ihrer meist kurzen Genussreifezeit. Der Apfel hatte dagegen wesentliche Vorteile. Er war besser zu handhaben, fester, dadurch besser transportabel und viele Sorten hielten sich länger. Außerdem war eine solch strenge Terminierung der Genussreife nicht erforderlich. So setzte eine Sortenbereinigung und damit zwangsläufig Sortenverringerung ein, die dem Anliegen nach größerer Marktfreundlichkeit entgegenkamen. Immer mehr wurde damit die Birne vom Apfel als marktbestimmende Frucht verdrängt.

Die weltweite Birnenproduktion beläuft sich heute auf rund 17 Mio. t. Der größte Teil des Zuwachses erfolgte in den 90er Jahren und ist eng mit der Ausweitung der Birnenproduktion in China verbunden. In Europa herrscht eher Stagnation.

Leider haben in den letzten Jahren Krankheiten, wie der Feuerbrand, und Schädlinge, wie der Birnenblattsauger (*Psylla*), den Anbau von Birnen im Vergleich zum Apfel noch risikoreicher gemacht. So ist es kein Wunder, dass ein steigender Bedarf an Früchten zu verzeichnen ist, der offenbar aus einem Minderangebot zu erklären ist. Verbesserte Lagerbedingungen (CA, ULO), neue Winterbirnensorten und erste feuerbrandwiderstandsfähige Sorten sind gute Vorzeichen, die zweifelsohne existierenden Probleme besser zu beherrschen und wieder mehr Birnen anzubauen.

Birnensorte 'Hortensia'

Einen höheren Anteil als im Erwerbsanbau wird die Birne stets im Kleingarten- und Selbstversorgerbereich einnehmen. Hier ist es möglich, die vorhandene Vielfalt auszuprobieren und auszuleben. So kamen findige Gärtner schon vor Jahrhunderten auf die Idee, Mehrsortenbäume zu pflanzen bzw. sich selbst zu veredeln. Es ist durchaus denkbar, dass diese Art der Platzersparnis und der zeitlich gestaffelten Angebotsgestaltung mit mehreren Sorten, aber in verwertbaren Mengen, schon im Mittelalter bekannt war und in Klostergärten praktiziert wurde. Die heute vielfach gepriesenen „Duobäume“ sind also so neu nicht, wie es mitunter zu lesen ist. Da auch heute die meisten Kleingärtner mit dem Veredlungsmesser umgehen können, liegt es auf der Hand, sich der Vielsortenbäume zu erinnern und das Angebot vor allem an neuen geschmackvollen Sorten unterschiedlichster Reifezeiten aus der Züchtung auf diese Weise selbst auszuprobieren. Anregungen dazu vermittelt das vorliegende Buch.

Wildobstarten

Früchte vieler Wildobstarten (auch „Besondere Obstarten“ oder „Seltene Obstarten“) können mit sehr geringem Pflanzenschutzaufwand in guter Qualität erzeugt werden. Das unterscheidet sie von vielen herkömmlichen Obstarten. Deshalb wurde im vorliegenden Buch diesen Wildobstarten breiter Raum gewidmet. Sie kommen für eine kommerzielle Verwertung und einen Anbau im Bereich Selbstversorger, Kleingarten oder auch Direktvermarkter in Betracht. Die Wildobstarten stellen echte Alternativen zur Sorteneinfalt, wie sie heute leider häufig anzutreffen ist, dar. Die aufgeführten Arten und Sorten mögen dazu viele Anregungen vermitteln.

Steinobst

Aprikosen (*Armeniaca vulgaris* Lam., auch *Prunus armeniaca* L.) stammen aus Mittelasien und Nordchina. Dort wurden mehrere Wildarten gefunden. Kultiviert wird die Aprikose bereits seit etwa 4000 Jahren in China, sowohl als Tafelfrucht als auch als Ziergehölz. Erst relativ spät, etwa im 1. Jahrhundert n. Chr., gelangte die Aprikose über Kleinasien nach Griechenland und Italien, von wo aus sie sich etwa ab dem 16. Jahrhundert in allen wärmeren Gegenden Europas ausbreitete. In Europa und in Deutschland ist ihr Anbau heute auf wenige wärmere Gebiete beschränkt, da sie nur dort ihre volle Fruchtqualität erreicht und vor allem den Frühjahrsfrösten entgeht, so in Rheinhessen, in der Rheinpfalz, am Süßen See bei Halle oder im Elbtal bei Radebeul. Berühmt sind die Aprikosen aus der Wachau.

Heute wird in Ländern, in denen die Aprikose größere Bedeutung besitzt, fleißig gezüchtet, ständig werden neue Sorten auf den Markt gebracht. Deutschland importiert diese und prüft sie auf ihre Eignung unter den gegebenen Bedingungen. Eine kleine Kollektion empfehlenswerter Sorten wird in diesem Buch vorgestellt.

Pfirsiche (*Persica vulgaris* Mill., auch *Prunus persica* L.) gehören zu den ältesten Kulturobstarten. Auch der Pfirsich stammt aus Zentralasien, wo es heute noch zahlreiche Wildvorkommen verschiedener Arten gibt. Man geht davon aus, dass der Pfirsich, ähnlich wie die Aprikose, seit etwa 4000 Jahren kultiviert wird. Der Pfirsich gelangte ebenfalls von Zentralasien entlang der Seidenstraße nach Kleinasien, von dort wurde er durch die Griechen und Römer nach Europa gebracht. Die Römer brachten den Pfirsich auch nach Deutschland, wo er im Taunus bereits im 2. Jahrhundert n. Chr. nachgewiesen worden ist. Im 17. und 18. Jahrhundert war der Pfirsich neben Weintrauben eine beliebte Delikatessfrucht bei Hofe, von wo aus sich die Anbaukultur weiter verbreitete. Hauptanbauländer sind heute Kalifornien, Südeuropa und China, wo auch die züchterischen Aktivitäten konzentriert sind.

Über die Herkunft der europäischen **Pflaume** (*Prunus domestica* L.) bestehen heute noch unterschiedliche Auffassungen. Wahrscheinlich stammt sie aus dem nördlichen Kaukasus oder/und dem Altaigebiet. Dort gibt es heute noch zahlreiche Wildvorkommen, die diese Annahme stützen. Unsere Hauspflaume ist offenbar ein natürlicher Bastard zwischen der Schlehe (*Prunus spinosa* L.) und der Myrobalane (*Prunus cerasifera* Ehrh.). Kultiviert wird sie seit über 2500 Jahren in Griechenland, es gibt aber Vermutungen, dass bereits vor etwa 5000 Jahren in Europa primitive Formen der Pflaume angebaut wurden. Die mehr oder minder großfrüchtigen Kulturpflaumen gelangten durch die Römer nach Deutschland und Frankreich. Hier entwickelten sich im 18. und 19. Jahrhundert typische Anbaugebiete, so z.B. das Bühler Gebiet oder Thüringen, wo vor allem die Hauspflaume angebaut wurde.

Gegenwärtig werden Pflaumen in vielen Ländern angebaut und gezüchtet. Die Verwendung der Früchte ist vielseitig, ihre diätetische Wirkung unumstritten. Die Bemü-

Süßkirschensorte 'Büttners Rote Knorpel'

hungen, gegen Scharka resistente Sorten zu züchten, waren erstmalig in Deutschland mit der Sorte 'Jojo' von Erfolg gekrönt. Damit ist eine neue Perspektive für den Pflaumenanbau weltweit eröffnet. Im vorliegenden Buch wird bei der Beschreibung der Pflaumensorten ausdrücklich auf deren Verhalten gegenüber der Scharkakrankheit hingewiesen. Da Scharka nicht in allen Gebieten verbreitet ist, sollte man hierzu vor einer Pflanzung genauere Informationen einholen.

Die **Sauerkirsche** (*Cerasus vulgaris* MILL., auch *Prunus cerasus* L.) stammt aus Kleinasien. Sie entstand dort vermutlich durch die natürliche Bastardierung von *Cerasus avium* L., der Vogel-Kirsche, mit der Steppen-Kirsche (*Cerasus fruticosa* PALL.). Sie ist in Europa überall verbreitet. Für die Mosterei und die Marmeladenindustrie ist sie die wichtigste Frucht, findet aber auch weitere vielseitige Verwendung. Erst im 19. Jahrhundert wurden die zahlreichen Verwertungsmöglichkeiten entdeckt und es erfolgte eine enorme Ausweitung des Anbaus. Heute leidet die Sauerkirsche an einer permanenten Überproduktion in Europa. Wenn man von Sauerkirschen spricht, ist in den meisten Fällen von der 'Schattenmorelle' die Rede, von der es zwar inzwischen viele Typen und Verbesserungen gibt, die aber trotzdem mit zahlreichen Mängeln behaftet ist. Deshalb wird in vielen Züchtungsstationen versucht, diese Sorte weiter zu optimieren oder Sauerkirschensorten mit anderen Eigenschaften zu züchten. Einige neue Sorten werden im Buch entsprechend beschrieben.

Auch die **Süßkirsche** (*Cerasus avium* (L.) MOENCH, auch *Prunus avium* L.) ist in Kleinasien und im Kaukasus beheimatet. Vermutlich ging sie den gleichen Weg wie die Sauerkirsche, indem durch die Gärtner der frühen Hochkulturen großfrüchtige und wohlschmeckende Formen unter den Wildbeständen in den Mischwäldern Südeuropas selektiert und weitervermehrt wurden. Die Entwicklung führte in den letzten 100 Jah-

Himbeersorte 'Rumiloba'

ren zu Regionalsortimenten mit mehr oder weniger fließenden Grenzen, die an spezifische Boden- und Witterungsbedingungen gut angepasst sind (z.B. im Alten Land). Neuere Entwicklungen gehen hin zu mehr großfrüchtigen Sorten und vor allem zu selbstfertilen Sorten. Neue Sorten und zahlreiche einschneidende technologische Veränderungen (Überdachung, schwach wachsende Unterlagen) machen den Anbau heute sicherer und auch für den Erwerbsanbau lukrativer. Auch der Kleingärtner profitiert davon, sodass sich Süßkirschen derzeit im Aufwind befinden. Neben alten bewährten werden im Buch auch einige neue selbstfertile Sorten vorgestellt, die den Fortschritt im Süßkirschenanbau dokumentieren.

Strauchbeerenobst

Brombeeren (*Rubus fruticosus* L., heute verschiedenen Unterarten zugeordnet) kommen in vielen gebirgigen Gegenden Europas und Amerikas wild vor. Sie wurden bereits im Altertum gesammelt und durch Auslese großfrüchtiger Formen zu Kulturpflanzen entwickelt. Es gibt in Europa und Nordamerika zahlreiche Arten, deren Früchte verwertbar sind. Kreuzungen untereinander und mit Arten führten zu interessanten Arthybriden, wie Taybeere, Loganbeere oder Boysenbeere. Es würde zu weit führen, diese alle in dem vorliegenden Buch zu beschreiben. Neue Sorten sollen vor allem weniger Stacheln, bessere Frostresistenz und höheren Ertrag bringen. Meist wird dann das volle Aroma der Wildbrombeere nicht erreicht. Im Buch werden einige Sorten vorgestellt, die unterschiedlicher botanischer Herkunft sind.

Ihre Verwertungsmöglichkeiten sind recht vielfältig. Im Kleingarten oder bei Direktvermarktern sind sie wohl am ehesten willkommen.

Himbeeren (*Rubus idaeus* L.) sind ebenso wie Brombeeren Wildfrüchte, die seit jeher gesammelt worden sind und durch Auslese zu Kultursorten entwickelt wurden. Die Herkunft der Himbeere ist nicht ganz geklärt. Man ist heute der Auffassung, dass sie aus dem türkischen Hochland stammt und von dort durch die Griechen und Römer nach Europa gebracht wurde. Die meisten Himbeersorten sind heute Arthybriden. Erkennbar ist die züchterische Vielfalt auch daran, dass es neben den rotfrüchtigen Sorten auch gelb- und rosafrüchtige gibt. Wie bei Brombeeren, lässt auch bei Himbeeren die genetische Vielfalt zahlreiche Möglichkeiten der Verbesserung der zurzeit existierenden Sorten zu, sodass ständig neue Sorten mit neuen Eigenschaften zu erwarten sind.

Stachelbeeren (*Ribes uva-crispa* L.) gehören nicht zu den Rosaceen, sondern sind Steinbrechgewächse (Saxifragaceae). Sie kommen wild in den Wäldern Europas von Spanien bis zum Kaukasus vor. In Nordamerika wurden wild wachsend vor allem mehltauresistente Formen gefunden, die heute als Ausgangsmaterial für die Resistenzzüchtung genutzt werden (*R. hirtellum, R. cynosbati*). Als Kulturpflanze wurde die Stachelbeere etwa im 17. Jahrhundert in England weiterentwickelt. Mitte des 19. Jahrhunderts wurden in Deutschland nahezu 1000 Sorten genannt! Die Vielfalt ist heute noch an der Farbe der Sorten gut zu erkennen: Es gibt gelb-, grün- und rotfrüchtige Sorten mit allen Übergängen. Die Zukunft dürfte vor allem den resistenten Sorten gehören.

Auch die **Johannisbeere** gehört zur Gattung *Ribes*. Sie hat mehrere Untergattungen, u. a. *Ribesia*, zu der die Roten und Weißen Johannisbeeren gerechnet werden, und *Coreosma*, zu der die Schwarzen Johannisbeeren gehören. Die heutigen Sorten werden unter der Sammelbezeichnung *Ribes rubrum* L. geführt (Silbereisen et al. 1996). Die meisten Sorten sind Kreuzungsprodukte innerhalb der Arten. Die schwarzfrüchtigen Sorten gehen auf *Ribes nigrum* zurück. Auch hier gibt es bereits interspezifische Kreuzungen. Als Kulturpflanzen sind Johannisbeeren etwa seit 600 Jahren bekannt. Der hohe diätetische Wert der Früchte wird heute hoch geschätzt und findet im stabilen Anbauumfang der letzten Jahre seinen Niederschlag.

Malus orientalis
Orientalischer Apfel, Kaukasus-Apfel

Vorkommen: Nordanatolien, Nordiran, Kaukasus, Bergwälder, Waldrand, Flussufer

Beziehung zur Kulturform: Neben *M. sieversii* zweitwichtigster Vorfahre des Kulturapfels, jedoch von geringerem Einfluss als *M. sieversii,* natürliche Einkreuzung entlang der historischen Seidenstraße

Verwendung: Früchte z.T. in verarbeiteter Form genutzt, Sämlinge als Unterlage für Kulturäpfel

Resistenzen: Anfällig für Schorf, Feuerbrand, je nach Herkunft auch für Mehltau

Wuchs: Baum, 9 bis 12 m hoch, meist ohne Dornen

Frucht: Kugelig, 20 bis 30 mm Durchmesser, Kelch haftend, kurze, 10 bis 25 mm lange, dicht behaarte Stiele, süß bis sauer, oft bitter und adstringierend

Malus sieversii
Sievers' Apfel, Altai-Apfel

Vorkommen: Zentralasien von Tadschikistan über Kirgisien, Kasachstan bis Westchina, Bergwälder (800 bis 2000 m über NN), Böschungen, Flusstäler

Beziehung zur Kulturform: Wichtigster Vorfahre des Kulturapfels, durch ständige Auslese sowie generative bzw. vegetative Vermehrung zum Kulturapfel entwickelt

Verwendung: Obstnutzung und als Veredlungsunterlage

Resistenzen: Anfällig für Schorf und Mehltau, Resistenzen gegen Schorf, Mehltau, Feuerbrand, Kälte und Trockenheit wurden gefunden

Wuchs: Baum, 2 bis 10 (14) m hoch, meist bedornt, viele Wurzelschosser

Frucht: Sehr variabel, etwa 35 bis 60 mm Durchmesser, kugelig bis leicht länglich, gelb bis rot, meist genießbar, sauer, süß, auch bitter und adstringierend, Stiel gleich oder länger als Frucht

➤ Alte Apfelsorten – Webcode: obst1209

Ahrista

Synonyme: Keine
Herkunft: 'Elstar' × TSR 15T3 (F_3 von *Malus floribunda* 821/V_f)
Verwendung: Tafelsorte, Verarbeitung
Anbaueignung: Für alle Apfellagen
Wuchs: Stark wie 'Elstar', gut verzweigt
Unterlagen: M 9, M 26, Supporter 4, MM 106 für Viertel- oder Halbstamm
Befruchtung: Diploid, Befruchter u.a. 'Golden Delicious', 'Idared', 'James Grieve', 'Pinova', 'Rewena'
Ertrag: Mittelhoch, regelmäßig
Frucht: Mittelgroß bis groß, attraktiv, süß mit ausgewogener Säure, saftig, aromatisch, pflückreif M IX, folgernd, genussreif von Ernte bis E X
Resistenzen: Schorf (Resistenz nicht stabil), anfällig für Mehltau, Feuerbrand, Spinnmilben und Holzfrost, gering empfindlich für Blütenfrost
Anbauhinweise: Selbstversorger- und Liebhaberanbau; EU-Sortenschutz

Albrechtapfel

Synonym: 'Prinz Albrecht von Preußen'
Herkunft: 'Kaiser Alexander' frei abgeblüht
Verwendung: Tafelsorte, für Verarbeitung geeignet, Streuobst
Anbaueignung: Für alle Apfellagen, auch in Höhenlagen
Wuchs: Mittelstark bis stark, später im Wuchs nachlassend, gut verzweigt
Unterlagen: M 26 bis Sämling (Streuobst), MM 106 für Viertel- oder Halbstamm
Befruchtung: Diploid, Befruchter u.a. 'Croncels', 'Golden Delicious', 'Goldparmäne', 'Idared', 'James Grieve'
Ertrag: Früh bis mittelfrüh, regelmäßig, hoch
Frucht: Mittel bis groß, Geschmack fein süßsäuerlich, mild, pflückreif IX, genussreif ab Ernte bis XI
Resistenzen: Robust, kaum Schorf oder Mehltau, frostresistent, feuerbrandanfällig
Anbauhinweise: Sichere Massenträgersorte für Streuobst und Liebhaberanbau

Alkmene

Synonyme: Keine
Herkunft: 'Oldenburg' × 'Cox Orange'
Verwendung: Tafelsorte
Anbaueignung: Für alle spätfrostsicheren Apfellagen
Wuchs: Mittelstark bis stark, später im Wuchs nachlassend, gut verzweigt
Unterlagen: M 9, M 26 für gute Fruchtqualität, MM 106 für Viertel- oder Halbstamm
Befruchtung: Diploid, Befruchter u.a. 'Auralia', 'Carola', 'Cox Orange', 'Golden Delicious', 'Idared', 'James Grieve', 'Pinova', 'Piros'
Ertrag: Hoch, regelmäßig, Alternanz möglich
Frucht: Mittelgroß, Geschmack fein süßsäuerlich, kräftiges Aroma, pflückreif IX, genussreif ab Ernte bis XI, XII
Resistenzen: Robust, wenig Schorf und Mehltau, blütenfrost-, monilia- und feuerbrandempfindlich
Anbauhinweise: Intensiv- und Liebhaberanbau, Bioanbau, nicht für Streuobst

Ananasrenette

Synonym: 'Ananas Reinette'
Herkunft: Unbekannt, Zufallssämling
Verwendung: Verarbeitungs- und Tafelsorte, alte Wintersorte
Anbaueignung: Nur in guten Apfellagen
Wuchs: Schwach und buschig, viel kurzes Fruchtholz
Unterlagen: M 26 und stärker, auf Sämling sehr kleine Früchte
Befruchtung: Diploid, Befruchter u.a. 'Baumann', 'Cox Orange', 'Croncels', 'Goldparmäne', 'James Grieve'
Ertrag: Früh, mittel, neigt zu Alternanz
Frucht: Klein, Geschmack süßsäuerlich, pflückreif IX, genussreif ab X bis II
Resistenzen: Schorf, empfindlich für Blutläuse, Mehltau, Krebs und Feuerbrand
Anbauhinweise: Liebhaberanbau, nicht für Streuobst, kurzzeitig hoher Zierwert

Angold

Synonyme: Keine
Herkunft: 'Antonowka' × 'Golden Delicious'
Verwendung: Tafelsorte, auch für Verarbeitung geeignet
Anbaueignung: Für alle Apfellagen
Wuchs: Mittelstark, aufrecht, gut verzweigt
Unterlagen: M 9, M 26, MM 106 für Viertel- oder Halbstamm
Befruchtung: Diploid, Befruchter u.a. 'Golden Delicious', 'Idared', 'James Grieve', 'Pinova', 'Topaz'
Ertrag: Mittelfrüh, mittelhoch
Frucht: Groß, Geschmack süß mit ausgewogener Säure, saftig, aromatisch, pflückreif M IX, genussreif X bis I
Resistenzen: Schorf, anfällig für Mehltau, Feuerbrand, Spinnmilben
Anbauhinweise: Erwerbs-, Selbstversorger- und Liebhaberanbau, Streuobst; Sortenschutz in mehreren Ländern

Baumanns Renette

Synonyme: 'Baumann', 'Rote Winterrenette', 'Rote Renette', 'Winterrenette'
Herkunft: Unbekannt, Zufallssämling
Verwendung: Alte Tafelsorte, Verarbeitung
Anbaueignung: Nur für gute Apfellagen, nicht in nassen oder Frostlagen
Wuchs: Mittelstark bis stark, gut verzweigt
Unterlagen: M 26 bis Sämling (Streuobst)
Befruchtung: Diploid, Befruchter u.a. 'Croncels', 'Golden Delicious', 'Goldparmäne', 'Idared', 'James Grieve'
Ertrag: Meist hoch, regelmäßig
Frucht: Mittel bis groß, Geschmack nur mäßig, pflückreif X, genussreif ab XII bis III
Resistenzen: Anfällig für Schorf, Krebs, Blutlaus, Holzfrost, Feuerbrand
Anbauhinweise: Streuobst, Liebhaberanbau, früher oft in Bauerngärten

Berlepsch

Synonyme: 'Berlepschs Goldrenette', 'Freiherr von Berlepsch' u. a.
Herkunft: 'Ananasrenette' × 'Ribston Pepping'
Verwendung: Eine der besten alten Tafelsorten, Verarbeitung
Anbaueignung: Nur für gute Apfellagen, nicht in Frostlagen
Wuchs: Stark, gut verzweigt
Unterlagen: M 9 (Erwerbsanbau) bis Sämling (Streuobst)
Befruchtung: Diploid, Befruchter u. a. 'Cox Orange', 'Golden Delicious', 'Goldparmäne', 'Idared', 'James Grieve', 'Weißer Klar' u. a.
Ertrag: Mittelfrüh, mittel, alternierend
Frucht: Mittelgroß bis klein, Geschmack feinwürzig süßsäuerlich, aromatisch, pflückreif M X, genussreif ab XI bis III
Resistenzen: Wenig Schorf, Mehltau, Holz- und Blütenfrost, anfällig für Krebs, Kragenfäule und Feuerbrand
Anbauhinweise: Liebhaberanbau, Streuobst, auch für Erwerbsanbau

Boskoop

Synonyme: 'Belle de Boskoop', 'Reinette von Montfort', 'Schöner von/aus Boskoop'
Herkunft: Unbekannt
Verwendung: Häusliche Verarbeitung, Tafelsorte, Brennen
Anbaueignung: Nicht zu trockene Apfellagen, bis in mittlere Höhenlagen
Wuchs: Sehr stark, gut verzweigt
Unterlagen: Nur M 9, für Streuobst MM 106 bis Sämling
Befruchtung: Triploid, kein guter Pollenspender, Befruchter u. a. 'Alkmene', 'Baumann', 'Carola', 'Cox Orange', 'Idared', 'James Grieve'
Ertrag: Hoch, alternierend (außer auf M 9)
Frucht: Groß, Geschmack angenehm säuerlich süß, aromatisch, pflückreif M X, genussreif bis IV
Resistenzen: Wenig Mehltau und Feuerbrand, empfindlich für Holz- und Blütenfrost, Schorf
Anbauhinweise: Erwerbs- und Liebhaberanbau, Streuobst

Braeburn
Synonym: 'Braeborn', zahlreiche Mutanten
Herkunft: 'Lady Hamilton' frei abgeblüht
Verwendung: Tafelsorte
Anbaueignung: Für gute Apfellagen in wärmeren Gebieten, benötigt lange Vegetationszeit!
Wuchs: Schwach, gut verzweigt
Unterlagen: M 9, M 26, Supporter 4
Befruchtung: Diploid, Befruchter u. a. 'Elstar', 'Fuji', 'Gala', 'Golden Delicious', 'Idared', 'Pinova', 'Retina', 'Rewena'
Ertrag: Hoch, regelmäßig
Frucht: Mittelgroß bis groß, Geschmack fein süßsäuerlich, kräftiges Aroma, pflückreif E X, A XI, genussreif ab XII bis V
Resistenzen: Empfindlich für Schorf, Mehltau, Blütenfrost, Feuerbrand, Rote Spinne
Anbauhinweise: Intensivanbau in warmen Lagen; Sortenschutz weltweit

Carola
Synonym: 'Kalco'
Herkunft: 'Cox Orange' frei abgeblüht
Verwendung: Tafelsorte
Anbaueignung: Für alle Apfellagen bis in mittlere Höhenlagen
Wuchs: Mittelstark bis schwach, gut verzweigt
Unterlagen: M 9, M 26, MM 106 für Viertel- oder Halbstamm
Befruchtung: Diploid, Befruchter u. a. 'Auralia', 'Cox Orange', 'Golden Delicious', 'Idared', 'James Grieve', 'Oldenburg', 'Pinova', 'Piros'
Ertrag: Hoch, Alternanz möglich
Frucht: Mittelgroß bis groß, Geschmack fein süßsäuerlich, mildes, angenehmes Aroma, pflückreif IX, genussreif ab Ernte bis XI
Resistenzen: Robust, wenig Mehltau, schorf- und feuerbrandempfindlich
Anbauhinweise: Intensiv- und Liebhaberanbau, Kleingarten, nicht für Streuobst

Cox Orange

Synonyme: ‘Cox Orangenrenette’, ‘Cox’s Orange Pippin’
Herkunft: ‘Ribston Pepping’ × ‘Blenheim’
Verwendung: Tafelsorte, auch zum Brennen
Anbaueignung: Sehr gute Apfellagen in feuchten, maritimen Gebieten
Wuchs: Anfangs stark, später mittel mit guter Verzweigung
Unterlagen: M 9, M 26
Befruchtung: Diploid, Befruchter u. a. ‘Alkmene’, ‘Berlepsch’, ‘Carola’, ‘Elstar’, ‘Gala’, ‘Golden Delicious’, ‘Goldparmäne’, ‘Idared’
Ertrag: Nur an optimalen Standorten hoch, sonst mittel, alternierend
Frucht: Mittelgroß bis klein, Geschmack würzig süßsäuerlich, hoch aromatisch, pflückreif E IX, genussreif X bis III
Resistenzen: Anfällig für Schorf, Mehltau, Holz- und Blütenfrost, Krebs, Blutläuse, Feuerbrand und Kragenfäule
Anbauhinweise: Erwerbsanbau, nur für erfahrene Selbstversorger

Delbarestivale

Synonym: ‘Delcorf’, zahlreiche Mutanten
Herkunft: ‘Stark Jon Grimes’ × ‘Golden Delicious’
Verwendung: Frühe Tafelsorte
Anbaueignung: Für gute Apfellagen, hohe Standortansprüche
Wuchs: Stark, gut verzweigt
Unterlagen: M 9, M 26, Supporter 4
Befruchtung: Diploid, Befruchter u. a. ‘Cox Orange’, ‘Discovery’, ‘Elstar’, ‘Florina’, ‘Golden Delicious’, ‘Idared’, ‘Pinova’, ‘Retina’
Ertrag: Mittel, stark alternierend, Ausdünnung erforderlich
Frucht: Mittelgroß bis groß, Geschmack süßsäuerlich, kräftiges Aroma, pflückreif E VIII, genussreif ab Ernte bis X
Resistenzen: Empfindlich für Schorf, Mehltau, Blütenfrost, Feuerbrand und Rote Spinne
Anbauhinweise: Intensivanbau und erfahrene Kleinanbauer; EU-Sortenschutz

Dülmener Rosenapfel

Synonyme: 'Dülmener Herbstrosenapfel', 'Herbstrosenapfel', 'Rosenapfel'
Herkunft: 'Gravensteiner' frei abgeblüht
Verwendung: Alte Tafelsorte, Verarbeitung
Anbaueignung: In allen, auch weniger günstigen Lagen
Wuchs: Mittelstark, gut verzweigt
Unterlagen: M 26 bis Sämling (Streuobst)
Befruchtung: Diploid, Befruchter u.a. 'Golden Delicious', 'Goldparmäne', 'James Grieve', 'Oldenburg', 'Weißer Klar'
Ertrag: Nur mittel, stark alternierend
Frucht: Groß, Geschmack süßsäuerlich, mildes Aroma, pflückreif IX, genussreif bis XI
Resistenzen: Wenig Schorf, Mehltau, Blutlaus, Holzfrost, empfindlich für Blütenfrost und Feuerbrand
Anbauhinweise: Streuobst, Liebhaberanbau

Elstar

Synonyme: Keine, zahlreiche Mutanten
Herkunft: 'Golden Delicious' × 'Ingrid Marie'
Verwendung: Tafelsorte
Anbaueignung: Für gute Apfellagen
Wuchs: Stark, sehr stark verzweigt
Unterlagen: M 9, nur für Intensivanlagen
Befruchtung: Diploid, Befruchter u.a. 'Braeburn', 'Cox Orange', 'Florina', 'Fuji', 'Gala', 'Golden Delicious', 'Pilot', 'Pinova', 'Retina', 'Rubinette'
Ertrag: Hoch, regelmäßig
Frucht: Mittelgroß bis groß, Geschmack fein süßsäuerlich, kräftiges Aroma, edelwürzig, pflückreif E IX, genussreif ab Ernte bis III/IV
Resistenzen: Wenig Schorf und Mehltau, empfindlich für Blütenfrost, Feuerbrand und Rote Spinne
Anbauhinweise: Intensivanbau, erfahrene Selbstversorger; Sortenschutz in mehreren Ländern

Florina

Synonym: 'Querina'
Herkunft: 'Rome Beauty' × *Malus floribunda* 821 (V_f), 5. Rückkreuzung mit 'Jonathan'
Verwendung: Tafelsorte
Anbaueignung: Für alle Apfellagen
Wuchs: Stark, überhängend
Unterlagen: M 9, M 26, Supporter 4
Befruchtung: Diploid, Befruchter u. a. 'Elstar', 'Gala', 'Golden Delicious', 'Goldparmäne', 'James Grieve', 'Pinova', 'Reanda', 'Reglindis', 'Rubinette'
Ertrag: Hoch, regelmäßig
Frucht: Mittelgroß bis groß, Geschmack süßlich bis fad, saftig, wenig aromatisch, pflückreif E IX, genussreif von XI bis III
Resistenzen: Schorf, wenig empfindlich für Feuerbrand, anfällig für Mehltau
Anbauhinweise: Erwerbs-, Selbstversorger- und Liebhaberanbau; EU-Sortenschutz

Fuji

Synonyme: Keine, zahlreiche Mutanten
Herkunft: 'Ralls Janet' × 'Golden Delicious'
Verwendung: Tafelsorte
Anbaueignung: Für gute Apfellagen in wärmeren Gebieten
Wuchs: Schwach bis mittelstark, leicht verkahlend
Unterlagen: M 9, M 26, Supporter 4
Befruchtung: Diploid, Befruchter u. a. 'Braeburn', 'Florina', 'Gala', 'Golden Delicious', 'Idared', 'Pinova', 'Retina'
Ertrag: Hoch bis sehr hoch, ohne Ausdünnung alternierend
Frucht: Groß, Geschmack süßlich bis fad, pflückreif XI, genussreif ab XII bis V
Resistenzen: Empfindlich für Schorf, Mehltau, Blütenfrost, Holzfrost, Feuerbrand und Blutlaus
Anbauhinweise: Intensivanbau in warmen Lagen (Weinbaulagen), keinesfalls für Kleingärtner; Sortenschutz für einige rote Mutanten

Gala

Synonym: 'Gala Delicious', zahlreiche Mutanten

Herkunft: 'Kidds Orange' × 'Golden Delicious'

Verwendung: Tafelsorte

Anbaueignung: Für gute Apfellagen

Wuchs: Mittelstark, mitteldichte Verzweigung

Unterlagen: M 9, M 26, Supporter 4

Befruchtung: Diploid, Befruchter u. a. 'Braeburn', 'Cox Orange', 'Elstar', 'Florina', 'Fuji', 'Golden Delicious', 'Pinova', 'Retina', 'Rubinette'

Ertrag: Sehr hoch, keine Alternanz

Frucht: Mittelgroß, Geschmack süß, wenig Aroma, pflückreif E IX, genussreif ab X bis III

Resistenzen: Wenig Mehltau, empfindlich für Schorf, Krebs und Feuerbrand

Anbauhinweise: Intensivanbau, nicht für Kleingärtner; rote Mutanten haben Sortenschutz

Gerlinde

Synonyme: Keine

Herkunft: TSR 15T3 (F_3 von *Malus floribunda* 821/V_f) × 'Elstar'

Verwendung: Tafelsorte, auch für Verarbeitung

Anbaueignung: Für alle Apfellagen

Wuchs: Stark, neigt später zur Verkahlung

Unterlagen: M 9, M 26, Supporter 4, MM 106 für Viertel- oder Halbstamm

Befruchtung: Diploid, Befruchter u. a. 'Florina', 'Gala', 'Golden Delicious', 'Pinova'

Ertrag: Mittelhoch bis hoch, neigt zu Alternanz

Frucht: Nur mittelgroß bis klein, Geschmack süßsäuerlich mit ausgewogener Säure, saftig, aromatisch, pflückreif A bis M IX, folgernd, genussreif von Ernte bis XI

Resistenzen: Schorf (nicht stabil), anfällig für Mehltau und Feuerbrand

Anbauhinweise: Kleingarten, Liebhaberanbau, evtl. Streuobst; EU-Sortenschutz

Golden Delicious

Synonym: 'Gelber Köstlicher', zahlreiche Mutanten, auch Spurtyp-Mutanten
Herkunft: 'Grimes Golden' × 'Golden Renette'
Verwendung: Tafelsorte
Anbaueignung: Für gute Apfellagen
Wuchs: Schwach bis mittelstark, gut verzweigt
Unterlagen: M 9, M 26, Supporter 4
Befruchtung: Diploid, Befruchter u.a. 'Alkmene', 'Cox Orange', 'Elstar', 'Florina', 'Fuji', 'Gala', 'Goldparmäne', 'Pilot', 'Pinova', 'Retina', 'Rewena'
Ertrag: Sehr hoch, regelmäßig, in älteren Anlagen Alternanz möglich
Frucht: Mittelgroß bis groß, Geschmack fein süß bis süßsäuerlich, mildes Aroma, pflückreif A X, genussreif ab XI bis IV
Resistenzen: Wenig Feuerbrand, empfindlich für Schorf und Mehltau
Anbauhinweise: Intensivanbau, nicht für Kleingärtner; Sortenschutz für zahlreiche Mutanten

Goldparmäne

Synonyme: 'Wintergoldparmäne', 'King of the Pippins', 'Reine des Reinettes', 'Goldrenette' u.a.
Herkunft: Unbekannt, Zufallssämling
Verwendung: Alte Tafelsorte, Verarbeitung
Anbaueignung: Nur für gute Apfellagen
Wuchs: Mittelstark bis stark
Unterlagen: M 9, M 26, MM 106 für Halbstämme, Sämling für Hochstamm
Befruchtung: Diploid, Befruchter u.a. 'Alkmene', 'Berlepsch', 'Carola', 'Cox Orange', 'Florina', 'Golden Delicious', 'Idared', 'James Grieve'
Ertrag: Mittel, oft alternierend
Frucht: Mittel bis groß, Geschmack fein süßsäuerlich, aromatisch, pflückreif M IX, genussreif ab X bis II
Resistenzen: Anfällig für Schorf, Mehltau, Blutlaus, Holzfrost, Feuerbrand, Krebs
Anbauhinweise: Liebhaberanbau, Streuobst

Grahams Jubiläumsapfel

Synonyme: 'Graham', 'Royal Jubilée'
Herkunft: Unbekannt, Zufallssämling
Verwendung: Alte Wirtschafts- und Tafelsorte, Verarbeitung
Anbaueignung: Sehr robust, für alle Apfellagen, auch in Höhenlagen
Wuchs: Stark bis mittelstark
Unterlagen: M 9, M 26, MM 106 bis Sämling (Streuobst)
Befruchtung: Diploid, Befruchter u.a. 'Rote Sternrenette', 'Roter Trierer Weinapfel'
Ertrag: Mittelhoch, oft alternierend
Frucht: Groß, Geschmack mild süßsäuerlich, schwaches Aroma, pflückreif IX, genussreif ab X bis XII
Resistenzen: Sehr frostfest und blütenfrostresistent, wenig Schorf und Mehltau, feuerbrandanfällig
Anbauhinweise: Liebhaberanbau, Streuobst in windgeschützten Lagen

Gravensteiner

Synonyme: 'Grafenapfel' (Württemberg), 'Haferapfel' (Hannover), 'Ernteapfel' (Elsass), 'Blumencalvill' (Bayern) u.a.
Herkunft: Unbekannt, Zufallssämling
Verwendung: Eine der besten Sommersorten
Anbaueignung: Nur für beste Apfellagen, pflegeintensiv
Wuchs: Sehr stark, gut verzweigt
Unterlagen: M 9, M 26, für Halb- oder Hochstämme MM 106 bis Sämling
Befruchtung: Triploid, als Bestäuber ungeeignet, Befruchter u.a. 'Baumann', 'Golden Delicious', 'Goldparmäne', 'Pinova', 'Weißer Klar'
Ertrag: Mittel, oft alternierend
Frucht: Groß, Geschmack kräftig süßsäuerlich mit edlem Aroma, pflückreif E VIII bis A IX, genussreif bis X
Resistenzen: Anfällig für Schorf, Mehltau, Krebs, Holzfrost, Feuerbrand
Anbauhinweise: Erwerbs- und Liebhaberanbau, Streuobst

Idared

Synonyme: Keine
Herkunft: ‘Jonathan’ × ‘Wagenerapfel’
Verwendung: Tafelsorte
Anbaueignung: Für gute Apfellagen in nicht zu kühlen Gebieten
Wuchs: Schwach, gut verzweigt
Unterlagen: M 9, M 26, Supporter 4
Befruchtung: Diploid, Befruchter u. a. ‘Gala’, ‘Golden Delicious’, ‘Pilot’, ‘Pinova’, ‘Piros’, ‘Reglindis’, ‘Rewena’, ‘Rubinette’, ‘Weißer Klar’
Ertrag: Sehr hoch, regelmäßig, keine Alternanz
Frucht: Groß, Geschmack schwach süß bis süßsäuerlich, geringes Aroma, pflückreif E IX, A X, genussreif ab XII bis V
Resistenzen: Wenig Schorf, empfindlich für Mehltau, Feuerbrand, Blütenfrost
Anbauhinweise: Intensivanbau in guten Apfellagen, Liebhaber

James Grieve

Synonyme: ‘Frühe Cox Orangenrenette’, ‘Grieve’
Herkunft: ‘Potts Sämling’ frei abgeblüht
Verwendung: Tafelsorte
Anbaueignung: Für alle Apfellagen bis in mittlere Höhenlagen
Wuchs: Mittelstark, mittel bis gut verzweigt
Unterlagen: M 9, M 26, MM 106 für Viertel- oder Halbstamm
Befruchtung: Diploid, Befruchter u. a. ‘Berlepsch’, ‘Cox Orange’, ‘Elstar’, ‘Golden Delicious’, ‘Goldparmäne’, ‘Idared’, ‘Oldenburg’, ‘Pinova’
Ertrag: Hoch bis sehr hoch, keine Alternanz
Frucht: Mittelgroß bis groß, Geschmack fein süßsäuerlich, mildes, angenehmes Aroma, pflückreif IX, genussreif ab Ernte bis X
Resistenzen: Wenig Schorf, empfindlich für Mehltau, Krebs, Kragenfäule, Blutlaus, Feuerbrand
Anbauhinweise: Intensiv-, Selbstversorger- und Liebhaberanbau, Streuobst

Jonagold

Synonyme: Keine, Sorte mit den meisten Mutanten weltweit
Herkunft: 'Golden Delicious' × 'Jonathan'
Verwendung: Tafelsorte
Anbaueignung: Für gute Apfellagen in wärmeren Gebieten
Wuchs: Stark, hängende Verzweigung
Unterlagen: M 27, M 9
Befruchtung: Triploid, als Bestäuber ungeeignet, Befruchter u. a. 'Braeburn', 'Cox Orange', 'Elstar', 'Florina', 'Fuji', 'Gala', 'Idared', 'James Grieve'
Ertrag: Hoch und regelmäßig
Frucht: Groß, Geschmack fein süßsäuerlich, kräftiges Aroma, pflückreif X, genussreif ab XI bis IV
Resistenzen: Empfindlich für Schorf, Mehltau, Blütenfrost, Feuerbrand, Krebs und Winterfrost
Anbauhinweise: Intensivanbau in günstigen Lagen

Kaiser Wilhelm

Synonym: 'Wilhelmapfel'
Herkunft: Wahrscheinlich 'Harberts Renette' frei abgeblüht
Verwendung: Alte Tafelsorte, Verarbeitung
Anbaueignung: Robust, für alle Lagen geeignet
Wuchs: Stark bis sehr stark, gut verzweigt
Unterlagen: M 9, M 26 bis Sämling (Streuobst)
Befruchtung: Triploid, als Bestäuber nicht geeignet, Befruchter u. a. 'Cox Orange', 'Croncels', 'Gelber Edel', 'Goldparmäne', 'Landsberger', 'Ontario'
Ertrag: Mittel, später hoch, alternierend
Frucht: Mittel bis groß, Geschmack kräftig säuerlich süß, schwaches Aroma, pflückreif E IX, genussreif ab XI bis III
Resistenzen: Wenig Schorf, Holzfrost und Blütenfrost, mehltau- und feuerbrandempfindlich
Anbauhinweise: Streuobst, Liebhaberanbau

Ontario

Synonyme: Keine
Herkunft: 'Northern Spy' × 'Wagenerapfel'
Verwendung: Alte Langlager-Tafelsorte, Verarbeitung
Anbaueignung: In allen frostsicheren Lagen
Wuchs: Mittelstark bis schwach, gut verzweigt
Unterlagen: M 9, M 26, MM 106, Sämling für Hochstamm (Streuobst)
Befruchtung: Diploid, Befruchter u.a. 'Baumann', 'Carola', 'Cox Orange', 'Gelber Bellefleur', 'Gelber Edel', 'Golden Delicious', 'James Grieve'
Ertrag: Mittel bis hoch, regelmäßig
Frucht: Groß, Geschmack süßlich, wenig aromatisch, pflückreif X, genussreif ab II bis V
Resistenzen: Blutlaus, wenig Schorf, Mehltau und Feuerbrand, empfindlich für Holzfrost und Krebs
Anbauhinweise: Selbstversorger, Liebhaber, Streuobst, Erwerbsanbau

Pia

Synonyme: Keine
Herkunft: 'Idared' × 'Helios'
Verwendung: Tafelsorte
Anbaueignung: Für alle Apfellagen
Wuchs: Mittelstark, gut verzweigt
Unterlagen: M 9, M 26, MM 106 für Viertelstamm
Befruchtung: Diploid, Befruchter u.a. 'Carola', 'Golden Delicious', 'Piflora', 'Pilot', 'Pinova', 'Pirella', 'Piros', 'Rebella', 'Rewena'
Ertrag: Hoch und regelmäßig
Frucht: Groß, Geschmack kräftig süßsäuerlich, mildes Aroma, pflückreif E VIII, genussreif ab Ernte bis A X
Resistenzen: Wenig Schorf, Mehltau, Blüten- und Holzfrost, feuerbrandanfällig
Anbauhinweise: Intensivanbau, Selbstversorger, sehr gut im Kleingarten, nicht für Streuobst; Sortenschutz

Piflora

Synonyme: Keine
Herkunft: 'Idared' × 'Golden Delicious'
Verwendung: Tafelsorte
Anbaueignung: Für alle Apfellagen
Wuchs: Mittelstark, gut verzweigt, lockere Krone
Unterlagen: M 9, M 26, MM 106 für Viertelstamm
Befruchtung: Diploid, Befruchter u. a. 'Golden Delicious', 'Pia', 'Pilot', 'Pingo', 'Pinova', 'Pirella', 'Piros', 'Rebella', 'Reglindis', 'Rewena'
Ertrag: Hoch und regelmäßig
Frucht: Groß, Geschmack kräftig süßsäuerlich, starkes Aroma, pflückreif E IX, genussreif ab X bis II
Resistenzen: Wenig Schorf und Mehltau, feuerbrandanfällig
Anbauhinweise: Intensivanbau, Selbstversorger, sehr gut im Kleingarten, nicht für Streuobst; Sortenschutz

Pilot

Synonyme: Keine
Herkunft: 'Clivia' × 'Undine'
Verwendung: Tafelsorte für Langzeitlagerung, Verarbeitung
Anbaueignung: Für alle Apfellagen
Wuchs: Mittelstark bis schwach, gut verzweigt
Unterlagen: M 9, M 26, Supporter 4
Befruchtung: Diploid, Befruchter u. a. 'Golden Delicious', 'Idared', 'Pinova', 'Pirella', 'Piros', 'Rebella', 'Reglindis', 'Remo', 'Renora'
Ertrag: Hoch und regelmäßig, Alternanz möglich
Frucht: Mittelgroß, Geschmack kräftig süßsäuerlich, sehr starkes Aroma, fest, pflückreif A X, genussreif ab II bis VI
Resistenzen: Wenig Schorf und Mehltau, feuerbrandanfällig
Anbauhinweise: Intensiv-, Selbstversorger- und Liebhaberanbau, Bioanbau, nicht für Streuobst; Sortenschutz in mehreren Ländern

Pink Lady

Synonym: 'Cripps Pink' (Sortenname)
Herkunft: 'Lady Williams' × 'Golden Delicious'
Verwendung: Tafelsorte
Anbaueignung: Nur für warme Apfellagen mit sehr langer Vegetationszeit
Wuchs: Stark, gut verzweigt
Unterlagen: M 9, M 26
Befruchtung: Diploid, Bestäuber in Deutschland noch nicht geprüft
Ertrag: Meist hoch und regelmäßig
Frucht: Mittelgroß, Geschmack süß, wenig Aroma, pflückreif E XI in Deutschland, genussreif ab II bis V
Resistenzen: Anfällig für Schorf, Feuerbrand, Krebs, Mehltau
Anbauhinweise: Intensivanbau; Sortenschutz weltweit

Pinova

Synonyme: 'Corail' (nur in Frankreich), 'Piñata' (nur in USA), erste rote Mutanten vorhanden (u. a. 'Evelina')
Herkunft: 'Clivia' × 'Golden Delicious'
Verwendung: Tafelsorte
Anbaueignung: Für alle Apfellagen mit ausreichender Tag-Nacht-Temperaturdifferenz vor der Ernte
Wuchs: Mittelstark bis schwach
Unterlagen: M 9, M 26, Supporter 4
Befruchtung: Diploid, Befruchter u. a. 'Elstar', 'Gala', 'Golden Delicious', 'Pilot', 'Piros', 'Reanda', 'Rebella', 'Rubinette'
Ertrag: Sehr hoch, regelmäßig, keine Alternanz, ausdünnen!
Frucht: Mittelgroß, Geschmack kräftig süß mit etwas Säure, mildes angenehmes Aroma, pflückreif X, genussreif ab Ernte bis V
Resistenzen: Wenig Schorf, empfindlich für Mehltau, nur mäßig feuerbrandanfällig
Anbauhinweise: Intensivanbau, nur für erfahrene Kleingärtner; EU-Sortenschutz

Piros

Synonyme: Keine
Herkunft: 'Helios' × 'Apollo'
Verwendung: Tafelsorte
Anbaueignung: Für alle Apfellager
Wuchs: Mittelstark, sehr locker verzweigt
Unterlagen: M 9, M 26, Supporter 4, MM 106
Befruchtung: Diploid, Befruchter u. a. 'Elstar', 'Golden Delicious', 'Pilot', 'Pinova', 'Pirella', 'Rebella', 'Renora', 'Retina', 'Rewena'
Ertrag: Anfangs mittel, später hoch
Frucht: Mittel bis groß, Geschmack süß mit ausgewogener Säure, mildes Aroma, pflückreif E VII, genussreif VIII
Resistenzen: Wenig Schorf, anfällig für Mehltau, Krebs, Blütenfrost, Feuerbrand
Anbauhinweise: Intensiv-, Selbstversorger- und Liebhaberanbau, nicht für Streuobst; Sortenschutz in mehreren Ländern

Prinzenapfel

Synonyme: 'Echter Prinz', 'Sommerprinz', 'Hasenkopf', 'Melonenapfel', 'Schlotterapfel', 'Walzenapfel', 'Ananasapfel', 'Klapperapfel', 'Haferapfel', 'Langapfel', 'Schafsnase' u. v. a.
Herkunft: Unbekannt, Zufallssämling
Verwendung: Alte Tafelsorte, Streuobst
Anbaueignung: Auch für weniger geeignete, aber feuchte Standorte
Wuchs: Mittelstark bis stark
Unterlagen: Für Halb- und Hochstämme Sämling, A 2
Befruchtung: Diploid, Befruchter sind nicht geprüft
Ertrag: Meist hoch, Alternanz möglich
Frucht: Mittel bis groß, Geschmack feinsäuerlich, mildes Aroma, pflückreif E IX, genussreif ab X bis XI
Resistenzen: Allgemein robust, wenig Schorf und Mehltau, blütenfrostresistent, feuerbrandanfällig
Anbauhinweise: Liebhaberanbau, Streuobst in feuchten und rauen Lagen

Rebella

Synonyme: Keine
Herkunft: 'Golden Delicious' × 'Remo'
Verwendung: Tafelsorte, auch für Verarbeitung geeignet
Anbaueignung: Für alle Apfellagen
Wuchs: Schwach bis mittelstark
Unterlagen: M 9, M 26, MM 106 für Viertelstamm
Befruchtung: Diploid, Befruchter u.a. 'Golden Delicious', 'Pia', 'Pingo', 'Pinova', 'Pirella', 'Piros', 'Reglindis', 'Renora', 'Retina', 'Rewena'
Ertrag: Hoch und regelmäßig
Frucht: Mittelgroß bis groß, Geschmack kräftig süßsäuerlich, mittleres Aroma, pflückreif E IX, genussreif ab X bis XII
Resistenzen: Schorf, Mehltau, Feuerbrand, Rote Spinne, Bakterienbrand, bestimmte Blattlausarten, Holzfrost, Schorfresistenz instabil
Anbauhinweise: Intensiv-, Selbstversorger- und Liebhaberanbau, Kleingarten, Bioanbau; EU-Sortenschutz

Regia

Synonyme: Keine
Herkunft: 'Clivia' × Schorfresistenter Zuchtstamm (*Malus pumila*, V_r)
Verwendung: Tafelsorte, Verarbeitung
Anbaueignung: Für alle Apfellagen
Wuchs: Schwach bis mittelstark
Unterlagen: M 9, M 26, MM 106 für Viertelstamm
Befruchtung: Diploid, Befruchter u.a. 'Golden Delicious', 'Piflora', 'Pingo', 'Pinova', 'Pirella', 'Piros', 'Rebella', 'Retina', 'Rewena'
Ertrag: Mittel bis hoch, regelmäßig
Frucht: Groß, Geschmack kräftig süß mi leichter Säure, mittleres Aroma, pflückrei E IX, genussreif ab XI bis II
Resistenzen: Schorf, wenig Mehltau, Feuer brand, Bakterienbrand, Holzfrost, empfind lich für Spinnmilben und Blütenfrost
Anbauhinweise: Intensivanbau, Selbstversor ger, Kleingarten, Bioanbau; Sortenschutz

Reglindis

Synonyme: Keine
Herkunft: 'James Grieve' × Schorfresistenter Zuchtstamm (Antonowka, V_A)
Verwendung: Tafelsorte, Verarbeitung
Anbaueignung: Für alle Apfellagen
Wuchs: Schwach bis mittelstark
Unterlagen: M 9, M 26, MM 106 für Viertelstamm
Befruchtung: Diploid, Befruchter u.a. 'Idared', 'James Grieve', 'Pia', 'Piflora', 'Pinova', 'Prima', 'Reanda', 'Rebella', 'Retina', 'Rewena'
Ertrag: Mittel bis hoch, nicht immer regelmäßig
Frucht: Mittelgroß, Geschmack süßsäuerlich mit angenehmem Aroma, pflückreif A bis M IX, genussreif bis X
Resistenzen: Schorf, wenig Mehltau, Feuerbrand, Holzfrost, Spinnmilben und Blütenfrost
Anbauhinweise: Intensivanbau, Selbstversorger, Bioanbau, Kleingarten; Sortenschutz in mehreren Ländern

Renora

Synonyme: Keine
Herkunft: 'Clivia' × Schorfresistenter Zuchtstamm (*Malus floribunda*, V_f)
Verwendung: Tafelsorte, Verarbeitung
Anbaueignung: Für alle Apfellagen
Wuchs: Schwach bis mittelstark
Unterlagen: M 9, M 26, Supporter 4, MM 106 für Viertelstamm
Befruchtung: Diploid, Befruchter u.a. 'Golden Delicious', 'Idared', 'James Grieve', 'Piflora', 'Pinova', 'Pirella', 'Reanda', 'Rebella', 'Rewena'
Ertrag: Mittel bis hoch, regelmäßig
Frucht: Groß, Geschmack kräftig süßsäuerlich, mittleres Aroma, pflückreif E IX, genussreif ab XII bis IV
Resistenzen: Schorf, wenig Mehltau, Feuerbrand und Holzfrost
Anbauhinweise: Intensiv-, Selbstversorgeranbau, Bioanbau, Kleingarten; EU-Sortenschutz

Resi

Synonyme: Keine
Herkunft: 'Clivia' × Schorfresistenter Zuchtstamm (*Malus floribunda*, V_f)
Verwendung: Tafelsorte
Anbaueignung: Für alle Apfellagen
Wuchs: Schwach
Unterlagen: M 9, M 26, Supporter 4
Befruchtung: Diploid, Befruchter u.a. 'Idared', 'James Grieve', 'Pia', 'Piflora', 'Pingo', 'Pinova', 'Piros', 'Rebella', 'Reglindis', 'Rewena'
Ertrag: Mittel bis hoch, meist regelmäßig
Frucht: Klein, Geschmack süßsäuerlich, sehr gut, kräftiges Aroma, pflückreif IX, genussreif bis XI
Resistenzen: Schorf, wenig Feuerbrand, Mehltau, Rote Spinne, Schorfresistenz instabil
Anbauhinweise: Intensiv-, Selbstversorgeranbau, Kleingarten; EU-Sortenschutz

Rote Sternrenette

Synonyme: 'Calvill etoilé', 'Herbstrenette', 'Herzapfel', 'Lambert', 'Perlrenette', 'Rote Herbstrenette', 'Starrenette' u.v.a.
Herkunft: Unbekannt
Verwendung: Alte Tafelsorte (Weihnachtsapfel), Verarbeitung, Streuobst
Anbaueignung: Für raue und Vorgebirgslagen
Wuchs: Erst mittel, dann stark
Unterlagen: M 26, für Halb- und Hochstämme MM 106, A 2, Sämling
Befruchtung: Diploid, Befruchter u.a. 'Cox Orange', 'James Grieve', 'Ontario', 'Weißer Klar'
Ertrag: Mittelhoch, oft alternierend
Frucht: Mittel bis groß, Geschmack kräftig säuerlich süß, parfümiert, schwaches Aroma, pflückreif A X, genussreif ab XI bis I
Resistenzen: Robust, wenig Schorf, Mehltau, Holzfrost und Krebs, anfällig für Feuerbrand
Anbauhinweise: Liebhaberanbau, Streuobst, Bioanbau

Rubinette

Synonym: 'Rafzubin' (Sortenname)
Herkunft: 'Golden Delicious' frei abgeblüht
Verwendung: Tafelsorte
Anbaueignung: Für gute Apfellagen in wärmeren Gebieten
Wuchs: Mittelstark, gut verzweigt
Unterlagen: M 9, M 26, Supporter 4
Befruchtung: Diploid, Befruchter u.a. 'Cox Orange', 'Florina', 'Gala', 'Gloster', 'Golden Delicious', 'Idared', 'Spartan'
Ertrag: Hoch und regelmäßig, Alternanz möglich, ausdünnen!
Frucht: Klein bis mittelgroß, Geschmack süß bis süßsäuerlich, kräftiges, edles Aroma, pflückreif E IX, genussreif bis I
Resistenzen: Empfindlich für Schorf, Mehltau, Feuerbrand, Holz relativ frosthart
Anbauhinweise: Intensivanbau in guten Apfellagen; Sortenschutz in mehreren Ländern

Shampion

Synonyme: Keine
Herkunft: 'Golden Delicious' × 'Lord Lambourne'
Verwendung: Tafelsorte
Anbaueignung: Für alle Apfellagen bis in mittlere Höhenlagen
Wuchs: Mittelstark
Unterlagen: M 9, M 26, Supporter 4
Befruchtung: Diploid, Befruchter u.a. 'Florina', 'Gala', 'Idared', 'Pilot', 'Pinova', 'Piros', 'Spartan'
Ertrag: Sehr hoch, regelmäßig, kaum Alternanz
Frucht: Groß, Geschmack schwach süß bis süßsäuerlich, geringes Aroma, Schattenfrüchte fad, pflückreif M IX, genussreif bis II
Resistenzen: Wenig Mehltau, anfällig für Schorf, Holzfrost, Feuerbrand, Blütenfrost, Gummiholzkrankheit
Anbauhinweise: Intensivanbau, Liebhaber

Topaz

Synonyme: Keine, erste rote Mutanten gefunden
Herkunft: 'Rubin' × 'Vanda' (*Malus floribunda*, V_f)
Verwendung: Tafelsorte, Verarbeitung
Anbaueignung: Für alle Apfellagen bis in mittlere Höhenlagen
Wuchs: Mittelstark, gut verzweigt
Unterlagen: M 9, M 26, Supporter 4, MM 106
Befruchtung: Diploid, Befruchter u. a. 'Angold', 'Braeburn', 'Golden Delicious', 'Idared', 'Resista', 'Retina', 'Rubinstep'
Ertrag: Hoch, regelmäßig, kaum Alternanz
Frucht: Groß, Geschmack säuerlich süß, starkes Aroma, pflückreif M bis E IX, genussreif bis II
Resistenzen: Schorf, empfindlich für Mehltau, Rote Spinne und Feuerbrand, blütenfrostgefährdet, Schorfresistenz instabil
Anbauhinweise: Intensivanbau, Selbstversorger, Bioanbau, Kleingarten, evtl. Streuobst; EU-Sortenschutz

Undine

Synonyme: Keine
Herkunft: 'Jonathan' frei abgeblüht
Verwendung: Tafelsorte, Verarbeitung
Anbaueignung: Für alle Apfellagen bis in mittlere Höhenlagen
Wuchs: Stark, gut verzweigt
Unterlagen: M 9, M 26, MM 106 für Viertel- oder Halbstamm
Befruchtung: Diploid, Befruchter u. a. 'Alkmene', 'Auralia', 'Carola', 'Cox Orange', 'Golden Delicious', 'Idared', 'Pinova', 'Pilot', 'Remo'
Ertrag: Mittelhoch, Alternanz möglich
Frucht: Mittelgroß bis groß, Geschmack säuerlich süß, kräftiges Aroma, pflückreif E IX, genussreif ab X bis IV
Resistenzen: Wenig Schorf, Holz- und Blütenfrost, mehltau- und feuerbrandempfindlich
Anbauhinweise: Intensivanbau, Selbstversorger, Streuobst

Weißer Klarapfel

Synonyme: 'Klarapfel', 'Kornapfel', 'Pomme de Reval', 'Weißer Transparent', 'Yellow Transparent', 'Grand Sultan' u. v. a.
Herkunft: Unbekannt
Verwendung: Alte Wirtschafts- und Tafelsorte
Anbaueignung: Sehr robust, für alle Apfellagen, auch in Höhenlagen
Wuchs: Stark, später schwächer
Unterlagen: M 9, M 26, für Halb- oder Hochstämme MM 106 bis Sämling
Befruchtung: Diploid, Befruchter u. a. 'Ananasrenette', 'Baumann', 'Cox Orange', 'Croncels', 'Oldenburg'
Ertrag: Mittelhoch, oft alternierend
Frucht: Mittel bis klein, Geschmack mild säuerlich, schwaches Aroma, mitunter fad, pflückreif VII, genussreif ca. 2 Wochen
Resistenzen: Robust, sehr frostfest, wenig Schorf, anfällig für Feuerbrand, Krebs und Mehltau
Anbauhinweise: Liebhaberanbau, Streuobst

Zabergäu

Synonyme: 'Graue Renette von Zabergäu', 'Zabergäurenette'
Herkunft: Unbekannt, Zufallssämling
Verwendung: Tafelsorte, Mostsorte
Anbaueignung: Für gute Böden in wärmeren Apfellagen
Wuchs: Sehr stark
Unterlagen: M 9 (Selbstversorger) bis Sämling (Streuobst)
Befruchtung: Triploid, als Pollenspender ungeeignet, Befruchter u. a. 'Cox Orange', 'Golden Delicious', 'Goldparmäne', 'Oldenburg'
Ertrag: Mittel, alternierend
Frucht: Groß, Geschmack würzig feinsäuerlich, aromatisch, pflückreif M X, genussreif ab XI bis III
Resistenzen: Robust, widerstandsfähig für Holz- und Blütenfrost, wenig Schorf, anfällig für Mehltau, Krebs, Blutlaus, Rote Spinne und Feuerbrand
Anbauhinweise: Liebhaberanbau, Streuobst, Selbstversorger

Pyrus elaeagrifolia
Ölweidenblättrige Birne
(Kleinasiatische Birne)

Vorkommen: Krim, Anatolien, Ostbulgarien, Rumänien, europäische Türkei

Beziehung zur Kulturform: Zusammen mit *P. pyraster* wichtigster Vorfahre der Kulturbirne

Verwendung: Veredlungsunterlage, Früchte werden z. T. verzehrt

Resistenzen: Gegenüber Trockenheit und Kälte wenig empfindlich, feuerbrandanfällig

Wuchs: Kleiner Baum oder Strauch, breit aufrecht, kandelaberartiger Wuchs, dornig bis unbewehrt, Triebe filzig

Frucht: Kugelförmig bis kreiselförmig, etwa 20 mm dick, 13 mm lang, grün, z. T. essbar nach Lagerung und Trocknung

Pyrus nivalis
Schnee-Birne

Vorkommen: Südliches Mitteleuropa, Südosteuropa; Schwarm von Hybriden aus *P. pyraster* × *P. elaeagrifolia;* Hecken, steinige Fluren, sonnige trockene Stellen

Beziehung zur Kulturform: Ausgangsart vor allem für Mostbirnen

Verwendung: Mostbirnen

Resistenzen: Gering frostempfindlich, trockenresistent, feuerbrandanfällig

Wuchs: Kleiner Baum, 10 (bis 20) m hoch, kräftige, aufrechte Zweige ohne Dornen

Frucht: 30 bis 50 mm Durchmesser, kugelförmig-kreiselförmig, gelbgrün, spät reifend, herb bis süß, Kelch nicht abfallend

➤ Alte Birnensorten – Webcode: obst1210

Pyrus pyraster
Holz-Birne

Vorkommen: Mitteleuropa, Kleinasien, Auenwälder, steinige Gebüsche, wärmeliebend

Beziehung zur Kulturform: Zusammen mit *P. elaeagrifolia* wichtigster Vorfahre der Kulturbirne

Verwendung: Früher als Veredlungsunterlage, heute nur noch als seltenes Hartholz

Resistenzen: Anfällig für Schorf und Feuerbrand, wenig frostempfindlich

Wuchs: Baum, 5 bis 15 (20) m, Krone rundlich bis hochoval bzw. pyramidal, oft mit dünnen überhängenden Zweigen, meist stark bedornt

Frucht: 20 bis 25 mm, kugelig bis sehr kreiselförmig, gelblich grün, später braun und teigig werdend, stark adstringierend, wenig oder kaum aromatisch, viele Steinzellen, Kelch groß, haftend, langstielig

Pyrus pyrifolia
Sand-Birne

Vorkommen: Zentral- bis Südostchina, Korea, Japan

Beziehung zur Kulturform: Ausgangsform der asiatischen Birne („Nashi", in Asien verbreitet kultiviert), seit etwa 2000 Jahren in China domestiziert

Verwendung: Veredlungsunterlage, auch Rohgenuss

Resistenzen: Je nach Herkunft nur mäßig feuerbrandanfällig (in Literatur von resistent bis anfällig beschrieben), etwas frostempfindlich, was auch auf die meisten „Nashi"-Sorten zutrifft

Wuchs: Baum, 5 bis 12 m hoch, oval, später breitovale bis ausladende Krone, junge Triebe kahl oder flockig behaart, später kahl und rötlich bis braun mit großen Lentizellen

Frucht: 20 bis 30 mm Durchmesser, fast kugelig, grün bis braun, hell punktiert, berostet, hartes Fruchtfleisch, Kelch abfallend

Alexander Lucas

Synonyme: 'Beurré Alexandre Lucas', 'Alexander Lukas Butterbirne', 'Lucas'
Herkunft: Unbekannt, Zufallssämling
Verwendung: Tafelsorte
Anbaueignung: Wärmere Birnenlagen, bis mittlere Höhenlagen
Wuchs: Mittelstark, später schwächer, alle Baumformen
Unterlagen: Nicht sicher mit Quitte verträglich
Befruchtung: Triploid, als Bestäuber ungeeignet, Befruchter* u.a. 'Boscs', 'Concorde', 'Condo', 'Conference', 'Drouard', 'Verté', 'Williams', neigt zu Parthenokarpie
Ertrag: Hoch, wenig alternierend
Frucht: Groß, schwer, saftig, mittel aromatisch, halbschmelzend, pflückreif M X, genussreif XI bis XII, bis 6 Monate haltbar
Resistenzen: Wenig Schorf und Feuerbrand, Blüte frostempfindlich
Anbauhinweise: Erwerbsanbau, Selbstversorger, Hausgarten, Bioanbau

Boscs Flaschenbirne

Synonyme: 'Beurré Bosc', 'Calebasse Bosc', 'Kaiser Alexander', 'Kaiserkrone'
Herkunft: Unbekannt, Zufallssämling
Verwendung: Tafelsorte
Anbaueignung: Wärmere Birnenlagen, bis mittlere Höhenlagen
Wuchs: Mittelstark, steil aufrecht, für alle Baumformen
Unterlagen: Unverträglich mit Quitte
Befruchtung: Diploid, Befruchter* u.a. 'Clapps', 'Concorde', 'Condo', 'Conference', 'Drouard', 'Nordhäuser', 'Verdi', 'Verté', 'Williams'
Ertrag: Hoch, regelmäßig
Frucht: Groß, lang, saftig, aromatisch, schmelzend, pflückreif M IX, genussreif bis XI, im Kühl- bzw. CA-Lager bis 6 Monate haltbar
Resistenzen: Anfällig für Schorf, Feuerbrand, Holzfrost, weniger für Blütenfrost
Anbauhinweise: Erwerbsanbau, Intensivanlagen, Selbstversorger, Direktvermarkter

Clapps Liebling

Synonyme: ‘Clapps’, ‘Clapps Favourite’, zahlreiche Mutanten (teils rotfarbig)
Herkunft: ‘Holzfarbige Butterbirne’ frei abgeblüht
Verwendung: Tafelsorte
Anbaueignung: Wärmere Birnenlagen, bis mittlere Höhenlagen
Wuchs: Stark, aufrecht, neigt zur Überbauung, für alle Baumformen
Unterlagen: Nicht sicher mit Quitte verträglich
Befruchtung: Diploid, guter Bestäuber, Befruchter* u. a. ‘Boscs’, ‘Concorde’, ‘Condo’, ‘Conference’, ‘Vereinsdechant’, ‘Williams’, neigt zu Parthenokarpie
Ertrag: Mittelhoch, regelmäßig
Frucht: Groß, saftig, aromatisch, schmelzend, pflückreif M VIII, genussreif 2 Wochen
Resistenzen: Anfällig für Schorf und Feuerbrand, Blüte wenig frostempfindlich
Anbauhinweise: Erwerbsanbau bei gesichertem Absatz, Selbstversorger, Hausgarten

Concorde

Synonyme: Keine
Herkunft: ‘Vereinsdechantsbirne’ × ‘Conference’
Verwendung: Tafelsorte
Anbaueignung: Wärmere Birnenlagen
Wuchs: Mittelstark, aufrecht, für alle Baumformen
Unterlagen: Nur mäßig mit Quitte verträglich
Befruchtung: Diploid, Befruchter* u. a. ‘Abate Fetel’, ‘Clapps’, ‘Conference’, ‘Gute Luise’, ‘Guyot’, ‘Verdi’, ‘Vereinsdechant’
Ertrag: Hoch, regelmäßig
Frucht: Groß, lang, saftig, aromatisch, knackig bis schmelzend, pflückreif E IX, genussreif X, im Kühl- bzw. CA-Lager bis Februar/März haltbar, druckempfindlich
Resistenzen: Wenig Schorf, anfällig für Feuerbrand, Rindenkrebs, Chlorose
Anbauhinweise: Erwerbsanbau, Direktvermarktung, Intensivanlagen, Bioanbau; Sortenschutz in mehreren Ländern

Condo

Synonyme: Keine

Herkunft: 'Conference' × 'Vereinsdechantsbirne'

Verwendung: Tafelsorte

Anbaueignung: Für wärmere Birnenlagen

Wuchs: Schwach bis mittelstark, gut als Superspindel

Unterlagen: Nur mäßig mit Quitte verträglich

Befruchtung: Diploid, guter Bestäuber, Befruchter* u.a. 'Abate Fetel', 'Clapps', 'Gute Luise', 'Verdi', 'Vereinsdechant'

Ertrag: Mittel bis hoch, regelmäßig

Frucht: Mittel bis groß, saftig, wenig aromatisch, schmelzend, pflückreif E IX, genussreif X, im Kühl- bzw. CA-Lager bis Februar/März haltbar

Resistenzen: Wenig Schorf, anfällig für Feuerbrand, Rindenkrebs, Chlorose, Blüte etwas frostgefährdet

Anbauhinweise: Erwerbsanbau, Direktvermarktung, Intensivanlagen, Bioanbau; Sortenschutz in mehreren Ländern

David

Synonyme:

Herkunft: 'Jules Guyot' × 'Vereinsdechantsbirne'

Verwendung: Tafelsorte

Anbaueignung: Für wärmere Birnenlagen

Wuchs: Schwach, wenig verzweigt, dünntriebig

Unterlagen: Mit Quitte verträglich

Befruchtung: Diploid, Befruchter* u.a. 'Anjou', 'Clapps', 'Conference', 'Tongern', 'Uta', 'Williams'

Ertrag: Mittel bis hoch, regelmäßig

Frucht: Mittel bis groß, nach der Lagerung gelb und saftig, mittel aromatisch, fest, vollreif schmelzend, pflückreif M X, genussreif XII, im Kühllager bis III/IV haltbar, gut transportabel

Resistenzen: Wenig Schorf, anfällig für Feuerbrand

Anbauhinweise: Erwerbsanbau, Direktvermarktung, nicht für Hochstämme; Sortenschutz in mehreren Ländern

Dekora

Synonyme: Keine
Herkunft: 'Conference' × 'Clapps Liebling'
Verwendung: Tafelsorte, für Dekorationszwecke nutzbar (Spalier, Columnarbäume)
Anbaueignung: Für alle Birnenlagen
Wuchs: Sehr stark, steil aufrecht, fast nicht verzweigt, starktriebig, bei vollem Behang Bruchgefahr
Unterlagen: Sämling, mit Quitte nicht geprüft, Zwischenveredlung
Befruchtung: Diploid, Befruchter* u. a. 'Conference', 'Radana'
Ertrag: Mittel bis hoch, neigt zu Alternanz, ausdünnen!
Frucht: Mittelgroß, mäßig saftig, mittel aromatisch, fest, pflückreif E IX, genussreif bis XII, gut transportabel
Resistenzen: Wenig Schorf, anfällig für Feuerbrand, noch wenig Erfahrung
Anbauhinweise: Erwerbsanbau, Direktvermarktung, als Spalierobst, für Säulenbäume geeignet, nicht für Hochstämme

Dessertnaja

Synonyme: 'Dessertbirne', 'Dessera'
Herkunft: 'Boscs Flaschenbirne' × 'Olivier de Serres'
Verwendung: Tafelsorte
Anbaueignung: Für alle Birnenlagen
Wuchs: Mittelstark, stark verzweigt, hängend
Unterlagen: Sämling, mit Quitte nicht geprüft, Zwischenveredlung
Befruchtung: Diploid, Befruchtersorten nicht geprüft
Ertrag: Hoch, kaum Alternanz
Frucht: Mittelgroß bis groß, saftig, angenehm aromatisch, schmelzend, pflückreif E VIII, genussreif bis IX, rechtzeitig pflücken
Resistenzen: Wenig Schorf, anfällig für Feuerbrand, noch wenig Erfahrung
Anbauhinweise: Direktvermarktung, Selbstversorger, Erwerbsanbau nur bei gesichertem Absatz, nicht für Hochstämme

Eckehard

Synonym: SAXONIA™-'Eckehard' (Markenname)
Herkunft: 'Nordhäuser Winterforelle' × 'Clapps Liebling'
Verwendung: Tafelsorte
Anbaueignung: Wärmere Birnenlagen
Wuchs: Stark, breit-pyramidal, mitteldicht
Unterlagen: Auf Quitte noch wenig Erfahrung, Zwischenveredlung
Befruchtung: Diploid, Befruchter* u.a. 'Anjou', 'Clapps', 'Conference', 'Paris', 'Tongern', 'Uta', 'Williams'
Ertrag: Sehr hoch, regelmäßig, bei vollem Behang ausdünnen
Frucht: Groß, saftig, mittel aromatisch, fest, manchmal grobzellig, pflückreif E IX, genussreif ab X, im Kühllager bis III haltbar
Resistenzen: Robust, wenig Schorf, anfällig für Feuerbrand, noch wenig Erfahrung
Anbauhinweise: Erwerbsanbau, Direktvermarktung, Selbstversorger, auch für Hochstämme

Elektra

Synonym: SAXONIA™-'Elektra' (Markenname)
Herkunft: 'Nordhäuser Winterforelle' × 'Clapps Liebling'
Verwendung: Tafelsorte
Anbaueignung: Wärmere Birnenlagen
Wuchs: Mittel bis stark, pyramidal
Unterlagen: Quitte mit Zwischenveredlung, direkt auf Quitte noch wenig Erfahrung
Befruchtung: Diploid, Befruchter* u.a. 'Anjou', 'Clapps', 'Conference', 'Paris', 'Williams'
Ertrag: Mittel bis hoch, regelmäßig
Frucht: Groß, lang-elliptisch, saftig, feines Aroma, bissfest, schmelzend, pflückreif IX, genussreif ab X, im Kühllager bis II haltbar, gut transportabel
Resistenzen: Wenig Schorf, anfällig für Feuerbrand und Birnenverfall (pear decline), noch wenig Erfahrung
Anbauhinweise: Erwerbsanbau, Direktvermarktung, Selbstversorger, für Hochstämme möglich; EU-Sortenschutz angemeldet

Erika

Synonyme: Keine
Herkunft: 'Boscs Flaschenbirne' × 'Präsident Drouard'
Verwendung: Tafelsorte
Anbaueignung: Wärmere Birnenlagen
Wuchs: Mittel, pyramidal aufrecht bis breit
Unterlagen: Quitte mit Zwischenveredlung, direkt auf Quitte noch wenig Erfahrung
Befruchtung: Diploid, Befruchter* u. a. 'Bohemica', 'Conference', 'Delta', 'Dicolor'
Ertrag: Mittel bis hoch, regelmäßig, bei Überbehang Alternanz möglich
Frucht: Mittel bis groß, saftig, wenig Aroma (offenbar sehr standortabhängig), bissfest, nur beste Qualität schmelzend, pflückreif X, genussreif ab XI, im Kühllager bis III haltbar, gut transportabel
Resistenzen: Wenig Schorf, anfällig für Feuerbrand, noch wenig Erfahrung
Anbauhinweise: Erwerbsanbau, Selbstversorger; EU-Sortenschutz

Gerburg

Synonym: SAXONIA™-'Gerburg' (Markenname)
Herkunft: 'Clapps Liebling' × 'Nordhäuser Winterforelle'
Verwendung: Tafelsorte
Anbaueignung: Wärmere Birnenlagen
Wuchs: Stark, breit-pyramidal, gut verzweigt
Unterlagen: Quitte mit Zwischenveredlung, direkt auf Quitte noch wenig Erfahrung
Befruchtung: Diploid, Befruchter* u. a. 'Anjou', 'Clapps', 'Conference', 'Hortensia', 'Paris', 'Tongern', 'Uta', 'Williams'
Ertrag: Mittel bis hoch
Frucht: Groß und schwer, attraktiv, saftig, starkes Aroma, bissfest, schmelzend, pflückreif E IX, genussreif ab XI, im Kühllager bis III haltbar
Resistenzen: Blüte wenig frostempfindlich, bisher wenig Schorf, anfällig für Feuerbrand, noch wenig Erfahrung
Anbauhinweise: Erwerbsanbau, Direktvermarktung, auch für Hochstämme

Graf Dietrich

Synonym: SAXONIA™-'Graf Dietrich' (Markenname)
Herkunft: 'Clapps Liebling' × 'Nordhäuser Winterforelle'
Verwendung: Tafelsorte
Anbaueignung: Für alle Birnenlagen
Wuchs: Mittelstark bis stark, pyramidal
Unterlagen: Quitte mit Zwischenveredlung, direkt auf Quitte noch wenig Erfahrung
Befruchtung: Diploid, Befruchter* u.a. 'Clapps', 'Conference', 'Hortensia', 'Paris', 'Tongern', 'Uta', 'Williams'
Ertrag: Hoch, regelmäßig
Frucht: Mittel bis groß, rundlich, saftig, kräftiges Aroma, meist schmelzend, pflückreif IX, genussreif bis XI, im Kühllager 2 Monate haltbar, rechtzeitig ernten
Resistenzen: Bisher wenig Schorf, anfällig für Feuerbrand, noch wenig Erfahrung
Anbauhinweise: Erwerbsanbau, Selbstversorger, Direktvermarktung, auch für Hochstämme; Sortenschutz

Gräfin Gepa

Synonym: SAXONIA™-'Gräfin Gepa' (Markenname)
Herkunft: 'Nordhäuser Winterforelle' × 'Baierschmidt'
Verwendung: Tafelsorte
Anbaueignung: Für alle Birnenlagen
Wuchs: Mittelstark, pyramidal, mitunter etwas sparrig
Unterlagen: Quitte mit Zwischenveredlung, direkt auf Quitte noch wenig Erfahrung
Befruchtung: Diploid, Befruchter* u.a. 'Anjou', 'Clapps', 'Conference', 'Uta', 'Williams'
Ertrag: Mittel bis hoch
Frucht: Groß, attraktiv, saftig, starkes Aroma, schmelzend, pflückreif A IX, genussreif bis X, im Kühllager 1 Monat haltbar, rechtzeitig ernten
Resistenzen: Wenig Schorf, anfällig für Feuerbrand, noch wenig Erfahrung
Anbauhinweise: Erwerbsanbau, Selbstversorger, Direktvermarktung, Kleingarten, nicht für Hochstämme; EU-Sortenschutz

Gute Luise

Synonyme: ‘Bonne de Longueval’, ‘Bonne Louise d’Avranches’, ‘Frühe St. Germain’ u. a.
Herkunft: Unbekannt, Zufallssämling
Verwendung: Tafelsorte
Anbaueignung: Wärmere Birnenlagen, bis mittlere Höhenlagen
Wuchs: Mittelstark, pyramidal, für alle Baumformen
Unterlagen: Mit Quitte nicht sicher verträglich
Befruchtung: Diploid, Befruchter* u. a. ‘Abate Fetel’, ‘Boscs’, ‘Charneu’, ‘Clapps’, ‘Conference’, ‘Gellert’, ‘Vereinsdechant’
Ertrag: Mittelhoch, mitunter alternierend
Frucht: Mittelgroß, saftig, aromatisch, schmelzend, pflückreif M IX, genussreif bis A X, rechtzeitig ernten
Resistenzen: Anfällig für Schorf, Feuerbrand, Holzfrost
Anbauhinweise: Liebhabersorte, Selbstversorger, Direktvermarkter, für Hochstamm geeignet

Hortensia

Synonyme: Keine
Herkunft: ‘Nordhäuser Winterforelle’ × ‘Clapps Liebling’
Verwendung: Tafelsorte
Anbaueignung: Für alle Birnenlagen
Wuchs: Stark, pyramidal
Unterlagen: Quitte mit Zwischenveredlung, direkt auf Quitte noch wenig Erfahrung
Befruchtung: Diploid, Befruchter* u. a. ‘Anjou’, ‘Clapps’, ‘Conference’, ‘Paris’, ‘Williams’
Ertrag: Sehr hoch, regelmäßig, bei vollem Behang ausdünnen
Frucht: Mittel bis groß, saftig, mittel aromatisch, fest, pflückreif E IX, genussreif ab M X bis M XI, im Kühllager 2 Monate haltbar, gut transportabel
Resistenzen: Robust, wenig Schorf, anfällig für Feuerbrand, noch wenig Erfahrung
Anbauhinweise: Erwerbsanbau, Direktvermarktung, Selbstversorger, für Hochstämme möglich; Sortenschutz in mehreren Ländern

Isolda

Synonyme: Keine
Herkunft: 'Jules Guyot' × 'Bunte Julibirne'
Verwendung: Tafelsorte
Anbaueignung: Für alle Birnenlagen
Wuchs: Mittelstark, breit-pyramidal, etwas dünntriebig
Unterlagen: Zwischenveredlung, direkt auf Quitte problematisch
Befruchtung: Diploid, Befruchter* u.a. 'Anjou', 'Clapps', 'Conference', 'Paris', 'Tongern', 'Williams'
Ertrag: Hoch, regelmäßig, bei vollem Behang ausdünnen, sonst Alternanz
Frucht: Mittel bis groß, süßsäuerlich, saftig, mittel aromatisch, meist schmelzend, pflückreif VIII, genussreif 3 Wochen, rechtzeitig ernten, sonst Fruchtfall
Resistenzen: Bisher wenig Schorf, anfällig für Feuerbrand, noch wenig Erfahrung
Anbauhinweise: Direktvermarktung, Selbstversorger, Erwerbsanbau, für Hochstämme möglich; Sortenschutz in mehreren Ländern

Konferenz

Synonyme: 'Conference', 'Conférence'
Herkunft: 'Léon Leclerc de Laval' frei abgeblüht
Verwendung: Tafelsorte
Anbaueignung: Alle Birnenlagen, bis mittlere Höhenlagen
Wuchs: Mittelstark, für alle Baumformen
Unterlagen: Quitte
Befruchtung: Diploid, Befruchter* u.a. 'Anjou', 'Boscs', 'Charneu', 'Clapps', 'Gellert', 'Verdi', 'Vereinsdechant', 'Williams', neigt zu Parthenokarpie
Ertrag: Sehr hoch, regelmäßig
Frucht: Mittel bis groß, saftig, aromatisch, schmelzend, pflückreif M IX, genussreif ab X, im Kühl- bzw. CA-Lager bis 5 Monate haltbar
Resistenzen: Wenig Schorf, anfällig für Feuerbrand, Krebs, Chlorose, Blüte wenig frostempfindlich
Anbauhinweise: Erwerbsanbau, Intensivanlagen, Bioanbau, Hausgarten

Madame Verté

Synonym: 'Verté'
Herkunft: Unbekannt, Zufallssämling
Verwendung: Tafelsorte
Anbaueignung: Wärmere und trockene Birnenlagen
Wuchs: Mittelstark bis schwach, für alle Baumformen
Unterlagen: Quitte
Befruchtung: Diploid, Befruchter* u.a. 'Boscs', 'Charneu', 'Clairgeau', 'Clapps', 'Gellert', 'Paris', 'Tongern', 'Williams'
Ertrag: Nur mittel, regelmäßig
Frucht: Klein bis mittelgroß, saftig, mittel aromatisch, nur bei besten Anbaubedingungen schmelzend, Steinzellenbildung, pflückreif E X, genussreif ab XI bis I, windfest
Resistenzen: Anfällig für Schorf, Feuerbrand, weniger für Holzfrost und Blütenfrost
Anbauhinweise: Selbstversorger, Liebhaber, für Spaliere geeignet

Präsident Heron

Synonyme: Keine
Herkunft: 'Beurré amandé' × 'Louise bonne Sannier'
Verwendung: Alte Tafelsorte
Anbaueignung: Wärmere Birnenlagen
Wuchs: Mittelstark, breit-pyramidal, für alle Baumformen
Unterlagen: Quitte mit Zwischenveredlung
Befruchtung: Diploid, Befruchter* u.a. 'Bunte Juli', 'Charneu', 'Clairgeau', 'Paris', 'Tongern'
Ertrag: Hoch bis sehr hoch, regelmäßig, ausdünnen
Frucht: Mittelgroß, süßsäuerlich, saftig, angenehm aromatisch, schmelzend, pflückreif E IX, genussreif bis XI, Kühllager bis XII
Resistenzen: Wenig Schorf, Holzfrost und Blütenfrost, anfällig für Feuerbrand
Anbauhinweise: Selbstversorger, Direktvermarkter, Liebhaber, Erwerbsanbau

Radana

Synonyme: Keine
Herkunft: 'Gute Luise' × 'Clapps Liebling'
Verwendung: Frühe Tafelsorte
Anbaueignung: Für alle Birnenlagen
Wuchs: Mittelstark, breit-pyramidal, für alle Baumformen
Unterlagen: Quitte mit Zwischenveredlung
Befruchtung: Diploid, Befruchter* u.a. 'Dekora', 'Williams'
Ertrag: Hoch, regelmäßig
Frucht: Klein bis mittelgroß, breit-rundlich, süßsäuerlich, saftig, schwach aromatisch, schmelzend, pflückreif VIII, genussreif 2 Wochen, druckempfindlich, rechtzeitig ernten
Resistenzen: Bisher wenig Schorf, anfällig für Feuerbrand, wenig Erfahrung
Anbauhinweise: Selbstversorger, Direktvermarkter, Liebhaber, Erwerbsanbau; EU-Sortenschutz beantragt

Thimo

Synonym: SAXONIA™-'Thimo' (Markenname)
Herkunft: 'Nordhäuser Winterforelle' × 'Madame Verté'
Verwendung: Tafelsorte
Anbaueignung: Für alle Birnenlagen
Wuchs: Mittelstark bis stark, pyramidal, verzweigungsfördernd schneiden
Unterlagen: Quitte
Befruchtung: Diploid, Befruchter* u.a. 'Anjou', 'Clapps', 'Conference', 'Hortensia', 'Paris', 'Uta', 'Williams'
Ertrag: Mittel bis hoch, regelmäßig, bei vollem Behang ausdünnen
Frucht: Groß, lang, edel geformt, sehr attraktiv, saftig, süßsäuerlich, aromatisch, fest, schmelzend, pflückreif E IX, genussreif ab X, im Kühllager bis I haltbar
Resistenzen: Bisher wenig Schorf, anfällig für Feuerbrand, noch wenig Erfahrung
Anbauhinweise: Erwerbsanbau, Direktvermarktung, Selbstversorger, für Hochstämme geeignet; EU-Sortenschutz

Tongern

Synonyme: ‘Beurré Durandeau’, ‘Birne von Tongern’, ‘Birne von Tongre’
Herkunft: Unbekannt, Zufallssämling
Verwendung: Tafelsorte
Anbaueignung: Wärmere Birnenlagen, keine nassen Standorte
Wuchs: Schwach, ausladende hängende Äste
Unterlagen: Sämling, Quitte mit Zwischenveredlung
Befruchtung: Diploid, Befruchter* u. a. ‘Isolda’, ‘Uta’, ‘Vereinsdechant’, ‘Verté’, ‘Williams’
Ertrag: Mittel bis hoch, regelmäßig
Frucht: Mittelgroß, nur unter optimalen Bedingungen saftig, mäßig süß bis weinsäuerlich, etwas aromatisch, halbschmelzend, pflückreif M IX, genussreif bis X
Resistenzen: Wenig Schorf, anfällig für Feuerbrand, wenig frostempfindlich (widersprüchliche Ergebnisse)
Anbauhinweise: Selbstversorger, Direktvermarkter, Erwerbsanbau, nicht für Hochstämme

Uta

Synonyme: ‘Peardrop’ (nur England), ‘Golden Sensation’
Herkunft: ‘Madame Verté’ × ‘Boscs Flaschenbirne’
Verwendung: Tafelsorte, Brennsorte
Anbaueignung: Für alle Birnenlagen
Wuchs: Schwach bis mittelstark, pyramidal
Unterlagen: Quitte mit Zwischenveredlung
Befruchtung: Diploid, Befruchter* u. a. ‘Clapps’, ‘Conference’, ‘Paris’, ‘Williams’
Ertrag: Hoch, regelmäßig, bei vollem Behang ausdünnen
Frucht: Groß, kurzachsig, saftig, süßsäuerlich, stark aromatisch, bissfest, schmelzend, pflückreif E X, genussreif ab XI, im Kühllager bis II haltbar
Resistenzen: Bisher wenig Schorf, mittel anfällig für Feuerbrand, junges Holz etwas frostempfindlich
Anbauhinweise: Erwerbsanbau, Direktvermarktung, Selbstversorger, Bioanbau, Kleingarten, für Hochstämme nicht geeignet; EU-Sortenschutz

Vereinsdechantsbirne

Synonyme: ‘Comice’, ‘Doyenne du Comice d’Angers’, ‘Vereinsdechant’
Herkunft: Unbekannt, Zufallssämling
Verwendung: Tafelsorte
Anbaueignung: Wärmere Birnenlagen
Wuchs: Stark, hochpyramidal
Unterlagen: Quitte
Befruchtung: Diploid, Befruchter* u. a. ‘Boscs’, ‘Clapps’, ‘Concorde’, ‘Condo’, ‘Conference’, ‘Gellert’, ‘Gute Graue’, ‘Williams’, neigt zu Parthenokarpie
Ertrag: Meist unter mittel, alternierend
Frucht: Mittelgroß bis groß, unter optimalen Bedingungen saftig, schmelzend, würzig, sehr feines Aroma, pflückreif M X, genussreif bis XI
Resistenzen: Wenig Schorf, anfällig für Feuerbrand, Blütenfrost, wenig frostempfindlich im Holz
Anbauhinweise: Erwerbsanbau, Selbstversorger, Direktvermarkter, für Hochstämme geeignet (dann mindere Fruchtqualität)

Williams Christ

Synonyme: ‘Williams’, ‘Bartlett’, ‘Williams Bon Chrétien’, ‘Aldermaston Pear’
Herkunft: Unbekannt, Zufallssämling
Verwendung: Tafelsorte, Brennsorte
Anbaueignung: Für alle Birnenlagen
Wuchs: Mittelstark, aufrecht bis breit
Unterlagen: Quitte mit Zwischenveredlung
Befruchtung: Diploid, Befruchter* u. a. ‘Abate Fetel’, ‘Boscs’, ‘Concorde’, ‘Condo’, ‘Conference’, ‘Gellert’, ‘Paris’, ‘Verté’, ‘Williams’, neigt zu Parthenokarpie
Ertrag: Hoch, kann alternieren, ausdünnen
Frucht: Mittelgroß bis groß, saftig, schmelzend, würzig, feines Aroma, pflückreif M VIII bis A IX, genussreif bis X, im Kühllager 2 Monate lagerfähig
Resistenzen: Anfällig für Schorf, Feuerbrand, Winterfrost, Blüte weniger frostempfindlich
Anbauhinweise: Erwerbsanbau, Selbstversorger, Direktvermarkter, für Hochstämme geeignet

Scharfzähniger Strahlengriffel, Mini-Kiwi

Actinidia arguta

Herkunft: SO-Sibirien, Japan, China, zahlreiche Hybriden mit anderen *Actinidia*-Arten
Sorten: 'Ambrosia', 'Issai', 'Jumbo verde', 'Kiwino', 'Mykos', 'Rannjaja', 'Weiki' u. a.
Verwendung: Naschfrucht (größere Mengen leicht abführend), für Marmelade, Likör u. Ä.
Anbau: An Spalieren, Gerüsten in sonniger bis schattiger Lage, saure bis neutrale Böden
Zierwert: Dekorativ durch Laub und Blüte
Wuchs: Schlingstrauch, bis 10 m hoch
Resistenzen: Allgemein widerstandsfähig, winterhart, spätfrostempfindlich
Frucht: Längliche oder rundliche glattschalige Beeren, stachelbeerähnlich, grün oder rötlich, 1,5 bis 2,5 cm lang, angenehm süß, Reife IX bis X, enthalten u. a. etwa 10% Zucker und 60 bis 300 mg Vitamin C/100 g Frischsubstanz, mit Schale essbar
Anbauhinweise: Selbstversorger, Hausgarten, häusliche Verwertung, Zierform

Kiwi-Frucht

Actinidia deliciosa

Herkunft: Großfrüchtige Zuchtsorten aus Neuseeland
Sorten: 'Abott', 'Bruno', 'Hayward', 'Jenny' (einhäusig), 'Starella'
Verwendung: Rohverzehr, Einfrosten, Dünsten, Braten, Marmelade
Anbau: An Wandspalieren, Pergolen oder Gerüsten in sonniger bis halbschattiger, geschützter Lage, nicht für kalte Gebiete, für tiefgründige, schwach saure Böden
Zierwert: Durch Blätter, Blüten und Früchte
Wuchs: Schlingstrauch, 3 bis 6 m hoch
Resistenzen: Allgemein wenig krankheitsanfällig, frostempfindlich, spätfrostgefährdet
Frucht: Ei- bis walzenförmig, bis 5 cm lang mit brauner pelziger Schale, Fleisch saftig, grün, auch gelb und rot, Reife X bis XI, Früchte enthalten 150 bis 250 mg Vitamin C/100 g Frischsubstanz
Anbauhinweise: Erwerbsanbau, Hausgarten, häusliche Verwertung; Sortenschutz

Kolomikta-Strahlengriffel
Actinidia kolomikta
Herkunft: SO-Sibirien, Japan, Nordchina
Sorten: 'Ananasnaja', 'Aromatnaja', 'Klara Zetkin', 'Matowaja'
Verwendung: Naschfrucht, in Mischung für Marmelade u.Ä.
Anbau: An Spalieren, Pergolen oder Gerüsten in sonniger bis schattiger Lage, auf frischen sauren bis neutralen Böden
Zierwert: Viele weiß bis rosa gescheckte Blätter, besonders männliche Pflanzen
Wuchs: 4 bis 8 m hoher Schlingstrauch
Resistenzen: Allgemein gering anfällig, winterhart, spätfrostempfindlich
Frucht: Längliche, oft flache, glattschalige grüne Beeren, 2,0 bis 2,5 cm lang, süß, wohlschmeckend, enthalten etwa 10 % Zucker und bis 1500 mg Vitamin C/100 g Frischsubstanz, Reife VII bis IX
Anbauhinweise: Hausgarten, häusliche Verwertung, Zierform

Erlenblättrige Felsenbirne, 'Saskatoon Berry'
Amelanchier alnifolia
Herkunft: Westliches bis zentrales Nordamerika
Weitere Sorten: 'Honeywood', 'Pembina', 'Smoky', 'Thiessen'
Verwendung: Naschfrucht, Kompott, Saft, Marmelade, Gelee, Trockenfrucht
Anbau: Als Strauch einzeln oder in Hecken, in sonniger bis halbschattiger Lage auf schwach sauren bis neutralen Böden
Zierwert: Schöne Blüte, Herbstfärbung
Wuchs: 1,5 bis 4,0 m hoher aufrechter vieltriebiger Strauch, Ausläufer treibend
Resistenzen: Frosthart, feuerbrandanfällig, anpassungsfähig
Frucht: Schwarze, blau bereifte beerenartige Frucht, bis 1,5 cm dick, sehr saftig und süß, enthält u. a. Zucker, Gerbstoffe und Leucoanthocyane, Reife VI bis VII
Anbauhinweise: Hausgarten, Selbstversorger, häusliche Verwertung, Ziergehölz

Kahle Felsenbirne, Sorte 'Ballerina'
Amelanchier laevis

Herkunft: Zuchtsorte aus Boskoop, Niederlande
Verwendung: Naschfrucht, Kompott, Mischfruchtmarmelade, Trockenfrucht, Korinthen
Anbau: In Gärten als Zierbaum, in sonniger bis halbschattiger Lage auf schwach sauren bis leicht alkalischen Böden, muss veredelt werden
Zierwert: Üppige Blüte, dunkelpurpurne Herbstfärbung
Wuchs: 4 bis 6 m hoher aufrechter Strauch oder Baum, meist überhängende Zweige
Resistenzen: Frosthart, feuerbrandanfällig
Frucht: Hellrot, bei Vollreife purpurschwarz, etwas bereift, 1,0 bis 1,3 cm dick, süß, sehr schmackhaft, reich fruchtend, Reife VII
Anbauhinweise: Hausgarten, häusliche Verwertung, Ziergehölz

Schwarzfrüchtige Apfelbeere
Aronia melanocarpa

Herkunft: Östliches Nordamerika, nach Russland eingeführt
Sorten: 'Ahonnen', 'Hugin', 'Fertödi'
Verwendung: Gelee, Marmelade, Saft für Nektar, Zusatz für Obstsäfte, Molkereiprodukte, Backwaren, blutzuckersenkend
Anbau: Einzeln, in Gruppen oder Hecken, die Sorte 'Hugin' auch in Plantagen, in sonniger Lage, anspruchslos, Bienenweide
Zierwert: Auffällig durch Blüte, dekorative orange bis rote Herbstfärbung
Wuchs: 1 bis 2 m hoher vieltriebiger Strauch mit Ausläuferbildung
Resistenzen: Frosthart, kaum Krankheiten und Schädlinge, feuerbrandresistent
Frucht: Kleine, kugelige, schwarze, glänzende Frucht, Reife VIII bis IX, enthält u.a. Flavonoide, mehrere Vitamine und Anthocyanfarbstoffe
Anbauhinweise: Erwerbsanbau, Hausgarten, Ziergehölz

Pflaumenblättrige Apfelbeere
Aronia × prunifolia
Herkunft: Östliches Nordamerika, Arthybride aus *A. arbutifolia × A. melanocarpa*
Sorten: 'Aron', 'Nero', 'Rubina', 'Viking'
Verwendung: Saft, färbender Zusatz für Obstsäfte, Molkereiprodukte und Backwaren, Gelee, Marmelade
Anbau: Einzeln in sonniger Lage, auch für Plantagen, anspruchslos, für Höhenlagen
Zierwert: Blüte, Fruchtschmuck, Herbstfärbung
Wuchs: 1,5 bis 2,5 m hoher vieltriebiger Strauch mit Wurzelausläuferbildung, auf *Sorbus aucuparia* veredelt bis 4 m hoch
Resistenzen: Frosthart, wenig Krankheiten und Schädlinge
Frucht: Etwa 12 mm dicke, rundliche, violettschwarze, schwach bereifte beerenartige Früchte, herbsauer, Reife VIII bis IX, enthalten Flavonoide, Vitamine und Anthocyane
Anbauhinweise: Erwerbsanbau, Hausgarten, häusliche Verwertung

Japanische Scheinquitte, Sorte 'Cido'
Chaenomeles japonica
Herkunft: Japan, Sorte 'Cido' aus Lettland
Verwendung: Saft, Gelee, Marmelade und Likör, Fruchtstücke zum Kandieren, zum Säuern von Säften, Salaten usw.
Anbau: Einzeln, auch für Plantagenanbau, benötigt sonnige Lage und nährstoffreiche schwach saure bis neutrale Böden
Zierwert: Orangerote Blüte, hoher Zierwert im Frühjahr
Wuchs: Bis zu 1 m hoher vieltriebiger Strauch mit übergeneigten Zweigen, dornenlos (Wildform ist stark bedornt)
Resistenzen: Mittel feuerbrandanfällig, frosthart, auf kalkhaltigen Böden Chlorose
Frucht: Gelb, uneinheitlich in Größe und Form, glatt, duftend, Früchte enthalten 2 bis 3 % Zucker und etwa 100 mg Vitamin C/100 g Frischsubstanz („Zitrone des Nordens"), Reife IX bis X
Anbauhinweise: Hausgarten, Zierform

lapanische Scheinquitte, Sorte ‘Fusion’

Chaenomeles × superba

Herkunft: Zuchtsorte aus ‘Crimson and Gold’ aus Berlin

Verwendung: Saft, Gelee, Marmelade und Likör, Fruchtstücke zum Kandieren, zum Säuern von Salaten und Fruchtsäften

Anbau: Einzeln, in Gruppen, im Plantagenanbau bewährt, sonnige Lagen auf tiefgründigen neutralen bis leicht sauren Böden

Zierwert: Attraktiver Blütenstrauch, schönes Laub, gelbe Herbstfärbung

Wuchs: Etwa 1 m hoher, breit aufrechter und vieltriebiger Strauch, etwas bedornt

Resistenzen: Frosthart, mäßig feuerbrandanfällig

Frucht: Gelb, länglich birnenförmig, bis 00 g, aromatisch duftend, Früchte enthalten 5,5% Fruchtsäure und um 100 mg Vitamin C/100 g Frischsubstanz, Reife X

Anbauhinweise: Hausgarten, Erwerbsanbau, Direktvermarkter, Ziergehölz

Kornelkirsche, Sorte ‘Jolico’

Cornus mas

Herkunft: Wildart stammt aus dem Kaukasus, Zuchtsorte ‘Jolico’ aus Wien

Verwendung: Gelee, Konfitüre, Marmelade, Säfte und Likör, roh essbar, Mischfrucht

Anbau: Solitärstrauch, Hecken, plantagenmäßig auch in Stammform, für sonnige bis halbschattige Lagen, bevorzugt kalkhaltige Böden, vegetative Vermehrung

Zierwert: Auffallende frühe Blüte, herbstlicher Fruchtschmuck

Wuchs: Breit aufrechter Strauch oder Baum von 3 bis 6 m Höhe mit sehr hartem Holz

Resistenzen: Widerstandsfähig gegen Trockenheit, spätfrostempfindlich

Frucht: Trübrot bis rötlich braun, oval, Fruchtgewicht 6,5 g (bis 8,5 g), Steinanteil nur etwa 10%, relativ hoher Zucker- und Vitamin-C-Gehalt, Reife E IX, folgernd

Anbauhinweise: Erwerbsanbau, Hausgarten, Ziergehölz, Landschaftsgehölz, Wildobst

Kornelkirsche, Sorte 'Kasanlak'

Cornus mas

Herkunft: Zuchtsorte 'Kasanlak' aus Bulgarien

Verwendung: Gelee, Konfitüre, Marmelade, Saft, Likör, roh essbar

Anbau: Solitärstrauch, in Hecken, plantagenmäßig auch mit kurzem Stamm, in sonniger bis halbschattiger Lage, bevorzugt kalkhaltige Böden, vegetative Vermehrung

Zierwert: Prächtiger Vorfrühlingsblüher

Wuchs: Breit aufrechter Strauch oder Baum, 3 bis 6 m hoch mit sehr hartem Holz

Resistenzen: Frosthart und trockenresistent, spätfrostgefährdet

Frucht: Hochrot, groß, länglich flaschenförmig, Reife A IX, etwa 2 Wochen vor 'Jolico', hoher Zucker- und Vitamin-C-Gehalt

Anbauhinweise: Erwerbsanbau, Hausgarten, Ziergehölz, Landschaftsgehölz

Edel-Ölweide

Elaeagnus multiflora

Herkunft: Japan, China

Sorten: 'Red Cherry', 'Sweet Scarlet' (USA)

Verwendung: Saft, Marmelade, Gelee, Mischfrucht

Anbau: Einzeln, in Hecken in vollsonniger Lage, auch auf leichten Böden; Luftstickstoffbindung

Zierwert: Laub, Blüte, Früchte

Wuchs: Breit-buschiger, 2 bis 3 m hoher Strauch mit dornenlosen Zweigen

Resistenzen: Anspruchslose Pionierpflanze kaum Krankheiten und Schädlinge, salztolerant

Frucht: Dunkelrot, walzenförmig, etwa 1,5 cm lang, an langen fadenförmigen Stielen hängend, saftig und herbsauer, Reife E V bis VIII

Anbauhinweise: Zur Befestigung von Böschungen im Hausgarten, zur häuslichen Verwertung, Ziergehölz

Sanddorn, Sorte 'Askola'
Hippophae rhamnoides
Herkunft: Zuchtsorte aus Berlin
Verwendung: Saft, Gelee, Konfitüre, Öl aus Kernen und Fruchtfleisch für Kosmetik und Pharmazie
Anbau: Einzeln oder in Plantagen heckenförmig, für sonnige Lagen und gut durchlüftete, schwach saure bis schwach alkalische Böden; Luftstickstoffbindung, rein weiblich, Befruchtersorte 'Pollmix'
Zierwert: Lang anhaltender Fruchtschmuck
Wuchs: Starkwüchsiger Großstrauch, bis 5 m hoch, lockere Verzweigung, kurzes Fruchtholz, treibt Wurzelausläufer
Resistenzen: Frostresistent, trockenresistent, kaum Schädlinge und Krankheiten
Frucht: Tieforange, mittelgroß, reich und dicht fruchtend, hoher Fruchtsäure- und Vitamin-A- und -C-Gehalt, Ernte E VIII bis A IX
Anbauhinweise: Erwerbsanbau, Hausgarten, Zier- und Landschaftsgehölz

Sanddorn, Sorte 'Dorana'
Hippophae rhamnoides
Herkunft: Zuchtsorte aus Berlin
Verwendung: Saft, Sirup, Gelee u. Ä., Öl für Kosmetik und Pharmazie
Anbau: Bevorzugt in Gärten einzeln oder als Hecke, für Plantagen bedingt geeignet, für freie sonnige Lage und gut durchlüftete, schwach saure bis alkalische Böden; symbiontische Luftstickstoffbindung, rein weiblich, Befruchtersorte 'Pollmix'
Zierwert: Lang anhaltender Fruchtschmuck
Wuchs: Schwach, straff aufrecht, bis 3 m hoch, mittelstark bedornt, wenig Wurzelausläufer, mäßiges Regenerationsvermögen
Resistenzen: Frostresistent, kaum Schädlinge und Krankheiten
Frucht: Tieforange, mittelgroß, reich fruchtend, sehr viel Vitamin C sowie weitere Vitamine, Ernte E VIII bis M IX
Anbauhinweise: Hausgarten, Zier- und Landschaftsgehölz, bedingt für Erwerbsanbau

Sanddorn, Sorte 'Hergo'
Hippophae rhamnoides
Herkunft: Zuchtsorte aus Berlin
Verwendung: Saft, Sirup, Gelee, Konfitüre u.Ä., Öl für Kosmetik und Pharmazie
Anbau: Plantagenanbau in Heckenform, verlangt freie sonnige Lage und gut durchlüftete, schwach saure bis alkalische Böden; symbiontische Luftstickstoffbindung, rein weiblich, Befruchtersorte 'Pollmix'
Zierwert: Gering, Früchte verblassen im Herbst
Wuchs: Mittelstark, breit aufrecht, gute Verzweigung, bis 4 m hoch, dünnholzig, schwach bedornt, bildet Wurzelausläufer, gutes Regenerationsvermögen
Resistenzen: Frostresistent, trockenresistent, kaum Schädlinge und Krankheiten
Frucht: Hellorange, mittelgroß, reich fruchtend, reich an Vitaminen und Öl, Ernte A bis M IX
Anbauhinweise: Vorwiegend für Erwerbsanbau, Landschaftsgehölz

Sanddorn, Sorte 'Leikora'
Hippophae rhamnoides
Herkunft: Zuchtsorte aus Berlin
Verwendung: Saft, Sirup, Gelee u.Ä., Öl für Kosmetik und Pharmazie, Schmuckreisig
Anbau: In Gärten einzeln, in Plantagen heckenförmig, freie sonnige Lage und gut durchlüftete, schwach saure bis alkalische Böden, anpassungsfähig; symbiontische Luftstickstoffbindung, rein weiblich, Befruchtersorte 'Pollmix'
Zierwert: Dauerhafter Fruchtschmuck
Wuchs: Mittelstark bis stark, viel Seitenholz, bis 4 m hoch, dickholzig, schwach bedornt, wenig Wurzelausläufer, gut regenerierend
Resistenzen: Frostresistent, trockenresistent, wenig Krankheiten und Schädlinge
Frucht: Tieforange, groß, fest am Holz sitzend, reich fruchtend, reich an Vitaminen und Öl, Ernte M IX bis M X
Anbauhinweise: Erwerbsanbau, Hausgarten, Zier- und Landschaftsgehölz

Maibeere (auch Honigbeere)
Lonicera caerulea var. *edulis*
Herkunft: Wildart in Eurasien
Sorten: 'Altai', 'Berry Blue', 'Blue Bird', 'Fialka', 'Maistar', 'Mailon', 'Morena'
Verwendung: Frischverzehr, Naschfrucht, Kompott, Mus, Marmelade, soll bakterizide Wirkung haben
Anbau: In Gärten in sonniger bis halbschattiger Lage auf frischen durchlässigen Böden, in Spätfrostlagen Ertrag unsicher
Zierwert: Interessanter Gruppen- und Deckstrauch
Wuchs: Steil aufrecht, dicht, 1,5 bis 2,0 m hoch, Triebe rötlich mit 2 bis 3 Beiaugenpaaren, vegetative Vermehrung durch Ausläufer und Ableger
Resistenzen: Frostresistent, empfindlich für Trockenheit und Spätfrost
Frucht: Schwarzblau, hellblau bereift, unregelmäßig oval-walzenförmig, 1,0 bis 1,5 cm lang, saftig, süß, Reife V bis VI
Anbauhinweise: Hausgarten, Zierstrauch

Maibeere, Sibirische Blaubeere
Lonicera caerulea var. *kamtschatica*
Herkunft: Kamtschatka, Kurilen, Sachalin
Sorte: 'Blue Velvet'
Verwendung: Frischverzehr, Naschfrucht, Kompott, Mus, Marmelade, eine gewisse bakterizide Wirkung wurde beobachtet
Anbau: In Gärten in sonniger bis halbschattiger Lage auf frischen durchlässigen Böden, in Spätfrostlagen Ertrag unsicher
Zierwert: Graugrünes Laub, dichter Wuchs
Wuchs: Kleiner, 0,7 bis 1,0 m hoher dichter Strauch mit aufrechter Verzweigung
Resistenzen: Frostresistent, spätfrostgefährdet
Frucht: Schwarzblau, hellblau bereift, unregelmäßig oval-walzenförmig, 1,0 bis 1,5 cm lang, saftig, süß, wohlschmeckend, folgernd reifend von V bis VI
Anbauhinweise: Hausgarten, Zierform

Mispel, Sorte 'Holländische Großfrüchtige'
Mespilus germanica

Synonyme: 'Monstreuse de Hollande', 'Große Ancienne', 'Große Gartenmispel'
Herkunft: Herkunft der Sorte unbekannt
Verwendung: Nach Frosteinwirkung oder längerer Lagerung roh essbar, Mus, Marmelade, Mischung mit anderen Früchten, Zusatz zum Schönen von Obstwein
Anbau: Solitärgehölz in sonniger bis leicht schattiger Lage auf nährstoffreichen, durchlässigen Böden, meist auf Weißdorn veredelt
Zierwert: Laub, Blüte, Fruchtschmuck
Wuchs: Sparrig und breitästig wachsender Strauch, 3 bis 5 m hoch
Resistenzen: Trockenresistent, feuerbrandanfällig
Frucht: Groß, bis 6 cm breit und 65 g schwer, hoher Kernanteil, Reife X, enthält Stärke, Zucker, Pektin, Vitamin C, Samen enthält Öl
Anbauhinweise: Landschaftsgehölz, Hausgarten selten, Ziergehölz

Mispel, Sorte 'Nottingham'
Mespilus germanica

Synonyme: 'Frühe Englische', 'Großfrüchtige von Nottingham'
Herkunft: Zuchtsorte aus England
Verwendung: Nach Frosteinwirkung oder längerer Lagerung roh essbar, Mus, Marmelade in Mischung mit anderen Früchten, als Zusatz zum Schönen von Obstwein
Anbau: Solitärgehölz in sonniger bis leicht schattiger Lage auf nährstoffreichen, durchlässigen Böden, meist auf Weißdorn veredelt
Zierwert: Laub, Blüte, Fruchtschmuck
Wuchs: Sparrig und breitästig wachsender Strauch, 3 bis 4 m hoch
Resistenzen: Trockenresistent, feuerbrandanfällig
Frucht: Mittelgroß, kugelig, geringer Kernanteil, geschmacklich beste Sorte, enthält Stärke, Zucker, Pektin und Vitamin C
Anbauhinweise: Landschaftsgehölz, Zierstrauch, Hausgarten

Filz-Kirsche, Korea-Kirsche

Prunus tomentosa

Herkunft: Japan, Korea, China, Himalaja
Verwendung: Rohgenuss, Naschfrucht, Saft, Kompott, Marmelade, Gelee, Kuchenbelag
Anbau: Einzelstrauch, in Gruppen und frei wachsenden Hecken, für sonnige Lage, anspruchslos an Boden, verträgt Trockenheit; als Sämlingsunterlage für Pflaumen und Kirschen in Prüfung
Zierwert: Reich blühender Strauch, Fruchtschmuck
Wuchs: Breit aufrechter, dichter Strauch, 1,5 bis 2,5 m hoch, Jungtriebe filzig
Resistenzen: Frosthart, trockenresistent, empfindlich für Zweig-*Monilia*
Frucht: Helles Scharlachrot, kugelig, etwa 1 cm dick, fast sitzend, sehr saftreich, angenehm süßsäuerlich (ähnlich Amarellen), Reife VII, enthält Fruchtsäure, Zucker, Vitamine und Mineralstoffe
Anbauhinweise: Noch wenig bekannt, Hausgarten, Ziergehölz

Vitamin-Rose, Sorte 'Pi Ro 3'

Rosa dumalis × R. pendulina var. *salaevensis*

Synonyme: 'Pirosa', 'Rosamunde'
Herkunft: Zuchtsorte aus Dresden-Pillnitz
Verwendung: Tee, Mark, Marmelade, Gelee, Saft, Wein, Beilagen, Gebäckfüllungen
Anbau: Einzeln oder Hecken, auch für Plantagen, in sonniger Lage auf leichten bis mittelschweren, schwach sauren bis leicht alkalischen Böden
Zierwert: Blüten- und Fruchtschmuck
Wuchs: Breit aufrechter, lockerer Strauch, breit ausladende Zweige, bis 2 m hoch, Zweige fast stachellos
Resistenzen: Frosthart, kaum Mehltau oder Sternrußtau
Frucht: Leuchtend rot, 2,5 bis 3,5 cm lang, leicht borstig, Reife VIII bis IX, Früchte enthalten bis 1200 mg Vitamin C/100 g Frischsubstanz (!), sie werden schnell weich
Anbauhinweise: Hecken, erwerbsmäßig erst in den Anfängen, Zierstrauch, Hausgarten

Japanische Weinbeere
Rubus phoenicolasius
Herkunft: Japan, Korea, China
Verwendung: Naschfrucht, Marmelade
Anbau: Unter Bäumen oder an Mauern und Spalieren in halbschattiger oder absonniger Lage auf humosen, frischen neutralen bis leicht alkalischen Böden
Zierwert: Rotborstige Triebe, hübsche Blüte, leuchtende Früchte
Wuchs: Aufrecht bis stark bogenförmig überhängend, Ausläufer bildend, 2 bis 3 m hoch, Triebe borstig mit einzelnen derben Stacheln
Resistenzen: Resistent gegen Himbeerkäfer, auf Virusbefall ist zu achten
Frucht: Orange bis hochrote halbkugelige Sammelfrucht, saftig und wohlschmeckend, Reife VII bis VIII
Anbauhinweise: Hausgarten, Hecken, Anbauversuche am Beginn

Schwarzer Holunder, Sorte 'Black Beauty'
Sambucus nigra
Synonym: 'Gerda'
Herkunft: Wild wachsend in Europa, Westasien, Nordafrika, Zuchtsorte aus England
Verwendung: Zierstrauch, Saftgewinnung, Gelee, Marmelade, nicht für Rohgenuss
Anbau: In Gärten und Grünanlagen in sonniger bis halbschattiger Lage auf frischen, möglichst humosen, nährstoffreichen Böden
Zierwert: Dunkelbraunrote Belaubung, große rosa Blütenstände
Wuchs: 3 bis 4 m hoher, lockerer, breit ausladender Strauch
Resistenzen: Frostresistent, wenig Krankheiten und Schädlinge, bei Trockenheit kleinere Früchte und geringerer Ertrag, auf Läuse- und Milbenbefall achten
Frucht: Violettschwarze, kleine kugelige saftreiche Beeren, Reife VIII bis IX
Anbauhinweise: Hausgarten, Landschaftsgehölz, Zierstrauch

Schwarzer Holunder, Sorte 'Haschberg'
Sambucus nigra

Herkunft: Zuchtsorte aus Österreich
Verwendung: Getränke, Gelee, Marmelade, industriell zur Farbstoffgewinnung, für Rohgenuss ungeeignet; Blüte für Tee und Holundersekt
Anbau: In sonniger bis halbschattiger Lage auf frischen, möglichst humosen, nährstoffreichen Böden
Zierwert: Schönes Blütengehölz
Wuchs: Starkwüchsiger, 3 bis 5 m hoher, breit buschiger Großstrauch
Resistenzen: Frostresistent, spätfrostverträglich, auf Läuse- und Milbenbefall achten, bei Nässe *Botrytis*-Gefahr
Frucht: Schwarzblaue, kugelige bis ovale saftreiche Beeren in großen, bis 1 kg schweren Fruchtständen, folgernd reifend, Reife IX, reich an Vitamin B, C, Karotin, Kalium
Anbauhinweise: Erwerbsanbau, Hausgarten, Landschaftsgehölz, Zierstrauch

Schwarzer Holunder, Sorte 'Sampo'
Sambucus nigra

Herkunft: Zuchtsorte aus Dänemark
Verwendung: Saftgewinnung, Getränke, Gelee, Marmelade, nicht für Rohgenuss; Blüte für Tee und Holundersekt
Anbau: In sonniger bis halbschattiger Lage auf frischen, möglichst humosen, nährstoffreichen Böden
Zierwert: Schönes Blütengehölz
Wuchs: Mittelstark, relativ dicht, 3 bis 4 m hoch
Resistenzen: Frostresistent, spätfrostverträglich, auf Läuse- und Milbenbefall achten, bei Nässe *Botrytis*-Gefahr
Frucht: Schwarze, glänzende, kugelige, relativ große saftreiche Beeren in mittelgroßen dichten Schirmrispen mit dunkelroten Stielen, gleichmäßig reifend von VIII bis IX
Anbauhinweise: Erwerbsanbau, Hausgarten, Landschaftsgehölz, Zierstrauch

Ebereschen-Hybride, Sorte 'Titan'
× *Sorbaronia*
Herkunft: Russische Zuchtsorte
Verwendung: Saft, Marmelade u.Ä., als Rohkost und Kompott nicht geeignet
Anbau: Einzelstrauch in freier sonniger Lage auf frischen tiefgründigen, schwach sauren Böden, Veredlung auf *Sorbus aucuparia*, auf Weißdorn weniger geeignet
Zierwert: Blüte, Fruchtschmuck, Herbstfärbung
Wuchs: Großer Strauch, 3 bis 4 m hoch, mit lockerer Verzweigung
Resistenzen: Kaum Schädlinge oder Krankheiten, frostresistent
Frucht: Stumpf dunkelrot, in kleiner lockerer Schirmrispe, hochkugelig, etwa 1,5 cm hoch und 1,4 cm breit, geringer Bitterstoffgehalt, Reife IX bis X
Anbauhinweise: Noch wenig bekannt, Hausgarten, Landschaftsgehölz, Zierstrauch

Edeleberesche,
Sorte 'Klosterneuburger IV'
Sorbus aucuparia
Herkunft: Zuchtsorte aus Österreich
Verwendung: Ebereschendestillat (Vogelbeerschnaps), Konfitüre, Gelee, Sirup
Anbau: In Gärten, Plantagen, an Straßen, als Hausbaum in sonniger Lage auf frischen, tiefgründigen, auch steinigen, schwach sauren Böden, für Höhenlagen gut geeignet
Zierwert: Blüte, Fruchtschmuck
Wuchs: Kleiner bis mittelgroßer Baum mit kegelförmiger Krone
Resistenzen: Nicht trocken- und hitzetolerant, salzempfindlich (Schäden an Straßenbäumen)
Frucht: Orangerot, kugelig, bis 1,5 cm dick, Fruchtfleisch gelborange, frei von Bitterstoffen, Doldengewicht um 250 g, hoher Gehalt an Zucker (Sorbit für Diabetiker) und Vitamin C, Reife IX
Anbauhinweise: Erwerbsanbau, Hausgarten, Ziergehölz, Landschaftsbaum

Edeleberesche, Sorte 'Rosina'
Sorbus aucuparia

Herkunft: Zuchtsorte aus Dresden-Pillnitz
Verwendung: Süßmost, Sirup, Likör, Gelee, Konfitüre, Kompott, Branntweingewinnung
Anbau: In Gärten, Plantagen, an Straßen, als Hausbaum in sonniger Lage auf frischen, tiefgründigen, schwach sauren Böden, gut für Höhenlagen, nicht für Stadtklima
Zierwert: Blüte, Fruchtschmuck, Herbstfärbung
Wuchs: Kleiner bis mittelgroßer Baum, verträgt keinen starken Rückschnitt
Resistenzen: Trocken-, hitze- und salzempfindlich, wenig Krankheiten und Schädlinge
Frucht: Orangerot, kugelig, 1,0 bis 1,5 cm Durchmesser, Fruchtfleisch gelborange, herbsäuerlich, frei von Bitterstoffen, Reife IX, enthält 70 bis 120 mg Vitamin C/100 g Frischsubstanz, etwa 8% Zucker (teils als Sorbit)
Anbauhinweise: Erwerbsanbau, Hausgarten, Landschafts- und Straßenbaum

Speierling, Sorte 'Sossenheimer Riesen'
Sorbus domestica

Herkunft: Wildform Kleinasien, Südosteuropa, Sorte bei Frankfurt/M. ausgelesen
Verwendung: Für Apfelwein zur Klärung und besseren Haltbarkeit, Branntwein, teigige Früchte roh genießbar, wertvolles Edelholz
Anbau: In Obstgärten, Streuobstanlagen, wärmeliebend, in sonniger und halbschattiger Lage, kalkhaltige, auch trockene Böden
Zierwert: Blütenbaum, Blatt- und Fruchtschmuck
Wuchs: 10 (bis 20) m hoher Baum mit ausladender Krone
Resistenzen: Nur mäßig frostfest, windanfällig, gering feuerbrandanfällig, kaum spätfrostgefährdet, jung schorfanfällig
Frucht: Birnenförmig, 2 bis 4 cm lang und 3 cm dick, herbsauer, Reife IX bis X, enthält u.a. bis zu 2,5 % Gerbstoff
Anbauhinweise: Parkbaum, Landschaftsgehölz, Streuobst

Kultur-Heidelbeere, Sorte ‘Bluecrop’

Vaccinium corymbosum

Herkunft: Wildformen in Nordamerika, Zuchtsorte aus USA
Verwendung: Frischverzehr, Saft, Marmelade
Anbau: Plantagen, saure, gut durchlüftete humose Böden oder Substrate in sonniger bis leicht halbschattiger Lage
Zierwert: Blüte, glühend rote Herbstfärbung
Wuchs: Aufrecht, etwa 1,5 bis 2,0 m hoch, bei vollem Besatz Zweige überhängend
Resistenzen: Trockenheitsresistent, frosthart, blütenfrostgefährdet, auf Blattlausbefall achten, Schäden durch Frostspanner möglich
Frucht: Mittelgroße, bis 1,5 cm dicke, rundlich abgeplattete, dunkelblaue, hellblau bereifte Beeren in langen lockeren Trauben, fest und wohlschmeckend, folgernd reifend von E VII bis M VIII, sehr ertragreich, enthält mehrere Vitamine und viel Kalium
Anbauhinweise: Erwerbsanbau, Direktvermarkter, Hausgarten

Kultur-Heidelbeere, Sorte ‘Bluetta’

Vaccinium corymbosum

Herkunft: Zuchtsorte aus USA
Verwendung: Frischverzehr, Saft, Marmelade
Anbau: Plantagen, saure, gut durchlüftete humose Böden oder Substrate in sonniger bis leicht halbschattiger Lage, bereits als Jungpflanze recht ertragreich
Zierwert: Wuchs, Blüte, Herbstlaub
Wuchs: Mittelstark, breit und kompakt, etwa 1,0 bis 1,5 m hoch
Resistenzen: Trockenheitsresistent, frosthart, blütenfrostgefährdet, auf Blattlausbefall achten, Schäden durch Frostspanner möglich
Frucht: Mittelgroß, etwa 11 mm Durchmesser, in dichten mittelgroßen Trauben, dunkelblau, platzfest, Reife A VII, sehr wohlschmeckend, enthält mehrere Vitamine und viel Kalium
Anbauhinweise: Erwerbsanbau, Direktvermarkter, Hausgarten

Kultur-Heidelbeere, Sorte ‘Patriot’

Vaccinium corymbosum

Herkunft: Zuchtsorte aus USA
Verwendung: Frischverzehr, Saft, Marmelade
Anbau: Vorrangig in Gärten, benötigt saure, gut durchlüftete, humose Böden oder Substrate, für sonnige Standorte, Beeren mit Netzen vor Vogelfraß schützen!
Zierwert: Blüte, Herbstfärbung
Wuchs: Aufrecht, stark wachsend, 1,5 bis 1,8 m hoch
Resistenzen: Frosthart, blütenfrostgefährdet, auf Blattlausbefall achten, Schäden durch Frostspanner möglich
Frucht: Sehr große, flachkugelige, hellblau bereifte Beeren in dichten Trauben, Beeren bis 2 cm breit, mittelfrüh reifend, etwa ab M VII, aromatisch mit ausgewogenem Süße-Säure-Verhältnis, Ertrag regelmäßig, hoch, enthält mehrere Vitamine und viel Kalium
Anbauhinweise: Hausgarten, Direktvermarkter

Kultur-Heidelbeere, Sorte ‘Sunshine Blue’

Vaccinium corymbosum

Herkunft: Zuchtsorte aus USA
Verwendung: Frischverzehr, Naschfrucht
Anbau: Im Garten in sonniger Lage auf sauren, gut durchlüfteten humosen Böden oder Substraten, weniger anspruchsvoll an pH-Wert als andere Heidelbeersorten, Winterschutz erforderlich, Früchte mit Netzen vor Vogelfraß schützen!
Zierwert: Laub, Blüte und Fruchtschmuck
Wuchs: Aufrecht, ziemlich dicht, bis etwa 1,2 m hoch
Resistenzen: Trockenheitsresistent, weniger frosthart, blütenfrostgefährdet, auf Blattlausbefall achten, Schäden durch Frostspanner möglich
Frucht: Mittelgroß bis groß, kugelig bis flachkugelig, hellblau bereift, Reife folgernd von E VII bis E IX, ertragreich, wohlschmeckend
Anbauhinweise: Hausgarten, Direktvermarkter, Zierform

Großfrüchtige Moosbeere (Cranberry), Sorte 'Franklin'

Vaccinium macrocarpon

Herkunft: Zuchtsorte: 'Early Black' × 'Howes'
Verwendung: Saft, Konfitüre, Gelee, Soßen („Cranberrysoße"), Kompott
Anbau: In vollsonniger Lage auf Beeten oder Vorpflanzung vor Rhododendron, auf feuchten sauren Rohhumusboden, vor Barfrösten schützen
Zierwert: Bodendecker, Blüten, Früchte
Wuchs: Kriechend mit langen Trieben
Resistenzen: Frost- und trockenempfindlich, Triebsterben (*Diaporthe vaccinii*) kann auftreten
Frucht: Rot bis schwarzrot, kugelig, etwa 1 cm dick, Reife IX, Ernte im Spätherbst oder Frühjahr durch Pflücken oder Abkämmen, enthält Benzoesäure, Vitamin C, Pektin, Früchte lange haltbar
Anbauhinweise: Direktvermarkter, Erwerbsanbau, Zierpflanze (Bodendecker), im Hausgarten problematisch

Großfrüchtige Moosbeere (Cranberry), Sorte 'Pilgrim'

Vaccinium macrocarpon

Herkunft: In Weißrussland ausgelesen
Verwendung: Saft, Konfitüre, Gelee, Soßen („Cranberrysoße"), Kompott
Anbau: In vollsonniger Lage auf Beeten oder Vorpflanzung vor Rhododendron, auf feuchten sauren Rohhumusboden, vor Barfrösten schützen
Zierwert: Bodendecker, Blüten, Früchte
Wuchs: Niederliegend kriechend, bildet dichte niedrige Polster
Resistenzen: Frostempfindlich, kaum Krankheiten, trockenempfindlich, Triebsterben (*Diaporthe vaccinii*) kann auftreten
Frucht: Von gelblich, orange bis schwarzrot, kugelig, bis fast 2 cm dick, spät reifend, Ernte bis zum Frühjahr durch Pflücken oder Abkämmen, enthält Benzoesäure, Vitamin C, Pektin, Früchte lange haltbar
Anbauhinweise: Erwerbsanbau, Direktvermarkter, Hausgarten, Zierpflanze

Preiselbeere, Sorte 'Erzgebirgsperle'

Vaccinium vitis-idaea

Herkunft: Zuchtsorte aus dem Erzgebirge

Verwendung: Nasskonserven, Marmelade u.Ä., Früchte und Blätter für Pharmazie

Anbau: Feldmäßig, im Garten auf Beeten oder Bodendecker in sonniger bis halbschattiger Lage auf sauren humos-sandigen Böden

Zierwert: Robust, immergrüner Bodendecker

Wuchs: Breit buschig, kompakt, etwa 10 bis 20 cm hoch, mit unterirdischen Kriechtrieben

Resistenzen: Sehr frosthart und anspruchslos, Triebsterben (*Diaporthe vaccinii*) kann auftreten

Frucht: Dunkelrote, kugelige, etwa 1 cm dicke Beeren in dichten Trauben, meist unter dem Laub, Reife VIII bis IX, reich tragend, enthält organische Säuren, Gerbstoffe, Pektin und mehrere Vitamine

Anbauhinweise: Erwerbsanbau, Direktvermarkter, Hausgarten

Preiselbeere, Sorte 'Koralle'

Vaccinium vitis-idaea

Herkunft: Holländische Zuchtsorte

Verwendung: Kompott, Marmelade, Konfitüre, Blätter zu Tee

Anbau: Feldmäßig, im Garten auf Beeten oder Bodendecker in sonniger bis halbschattiger Lage auf sauren humos-sandigen Böden

Zierwert: Bodendecker, Blüten- und Fruchtschmuck

Wuchs: Breit aufrecht mit langen Trieben, 20 bis 30 cm hoch, mit unterirdischen Kriechtrieben

Resistenzen: Sehr frosthart und anspruchslos, Triebsterben (*Diaporthe vaccinii*) kann auftreten

Frucht: Leuchtend rot, kugelig bis oval, 1,0 bis 1,2 cm lang, in sichtbaren überhängenden Trauben, herb schmeckend, ab VIII reifend, enthält Gerbstoffe, organische Säuren, Pektin und mehrere Vitamine

Anbauhinweise: Erwerbsanbau, Direktvermarkter, Hausgarten

Prunus cerasifera
Kirschpflaume, Myrobalane

Vorkommen: Balkan bis Mittelasien (Iran, Irak, Kaukasus, Krim, Anatolien), viele Ökotypen

Beziehung zur Kulturform: Neben der Schlehe eine Elternart der Pflaumen und Zwetschen, durch natürliche Bastardierung beider Arten und Chromosomenverdoppelung entstand aller Wahrscheinlichkeit nach unsere Hauspflaume

Verwendung: Häufig als starkwüchsige Unterlage für Pflaumen und Zwetschen, Pfirsiche, Aprikosen und Mandeln, in Mittelasien und im Kaukasus auch Früchte verarbeitet, gute Brennfrucht

Resistenzen: Trockenheitsresistent, resistent gegen Scharka

Wuchs: Baum, 5 bis 8 m hoch, breit, lockerkronig, schwachdornig oder dornenlos

Frucht: Sehr variabel, bis 20 mm Durchmesser, kugelig, Stiel 10 mm lang, gelb bis rot, violett, steinlösend, Stein rundlich glatt

Prunus spinosa
Schlehe, Schwarzdorn

Vorkommen: Nordafrika, Europa bis zum Ural, Nordanatolien, Kaukasus, Nordiran, Nordwestturkmenistan, Wald und Wegränder, sonnige Hecken, Magerweiden, Halden, Trockenhänge, kalkliebend

Beziehung zur Kulturform: Zusammen mit *P. cerasifera* (siehe dort) Elternart der Pflaumen und Zwetschen

Resistenzen: Scharkatolerant, robust, wenig Krankheiten und Schädlinge

Verwendung: Früchte nach Frosteinwirkung als Likör oder andere Verarbeitungsprodukte, Heckengehölz, selten als Pflaumenunterlage

Wuchs: Strauch, 1 bis 3 (4) m hoch, sparrig und stark dornig, dicht verzweigt, straff aufrecht, stark Ausläufer treibend

Frucht: 10 bis 15 (20) mm Durchmesser, kugelig, dunkelblau bereift, grünes Fleisch, sauer und stark adstringierend, Stein nicht lösend

➤ Alte Pflaumensorten – Webcode: obst1211

Bühler Frühzwetsche

Synonyme: ‘Bühler’, ‘Bühlertaler Frühzwetsche’, zahlreiche Klone

Herkunft: Unbekannt, Zufallssämling

Verwendung: Tafelsorte, Verarbeitung, Mus, Bäckerei, Brennerei

Anbaueignung: Wärmere Lagen, feuchter Boden

Wuchs: Mittel bis stark, Krone mitteldicht

Unterlagen: Starkwüchsig GF 8/1, St. Julien, *Prunus domestica*; mittelstark GF 655/2 (Intensivanlagen!), Wangenheim, Ishtara

Befruchtung: Selbstfertil

Ertrag: Hoch bis sehr hoch, bei guter Pflege regelmäßig

Frucht: Mittelgroß, gut steinlösend, pflückreif M bis E VIII, folgernd, wohlschmeckend, angenehm süßsäuerlich, sehr gut zu transportieren, sehr hoher Marktwert

Resistenzen: Tolerant gegenüber Scharka, Blüte und Holz mittel frostresistent

Anbauhinweise: Erwerbsanbau, Selbstversorger, Hausgarten

Cacaks Beste

Synonym: ‘Čačanska najbolja’ (originaler Sortenname)

Herkunft: ‘Wangenheim’ × ‘Pozegaca’

Verwendung: Tafelsorte

Anbaueignung: Nur für wärmere Lagen

Wuchs: Mittelstark, locker bis mitteldicht, neigt zur Verkahlung

Unterlagen: Starkwüchsig GF 8/1, St. Julien, *Prunus domestica*; mittelstark GF 655/2 (Intensivanlagen!), Wangenheim, Ishtara

Befruchtung: Selbststeril, Bestäuber u. a. ‘Cacaks Schöne’, ‘Hanita’, ‘Ortenauer’

Ertrag: Hoch bei ausreichender Fremdbestäubung, bei guter Pflege regelmäßig

Frucht: Groß, gut steinlösend, pflückreif E VIII, folgernd, Geschmack mittel bis fad, sehr gut zu transportieren, Marktwert zurückgehend

Resistenzen: Tolerant gegenüber Scharka, Blüte und Holz mittel frostresistent

Anbauhinweise: Erwerbsanbau, Selbstversorger, Hausgarten

Cacaks Schöne

Synonym: 'Čačanska lepotica' (originaler Sortenname)
Herkunft: 'Wangenheim' × 'Pozegaca'
Verwendung: Tafelsorte, Konserven, Bäckerei, Verarbeitung
Anbaueignung: Für wärmere Lagen
Wuchs: Schwach bis mittelstark, locker bis mitteldicht
Unterlagen: Starkwüchsig GF 8/1, St. Julien, *Prunus domestica*; mittelstark GF 655/2 (Intensivanlagen!), Wangenheim, Ishtara
Befruchtung: Selbstfertil, unter ungünstigen Blühbedingungen guter Fruchtansatz
Ertrag: Sehr hoch, regelmäßig
Frucht: Groß, gut steinlösend, pflückreif A bis M VIII, Geschmack nur bei Vollreife gut, sehr gut zu transportieren, lange haltbar, Marktwert hoch
Resistenzen: Tolerant gegenüber Scharka
Anbauhinweise: Erwerbsanbau, Selbstversorger, Hausgarten

Elena

Synonyme: Keine
Herkunft: 'Fellenberg' × 'Stanley'
Verwendung: Tafelsorte, Konserven, Bäckerei, Verarbeitung
Anbaueignung: Für alle Lagen, wo die Sorte noch ausreift
Wuchs: Stark, nach Ertragsbeginn mittelstark, mitteldicht
Unterlagen: Starkwüchsig: GF 8/1, St. Julien, *Prunus domestica*; mittelstark GF 655/2 (Intensivanlagen!), Wangenheim, Ishtara
Befruchtung: Selbstfertil
Ertrag: Sehr hoch, regelmäßig
Frucht: Mittelgroß, von älteren Bäumen gut steinlösend, pflückreif nach 'Hauszwetsche' A X, Geschmack gut, sehr gut zu transportieren, lange haltbar, Marktwert hoch
Resistenzen: Tolerant gegenüber Scharka, wenig spätfrostempfindlich
Anbauhinweise: Erwerbsanbau, Selbstversorger, Hausgarten; EU-Sortenschutz

Gräfin Cosel

Synonyme: Keine

Herkunft: ('Frühe Fruchtbare' frei abgeblüht × 'Frigga') × 'Ruth Gerstetter'

Verwendung: Tafelsorte, nicht für Konservierung

Anbaueignung: Für alle Lagen

Wuchs: Mittelstark bis stark, hängende Gerüstäste, breitwüchsig

Unterlagen: Starkwüchsig GF 8/1, St. Julien, *Prunus domestica*; mittelstark GF 655/2 (Intensivanlagen!), Wangenheim, Ishtara

Befruchtung: Selbststeril, Bestäuber u. a. 'Frigga', 'Hauszwetsche', 'The Czar'

Ertrag: Mittel bis hoch, meist regelmäßig

Frucht: Groß, gut steinlösend, pflückreif A VIII, Geschmack für eine Frühsorte sehr gut, bei rechtzeitiger Pflücke gut transportabel

Resistenzen: Hochgradig tolerant gegenüber Scharka, wenig spätfrostempfindlich

Anbauhinweise: Selbstversorger, Hausgarten, Direktvermarkter

Hanita

Synonyme: Keine

Herkunft: 'President' × 'Auerbacher'

Verwendung: Tafelsorte, Konserven, Bäckerei, Brennerei, Verarbeitung

Anbaueignung: Für alle Lagen

Wuchs: Stark, nach Ertragsbeginn mittelstark, mitteldicht

Unterlagen: Starkwüchsig GF 8/1, St. Julien, *Prunus domestica*; mittelstark GF 655/2 (Intensivanlagen!), Wangenheim, Ishtara

Befruchtung: Selbstfertil

Ertrag: Hoch bis sehr hoch, regelmäßig

Frucht: Mittelgroß, meist gut steinlösend, pflückreif M VIII bis A IX, Geschmack sehr gut, sehr gut zu transportieren, lange haltbar, Marktwert hoch

Resistenzen: Scharkaanfällig, Früchte tolerant gegenüber Scharka, wenig spätfrostempfindlich

Anbauhinweise: Erwerbsanbau, Selbstversorger, Hausgarten; Sortenschutz in mehreren Ländern

Hauszwetsche

Synonyme: 'Hauspflaume', 'Bauernpflaume', 'Basler Zwetsche', 'Pozegaca', 'Bestercei', 'Quetsche Commune' u. a., viele Typen
Herkunft: Unbekannt
Verwendung: Tafelsorte, Konserven, Bäckerei, Brennerei, Verarbeitung, Mus
Anbaueignung: Für alle nicht scharkagefährdeten Lagen
Wuchs: Stark, Krone dicht
Unterlagen: Starkwüchsig GF 8/1, St. Julien, *Prunus domestica*; schwachwüchsig *Prunus tomentosa*
Befruchtung: Selbstfertil
Ertrag: Hoch bis sehr hoch, kann alternieren
Frucht: Klein, meist gut steinlösend, pflückreif M IX, Geschmack sehr gut, sehr gut zu transportieren, lange haltbar, Marktwert hoch
Resistenzen: Hochanfällig für Scharka, wenig spätfrostempfindlich
Anbauhinweise: Erwerbsanbau, Selbstversorger, Hausgarten, Streuobst

Jojo

Synonyme: Keine
Herkunft: 'Ortenauer' × 'Stanley'
Verwendung: Tafelsorte, Konserven, Bäckerei
Anbaueignung: Für alle scharkagefährdeten Lagen
Wuchs: Mittelstark, breitwüchsig, mitteldicht
Unterlagen: Keine Unverträglichkeit mit üblichen Unterlagen bekannt, starkwüchsig GF 8/1, St. Julien, *Prunus domestica*; mittelstark GF 655/2 (Intensivanlagen!), Wangenheim, Ishtara
Befruchtung: Selbstfertil
Ertrag: Sehr hoch, regelmäßig
Frucht: Mittelgroß, gut steinlösend, pflückreif vor 'Hauszwetsche' A IX, Geschmack mittel bis gut, gut zu transportieren, nicht vorzeitig ernten
Resistenzen: Weltweit erste Sorte mit Scharka-Resistenz
Anbauhinweise: Erwerbsanbau, Selbstversorger; EU-Sortenschutz

Katinka

Synonyme: Keine
Herkunft: 'Ortenauer' × 'Ruth Gerstetter'
Verwendung: Tafelsorte, Frühsorte für Bäckerei
Anbaueignung: Für alle frühen Lagen
Wuchs: Stark, nach Ertragsbeginn mittelstark, mitteldicht, kann etwas verkahlen
Unterlagen: Starkwüchsig GF 8/1, St. Julien, *Prunus domestica*; mittelstark GF 655/2 (Intensivanlagen!), Wangenheim, Ishtara
Befruchtung: Selbstfertil
Ertrag: Sehr hoch, regelmäßig, ausdünnen
Frucht: Mittelgroß, sehr gut steinlösend, pflückreif E VII bis A VIII, Geschmack gut, ausreichende Fruchtqualität bei guter Pflege, gut haltbar und transportabel
Resistenzen: Scharkaanfällig, Früchte sind tolerant gegenüber Scharka, wenig spätfrostempfindlich
Anbauhinweise: Erwerbsanbau, Selbstversorger, Hausgarten; EU-Sortenschutz

Ortenauer

Synonyme: 'Kruft II', 'Johannisberg II', 'Borsumer'
Herkunft: Unbekannt, Zufallssämling
Verwendung: Tafelsorte, Konserven, Bäckerei
Anbaueignung: Für alle nicht scharkagefährdeten Lagen
Wuchs: Mittelstark, mitteldicht, breitwüchsig
Unterlagen: Starkwüchsig GF 8/1, St. Julien, *Prunus domestica*; mittelstark GF 655/2 (Intensivanlagen!), Wangenheim, Ishtara
Befruchtunge: Selbstfertil
Ertrag: Hoch, regelmäßig
Frucht: Mittelgroß, bei starkem Behang klein, gut steinlösend, pflückreif A bis M IX, Geschmack bei schlechter Pflege flach, sehr gut zu transportieren, lange haltbar
Resistenzen: Anfällig für Scharka, wenig Monilia-Fruchtfäule
Anbauhinweise: Erwerbsanbau, Selbstversorger, Hausgarten, Streuobst

Presenta

Synonyme: Keine
Herkunft: 'President' × 'Ortenauer'
Verwendung: Tafelsorte, Konserven, Bäckerei, Brennerei
Anbaueignung: Für späte Lagen
Wuchs: Mittelstark, mitteldicht, später hängendes Fruchtholz
Unterlagen: Starkwüchsig GF 8/1, St. Julien, *Prunus domestica*; mittelstark GF 655/2 (Intensivanlagen!), Wangenheim, Ishtara
Befruchtung: Selbstfertil
Ertrag: Sehr hoch, regelmäßig
Frucht: Mittelgroß, mittel bis gut steinlösend, pflückreif nach 'Hauszwetsche' M X, Geschmack sehr gut, sehr gut zu transportieren, rechtzeitig geerntet bis XII haltbar, Marktwert hoch
Resistenzen: Tolerant gegenüber Scharka
Anbauhinweise: Erwerbsanbau, Selbstversorger, Hausgarten; EU-Sortenschutz

President

Synonyme: Keine
Herkunft: Unbekannt, Zufallssämling
Verwendung: Tafelsorte, Verarbeitung
Anbaueignung: Wärmere Lagen
Wuchs: Sehr stark, locker, neigt zum Verkahlen
Unterlagen: Starkwüchsig GF 8/1, St. Julien, *Prunus domestica*; mittelstark GF 655/2 (Intensivanlagen!), Wangenheim, Ishtara
Befruchtung: Selbststeril, Bestäuber u. a. 'Cacacs Schöne', 'Jojo', 'Ruth Gerstetter', 'Stanley'
Ertrag: Hoch, regelmäßig, ausdünnen
Frucht: Sehr groß, gut steinlösend, pflückreif nach 'Hauszwetsche' E IX, Geschmack gut bei rechtzeitiger Ernte, sehr gut zu transportieren, bis XII haltbar, Marktwert hoch
Resistenzen: Scharkaanfällig, Früchte tolerant gegenüber Scharka, in feuchten Jahren Fruchtmonilia
Anbauhinweise: Erwerbsanbau, Selbstversorger, Hausgarten

Tegera

Synonyme: Keine

Herkunft: 'Ortenauer' × 'Ruth Gerstetter'

Verwendung: Tafelsorte, Konserven, Bäckerei

Anbaueignung: Für alle Lagen

Wuchs: Stark, Krone locker aufgebaut

Unterlagen: Starkwüchsig GF 8/1, St. Julien, *Prunus domestica*; mittelstark GF 655/2 (Intensivanlagen!), Wangenheim, Ishtara

Befruchtung: Selbstfertil, guter Pollenspender

Ertrag: Hoch, regelmäßig

Frucht: Mittelgroß, sehr gut steinlösend, pflückreif M VII, A VIII, Geschmack harmonisch, sehr gut zu transportieren, Marktwert hoch besonders wegen ihrer Backfähigkeit als Frühsorte, wenig fäulnisanfällig

Resistenzen: Mittel anfällig für Scharka, Schäden an Früchten gering

Anbauhinweise: Erwerbsanbau, Selbstversorger, Hausgarten; EU-Sortenschutz

Valjevka

Synonyme: Keine

Herkunft: 'Prun d'Agen' × 'Stanley'

Verwendung: Tafelsorte, Konserven, Bäckerei, Brennerei

Anbaueignung: Für wärmere Lagen

Wuchs: Stark, breitpyramidale dichte Krone

Unterlagen: Starkwüchsig GF 8/1, St. Julien, *Prunus domestica*; mittelstark GF 655/2 (Intensivanlagen!), Wangenheim, Ishtara

Befruchtung: Selbstfertil

Ertrag: Hoch bis sehr hoch, bei guter Pflege regelmäßig, in ungünstigen Lagen nicht befriedigend

Frucht: Klein bis mittelgroß, meist gut steinlösend, pflückreif M IX, Geschmack bei voller Ausreife gut, transportabel und lange haltbar

Resistenzen: Scharkaanfällig, Früchte sind tolerant gegenüber Scharka

Anbauhinweise: Erwerbsanbau, Selbstversorger, Hausgarten

Nancymirabelle

Synonyme: 'Doppelte Mirabelle', 'Drap d'Or', 'Mirabelle aus Nancy', mehrere Klone
Herkunft: Unbekannt
Verwendung: Tafelsorte, Konserven, Brennerei
Anbaueignung: Für alle Lagen, in scharkagefährdeten Gebieten
Wuchs: Stark, locker verzweigt
Unterlagen: Starkwüchsig GF 8/1, St. Julien, *Prunus domestica*; mittelstark GF 655/2 (Intensivanlagen!), Wangenheim, Ishtara; schwach *Prunus tomentosa*
Befruchtung: Selbstfertil
Ertrag: Sehr hoch, nach vollem Behang Alternanz
Frucht: Klein, gut steinlösend, Pflückreif A IX, folgernd, Geschmack sehr gut, süß aromatisch, maschinell erntbar, gut zu transportieren
Resistenzen: Scharka, insgesamt sehr gesund
Anbauhinweise: Erwerbsanbau, Selbstversorger, Hausgarten, Landschaftsgehölz

Große Grüne Reneclode

Synonyme: 'Zuckerpflaume', 'Dauphine', 'Reine Claude Verté', 'Green Gage'
Herkunft: Unbekannt
Verwendung: Tafelsorte, Konserven, Verarbeitung, Brennerei
Anbaueignung: Für wärmere Lagen
Wuchs: Mittelstark, locker verzweigt, im Alter breitwüchsig
Unterlagen: Starkwüchsig GF 8/1, St. Julien, *Prunus domestica*; mittelstark GF 655/2 (Intensivanlagen!), Wangenheim, Ishtara
Befruchtung: Selbststeril, Befruchter u. a. 'Bühler Frühzwetsche', 'Hanita', 'Löhrpflaume', 'Nancymirabelle'
Ertrag: Mittelhoch, nach vollem Behang Alternanz
Frucht: Mittelgroß, rund, nur mäßig steinlösend, pflückreif E VIII, A IX, folgernd, Geschmack sehr gut, süß aromatisch, würzig
Resistenzen: Scharka, sehr gesund
Anbauhinweise: Selbstversorger, Hausgarten Direktvermarktung

Cerasus avium
Vogel-Kirsche

Vorkommen: Europa bis Ukraine, Kaukasus, Nordanatolien, Nordafrika; Haine, Mischwälder

Beziehung zur Kulturform: Durch ständige Auslese großfrüchtiger Formen zur Süßkirsche domestiziert, mit *C. fruticosa* einer der Eltern der Sauerkirsche

Verwendung: Weit verbreitetes Forstgehölz, als Sämlingsunterlagen für Süß- und Sauerkirschen (bestimmte Auslesen, z.B. Alkavo), gut für Verarbeitung zu Likör oder als Brennkirsche

Resistenzen: Wenig anfällig für Sprühfleckenkrankheit (*Blumeriella jaapii*)

Wuchs: Baum, 30 m hoch, sehr wüchsig, aufrecht wachsend, pyramidal bis kegelförmig

Frucht: Bis 10 mm Durchmesser, Steinfrucht, kugelig, gelb, rosa, rot bis schwarzrot, süß, oft auch bitter, heutzutage nicht mehr verzehrt, Stiele 30 bis 40 mm lang, rotbraun

Cerasus fruticosa
Zwergweichsel, Steppen-Kirsche

Vorkommen: Osteuropa bis Ural; trockenes Gebüsch, vorwiegend auf Kalk und Lehm

Beziehung zur Kulturform: Zusammen mit *C. avium* einer der Eltern der Sauerkirsche

Verwendung: Als Kreuzungspartner in der Unterlagen- und Sauerkirschenzüchtung als Resistenzträger für Kokkomykoseresistenz genutzt

Resistenzen: Resistent gegen *Coccomyces hiemalis* (Kokkomykose), spätfrostgefährdet, allgemein sehr gesund

Wuchs: Strauch, 0,5 bis 1,0 m groß, Ausläufer treibend

Frucht: Erbsengroß, korallenrot, genießbare Steinfrucht, Stein spitz, zweikantig

Burlat

Synonyme: ‘Bigarreau Burlat’, ‘Hativ Burlat’, ‘Early Burlat’

Herkunft: Unbekannt, Zufallssämling

Verwendung: Frühe Tafelsorte

Anbaueignung: Für spätfrostsichere Lagen

Wuchs: Stark, breit ausladend, mitteldicht

Unterlagen: Starkwüchsig *Prunus avium* (Alkavo), auf leichten Böden *P. mahaleb*; mittelstark Weiroot 13, PiKu 3; schwach Gisela 5, PiKu 1

Befruchtung: Selbststeril, Sterilitäts-Allele S_3S_9**, Befruchter u. a. ‘Büttners’, ‘Johanna’, ‘Nadino’, ‘Van’

Ertrag: Hoch, regelmäßig

Frucht: Sehr groß, relativ fest, gut transportabel, Marktwert hoch, platzt und fault bei Nässe, Reife 2. Kirschwoche

Resistenzen: Valsa-Krankheit, mäßig blütenfrostempfindlich

Anbauhinweise: Erwerbsanbau, Direktvermarkter, Hausgärten (auf schwach wachsender Unterlage)

Büttners Rote Knorpel

Synonyme: ‘Altenburger Melone’, ‘Napoleon’, ‘Lauermanns Kirsche’, ‘Melonenkirsche’, ‘Royal Ann’, ‘Emporer Francis’, ‘Königskirsche’ u. a.

Herkunft: Unbekannt, Zufallssämling

Verwendung: Tafelsorte, Konserve

Anbaueignung: Für alle Lagen

Wuchs: Stark, anfangs steil, später breit ausladend, mitteldicht

Unterlagen: wie ‘Burlat’ (siehe dort)

Befruchtung: Selbststeril, Sterilitäts-Allele S_3S_4**, Befruchter u. a. ‘Burlat’, ‘Hedelfinger’, ‘Kassins’, ‘Sam’, ‘Spansche Knorpel’, ‘Van’

Ertrag: Sehr hoch, regelmäßig

Frucht: Mittelgroß, gut transportabel, Marktwert hoch, platzt und fault bei Nässe, Reife 4. bis 5. Kirschwoche

Resistenzen: Robust und gesund, mäßig blütenfrostempfindlich

Anbauhinweise: Erwerbsanbau, Selbstversorger, Hausgärten, Landschaftsgehölz

➤ Alte Kirschsorten – Webcode: obst1212

Große Schwarze Knorpel

Synonyme: ‘Cerise Coeur Noir’, ‘Elkhorn’, ‘Bigarreau Noir’, ‘Weilheimer Riesen’ u. a.
Herkunft: Unbekannt, Zufallssämling
Verwendung: Tafelsorte, Konserve
Anbaueignung: Für wärmere Lagen, in milden Höhenlagen
Wuchs: Sehr stark, breit ausladend
Unterlagen: wie ‘Burlat’ (siehe dort)
Befruchtung: Selbststeril, Sterilitäts-Allele S_3S_5**, Befruchter u. a. ‘Büttners’, ‘Kassins’, ‘Knauffs’, ‘Kordia’, ‘Sam’, ‘Spansche Knorpel’, ‘Van’
Ertrag: Mittelhoch, regelmäßig
Frucht: Mittelgroß, feinknorpelig, gut transportabel, Marktwert hoch, platzt bei Nässe, Reife 6. Kirschwoche
Resistenzen: Gering blütenfrostempfindlich, mittlere Anfälligkeit für Valsa, staunässeempfindlich (Gummifluss)
Anbauhinweise: Erwerbsanbau, Selbstversorger, Hausgärten, Landschaftsgehölz

Hedelfinger

Synonyme: ‘Hedelfinger Riesen’, ‘Wahler Kirsche’, ‘Froschmaul’, ‘Abels Späte’ u. a.
Herkunft: Unbekannt, Zufallssämling
Verwendung: Tafelsorte, Konserve
Anbaueignung: Für alle Lagen mit wenig Sommerniederschlägen
Wuchs: Stark, breit ausladend
Unterlagen: wie ‘Burlat’ (siehe dort)
Befruchtung: Selbststeril, Sterilitäts-Allele S_3S_5**, Befruchter u. a. ‘Kassins’, ‘Knauffs’, ‘Kordia’, ‘Sam’, ‘Spansche Knorpel’, ‘Van’
Ertrag: Hoch, regelmäßig
Frucht: Mittelgroß, relativ fest, gut transportabel, Marktwert hoch, platzt und fault bei Nässe, Reife 7. Kirschwoche
Resistenzen: Mäßig blütenfrostempfindlich, anfällig für Valsa, Monilia, Gummifluss
Anbauhinweise: Erwerbsanbau, Selbstversorger, Landschaftsgehölz (Streuobst)

Katalin

Synonyme: Keine
Herkunft: 'Germersdorfer' × 'Podebrad sarga'
Verwendung: Tafelsorte, Konserve
Anbaueignung: Für alle Kirschlagen
Wuchs: Mittel bis stark, breit ausladend
Unterlagen: wie 'Burlat' (siehe dort)
Befruchtung: Selbststeril, Sterilitäts-Allele S_4S_{12}**, Befruchter u.a. 'Hedelfinger', 'Linda', 'Regina', 'Sam', 'Van'
Ertrag: Hoch, regelmäßig
Frucht: Groß, fest, gut transportabel, platzt wenig, Reife 7. bis 8. Kirschwoche
Resistenzen: Bisher sehr gesund, noch wenig Erfahrung
Anbauhinweise: Erwerbsanbau, Selbstversorger, Hausgärten (auf schwach wachsenden Unterlagen); Sortenschutz in mehreren Ländern

Kordia

Synonyme: 'Techlovicka II', 'Techlo'
Herkunft: Unbekannt, Zufallssämling
Verwendung: Tafelsorte, Konserve
Anbaueignung: Für alle spätfrostsicheren, auch höheren Lagen
Wuchs: Stark bis sehr stark, breit ausladend
Unterlagen: wie 'Burlat' (siehe dort)
Befruchtung: Selbststeril, Sterilitäts-Allele S_3S_6**, Befruchter u.a. 'Hedelfinger', 'Johanna', 'Nadino', 'Schneiders', 'Van'
Ertrag: Hoch, regelmäßig
Frucht: Groß, glänzend, knorpelig, gut transportabel, Marktwert sehr hoch, geringe Platzneigung, Reife 6. Kirschwoche
Resistenzen: Blütenfrostempfindlich, mäßig anfällig für Valsa
Anbauhinweise: Erwerbsanbau, Selbstversorger, Hausgärten (auf schwach wachsenden Unterlagen)

Namare

Synonyme: Keine
Herkunft: 'Große Schwarze Knorpel' frei abgeblüht
Verwendung: Tafelsorte, Konserve
Anbaueignung: Für alle spätfrostsicheren Lagen, auch in höheren Lagen
Wuchs: Mittelstark, ausladend, dicht
Unterlagen: wie 'Burlat' (siehe dort)
Befruchtung: Selbststeril, Sterilitäts-Allele S_3S_4**, Befruchter u. a. 'Hedelfinger', 'Knauffs', 'Sam', 'Valeska', 'Van', 'Victor'
Ertrag: Sehr hoch, regelmäßig
Frucht: Mittelgroß, mittelfest, gut transportabel, geringe Neigung zum Faulen und Platzen, Reife 4. bis 5. Kirschwoche
Resistenzen: Wenig blütenfrostempfindlich, mäßig anfällig für Valsa
Anbauhinweise: Erwerbsanbau, Selbstversorger, Hausgärten (auf schwach wachsenden Unterlagen); Sortenschutz

Namati

Synonyme: Keine
Herkunft: 'Bopparder Kracher' frei abgeblüht
Verwendung: Tafelsorte, Konserve
Anbaueignung: Für alle, auch höhere Lagen
Wuchs: Mittelstark, mitteldicht
Unterlagen: wie 'Burlat' (siehe dort)
Befruchtung: Selbststeril, Sterilitäts-Allele S_1S_4**, Befruchter u. a. 'Hedelfinger', 'Knauffs', 'Nanni', 'Sam', 'Spansche Knorpel', 'Valeska', 'Van'
Ertrag: Hoch, regelmäßig
Frucht: Mittelgroß, mittelfest und knorpelig, geringe Neigung zum Platzen, Reife 7. bis 8. Kirschwoche
Resistenzen: Wenig blütenfrostempfindlich, anfällig für Schrotschusskrankheit
Anbauhinweise: Erwerbsanbau, Selbstversorger, Hausgärten (auf schwach wachsenden Unterlagen); Sortenschutz

Regina

Synonyme: Keine
Herkunft: 'Schneiders Späte Knorpel' × 'Rube'
Verwendung: Tafelsorte, Konserve
Anbaueignung: Für alle Kirschlagen, auch in kühleren Lagen
Wuchs: Mittelstark, aufrecht, mitteldicht
Unterlagen: Wie 'Burlat' (siehe dort)
Befruchtung: Selbststeril, Sterilitäts-Allele S_1S_3**, Befruchter u. a. 'Große Schwarze Knorpel', 'Hudson', 'Sam', 'Summit'
Ertrag: Hoch, regelmäßig
Frucht: Groß bis sehr groß, fest und stark knorpelig, geringe Neigung zum Platzen und Faulen, sehr gut transportabel, sehr hoher Marktwert, Reife 7. Kirschwoche
Resistenzen: Wenig blütenfrostempfindlich
Anbauhinweise: Erwerbsanbau, Selbstversorger (auf schwach wachsenden Unterlagen)

Schneiders Späte Knorpel

Synonyme: 'Haumüller', 'Höfchenkirsche', 'Nürtinger Riesen', 'Kaukasische', 'Zeppelin', wahrscheinlich auch 'Germersdorfer'
Herkunft: Unbekannt, Zufallssämling
Verwendung: Tafelsorte, Konserve
Anbaueignung: Für wärmere Kirschlagen auf guten Böden
Wuchs: Stark, steil, pyramidal, mitteldicht
Unterlagen: Wie 'Burlat' (siehe dort)
Befruchtung: Selbststeril, Sterilitäts-Allele S_3S_{12}**, Befruchter u. a. 'Büttners', 'Hedelfinger', 'Kordia', 'Regina', 'Sam', 'Valeska', 'Van'
Ertrag: Mittelhoch, nur unter optimalen Bedingungen regelmäßig
Frucht: Mittelgroß, knorpelig, hohe Neigung zum Platzen, Faulen, Röteln, Reife 6. Kirschwoche
Resistenzen: Wenig blütenfrostempfindlich, anfällig für Valsa und Monilia
Anbauhinweise: Erwerbsanbau, Selbstversorger, Hausgärten, Streuobst

Spansche Knorpel

Synonyme: 'Rote Leberkirsche', 'Rote Spansche Knorpel'

Herkunft: Unbekannt, Zufallssämling

Verwendung: Tafelsorte, Konserve

Anbaueignung: Für Kirschlagen mit leichten Böden und guter Wasserführung

Wuchs: Mittelstark, breit ausladend, mitteldicht

Unterlagen: Wie 'Burlat' (siehe dort)

Befruchtung: Selbststeril, Sterilitäts-Allele S_3S_5**, Befruchter u.a. 'Büttners', 'Burlat', 'Hedelfinger', 'Kassins', 'Nadino', 'Sam', 'Van'

Ertrag: Sehr hoch, regelmäßig

Frucht: Mittelgroß, knorpelig, hohe Neigung zum Platzen und Faulen, Reife 5. Kirschwoche

Resistenzen: Mittel blütenfrostempfindlich, gering anfällig für Valsa

Anbauhinweise: Erwerbsanbau, Selbstversorger, Hausgärten (auf schwach wachsenden Unterlagen)

Stella

Synonyme: Keine

Herkunft: 'Lambert' × John Innes Sämling 2420 (selbstfertil)

Verwendung: Tafelsorte, Konserve

Anbaueignung: Für alle Kirschlagen

Wuchs: Stark, breit ausladend, dicht

Unterlagen: Wie 'Burlat' (siehe dort)

Befruchtung: Selbstfertil, guter Bestäuber, Sterilitäts-Allele S_1S_4'**

Ertrag: Hoch bis sehr hoch, regelmäßig

Frucht: Groß, mittelfest und knorpelig, hohe Neigung zum Platzen und Faulen, Reife 6. Kirschwoche

Resistenzen: Mittel blütenfrostempfindlich, anfällig für Valsa und Monilia

Anbauhinweise: Erwerbsanbau, Selbstversorger, Hausgärten (auf schwach wachsenden Unterlagen), günstig als Einzelbaum zu pflanzen, da kein Bestäuber notwendig

Summit

Synonyme: Keine
Herkunft: 'Van' × 'Sam'
Verwendung: Tafelsorte
Anbaueignung: Frostfreie Kirschlagen mit guten Böden, anspruchsvoll
Wuchs: Sehr stark, dicht
Unterlagen: Wie 'Burlat' (siehe dort)
Befruchtung: Selbststeril, Sterilitäts-Allele S_1S_2**, Befruchter u.a. 'Große Schwarze Knorpel', 'Kordia', 'Regina'
Ertrag: Hoch bis sehr hoch, regelmäßig
Frucht: Sehr groß, mittelfest und knorpelig, nur mittlere Neigung zum Platzen und Faulen, hervorragende Qualität, vor allem für Frischmarkt, Reife 6. Kirschwoche
Resistenzen: Mittel blütenfrostempfindlich
Anbauhinweise: Erwerbsanbau, Selbstversorger, Hausgärten (auf schwach wachsenden Unterlagen)

Sunburst

Synonyme: Keine
Herkunft: 'Van' × 'Stella'
Verwendung: Tafelsorte
Anbaueignung: Für gute Kirschlagen in sommertrockenen Gebieten
Wuchs: Stark, aufrecht, mitteldicht
Unterlagen: Wie 'Burlat' (siehe dort)
Befruchtung: Selbstfertil, guter Bestäuber, Sterilitäts-Allele S_3S_4'**
Ertrag: Hoch, regelmäßig
Frucht: Sehr groß, weich, hohe Neigung zum Platzen und Faulen, wenig transportfest, Reife 4. Kirschwoche
Resistenzen: Anfällig für Fruchtmonilia, noch wenig Erfahrung
Anbauhinweise: Selbstversorger, Hausgärten (auf schwach wachsenden Unterlagen), günstig als Einzelbaum zu pflanzen, da kein Bestäuber notwendig

Sweetheart

Synonym: ‘Sumtare’ (Sortenname)
Herkunft: ‘Van’ × ‘Newstar’
Verwendung: Tafelsorte, Konserve
Anbaueignung: Nur für beste Kirschlagen in sommertrockenen Gebieten
Wuchs: Mittelstark, breitwüchsig
Unterlagen: Wie ‘Burlat’ (siehe dort)
Befruchtung: Selbstfertil, guter Bestäuber, Sterilitäts-Allele S_3S_4’**
Ertrag: Sehr hoch, regelmäßig
Frucht: Mittelgroß bis groß, fest, hohe Neigung zum Platzen und Faulen, transportfest, Reife 7. Kirschwoche
Resistenzen: Anfällig für Fruchtmonilia, noch wenig Erfahrung
Anbauhinweise: Erwerbsanbau (unter Folie), Selbstversorger (auf schwach wachsenden Unterlagen), günstig als Einzelbaum zu pflanzen, da kein Bestäuber notwendig; EU-Sortenschutz

Techlovan

Synonyme: Keine
Herkunft: ‘Van’ × ‘Kordia’
Verwendung: Tafelsorte, Konserve
Anbaueignung: Für alle nicht zu nassen Kirschlagen, auch in kühleren Gebieten
Wuchs: Mittelstark, etwas hängend, mitteldicht
Unterlagen: Wie ‘Burlat’ (siehe dort)
Befruchtung: Selbststeril, Sterilitäts-Allele S_3S_6**, Befruchter u. a. ‘Hedelfinger’, ‘Oktavia’, ‘Stella’, ‘Regina’
Ertrag: Hoch, regelmäßig
Frucht: Groß bis sehr groß, fest und knorpelig, Neigung zum Platzen und Faulen ist mittel, gut transportfähig, hoher Marktwert, Reife 6. Kirschwoche
Resistenzen: Mittel blütenfrostempfindlich
Anbauhinweise: Erwerbsanbau, Selbstversorger, Hausgärten; Sortenschutz in mehreren Ländern

Fanal

Synonyme: 'Heimanns Konservenweichsel', 'Heimann 23'
Herkunft: Unbekannt, Zufallssämling
Verwendung: Steril-, Gefrierkonserve, Saft
Anbaueignung: Für alle Kirschlagen
Wuchs: Mittel bis stark, aufrecht, mitteldicht, kaum verkahlend, gute Regeneration
Unterlagen: Starkwüchsig *Prunus avium* (Alkavo, F12/1), auf leichten Böden besser *P. mahaleb*; mittelstark Weiroot-Klone (13, 154, 158)
Befruchtung: Selbstfertil
Ertrag: Hoch, regelmäßig
Frucht: Mittel bis groß, weich bis mittelfest, gut transportabel, sauer und aromatisch, stark saftend, Saft dunkelweinrot, wohlschmeckend, Reife M VI (6. Kirschwoche)
Resistenzen: Wenig blütenfrostgefährdet, stark anfällig für *Pseudomonas* (Bakterienbrand)
Anbauhinweise: Erwerbsanbau, Selbstversorger, Hausgärten

Karneol

Synonyme: Keine
Herkunft: 'Köröser' × 'Schattenmorelle'
Verwendung: Steril- und Gefrierkonserve, Tafelfrucht, häusliche Verwertung
Anbaueignung: Für geschützte und warme Standorte
Wuchs: Stark, aufrecht, mitteldicht verzweig
Unterlagen: wie 'Fanal' (siehe dort)
Befruchtung: Teilweise selbstfertil, Befruch ter u. a. 'Fanal', 'Kelleriis 16', 'Schattenmorel le', auch Süßkirschen
Ertrag: Mittelhoch, regelmäßig
Frucht: Groß, mittelfest, gut transportabel süßsauer und aromatisch, stark saftend, Saf rot bis dunkelrot, sehr wohlschmeckend Reife E VII (7. Kirschwoche)
Resistenzen: Wenig Monilia-Spitzendürre tolerant gegen Stecklenberger Krankhei blütenfrostempfindlich
Anbauhinweise: Selbstversorger, Hausgärten Erwerbsanbau; Sortenschutz

Köröser

Synonyme: ‘Köröser Weichsel’, ‘Pandy’
Herkunft: Unbekannt, zahlreiche Klone
Verwendung: Steril- und Gefrierkonserve, Tafelfrucht
Anbaueignung: Für geschützte und warme Standorte
Wuchs: Mittelstark bis stark, aufrecht, mitteldicht verzweigt
Unterlagen: wie ‘Fanal’ (siehe dort)
Befruchtung: Selbststeril, Befruchter u. a. ‘Fanal’, ‘Kelleriis 16’, ‘Schattenmorelle’, auch Süßkirschen
Ertrag: Mittelhoch, unregelmäßig, kann gänzlich versagen
Frucht: Mittelgroß, mittelfest, gut transportabel, sehr aromatisch, Saft rot bis braunrot, sehr wohlschmeckend, Reife E VII (7. Kirschwoche)
Resistenzen: Wenig Monilia-Spitzendürre und *Pseudomonas*, tolerant gegen Stecklenberger Krankheit, blütenfrostempfindlich
Anbauhinweise: Selbstversorger, Hausgärten

Morina

Synonym: ‘Morion’
Herkunft: ‘Köröser’ × ‘Reinhardts Ostheimer’
Verwendung: Steril- und Gefrierkonserve, Tafelfrucht, Saft
Anbaueignung: Für alle Lagen mit besseren Böden
Wuchs: Mittelstark, aufrecht, dicht verzweigt, Spindelerziehung
Unterlagen: wie ‘Fanal’ (siehe dort)
Befruchtung: Teilweise selbstfertil, Befruchter u. a. ‘Fanal’, ‘Kelleriis 16’, ‘Schattenmorelle’, benötigt gutes Blühwetter
Ertrag: Mittelhoch bis hoch, regelmäßig
Frucht: Mittelgroß, fest, gut transportabel, würzig sauer, Saft dunkelrot, wohlschmeckend, Reife M VI (6. Kirschwoche)
Resistenzen: Monilia-Spitzendürre, tolerant gegen Stecklenberger Krankheit, wenig blütenfrostempfindlich
Anbauhinweise: Selbstversorger, Hausgärten, Erwerbsanbau; Sortenschutz

Safir

Synonyme: Keine
Herkunft: ‘Schattenmorelle’ × ‘Fanal’
Verwendung: Steril- und Gefrierkonserve, Tafelfrucht, Saft
Anbaueignung: Für alle Lagen mit besseren Böden
Wuchs: Mittelstark, aufrecht, dicht verzweigt
Unterlagen: wie ‘Fanal’ (siehe dort)
Befruchtung: Selbstfertil
Ertrag: Mittelhoch bis hoch, regelmäßig
Frucht: Groß, weich, süßsauer, Saft dunkelrot, wohlschmeckend, Reife M VII (6. Kirschwoche)
Resistenzen: Wenig Monilia-Spitzendürre, tolerant gegen Stecklenberger Krankheit, mäßig widerstandsfähig gegenüber Blütenfrost
Anbauhinweise: Selbstversorger, Hausgärten, Erwerbsanbau; Sortenschutz

Schattenmorelle

Synonym: ‘Große Lange Lotkirsche’
Herkunft: Unbekannt, Zufallssämling, zahlreiche Klone
Verwendung: Saft, Steril- und Gefrierkonserve
Anbaueignung: Für alle nicht zu trocken und spätfrostsichere Lagen, sehr anpassungsfähig
Wuchs: Mittelstark, hängend bis schleudernd, dicht verzweigt, neigt zur Verkahlung, (ständiges Verjüngen!)
Unterlagen: wie ‘Fanal’ (siehe dort)
Befruchtung: Selbstfertil
Ertrag: Sehr hoch, regelmäßig
Frucht: Klein bis mittelgroß, weich, maschinell erntbar, stark saftend, sauer, Saft dunkelrot, aromatisch, Reife M VII bis A VIII (7 Kirschwoche)
Resistenzen: Hoch anfällig für Monilia-Spizendürre und Stecklenberger Krankhei empfindlich für Blütenfrost
Anbauhinweise: Erwerbsanbau, Selbstversorger, Hausgärten

Topas

Synonyme: Keine

Herkunft: 'Kelleriis 16' × 'Fanal'

Verwendung: Saft, nicht für Frischverzehr

Anbaueignung: Für frostgeschützte Lagen mit besseren Böden

Wuchs: Stark, streng aufrecht, dicht verzweigt

Unterlagen: *Prunus avium* (Alkavo, F12/1), auf leichten Böden besser *P. mahaleb*

Befruchtung: Teilweise selbstfertil, Befruchter u. a. 'Fanal', 'Kelleriis 16'

rtrag: Mittelhoch bis hoch, regelmäßig

rucht: Mittelgroß bis groß, weich, stark sauer, Saft tief weinrot, Früchte lange hängen assen erhöht Fruchtqualität und Erntbarkeit, Reife M VII (6. Kirschwoche)

esistenzen: Anfällig für Monilia-Spitzendürre und Blütenfrost

nbauhinweise: Erwerbsanbau, Hausgärten; ortenschutz

Ungarische Traubige

Synonym: 'Ujfehertoi fürtös' (Originalname)

Herkunft: Unbekannt, Zufallssämling

Verwendung: Steril- und Gefrierkonserve, Tafelfrucht, Saft

Anbaueignung: Für geschützte Standorte

Wuchs: Sehr stark, steil aufrecht, mitteldicht verzweigt

Unterlagen: wie 'Fanal' (siehe dort)

Befruchtung: Selbstfertil, unter ungünstigen Blühbedingungen Fremdbestäubung vorteilhaft, Befruchter u. a. 'Fanal', 'Kelleriis 16', 'Schattenmorelle'

Ertrag: Mittelhoch, nicht immer regelmäßig

Frucht: Mittelgroß, mittelfest, gut transportabel, süßsauer und aromatisch, stark saftend, Saft rot bis rotviolett, sehr wohlschmeckend, Reife E VII (7. Kirschwoche)

Resistenzen: Tolerant gegen Stecklenberger Krankheit, empfindlich für Blütenfrost und Kokkomykose

Anbauhinweise: Erwerbsanbau, Selbstversorger, Hausgärten

Armeniaca vulgaris
(Prunus armeniaca)
Aprikose, Wildaprikose

Vorkommen: N- und NO-China entlang der Großen Mauer, Zentralasien, Iran, Afghanistan bis in Gebirgsregionen der Türkei, viele verwandte Arten und Unterarten, *Armeniaca brigantiaca* ist in den Alpen beheimatet

Beziehung zur Kulturform: Vorfahre der Kulturaprikose, durch ständige Auslese, später durch gezielte Kreuzungen zu den heutigen Sorten entwickelt

Verwendung: Obstnutzung, Brennerei, Veredlungsunterlage

Resistenzen: Resistent gegenüber *Monilia laxa, Stigmina carpophila* (Schrotschusskrankheit), Winterfrost, trockenresistent

Wuchs: Busch, 3 bis 8 m hoch

Frucht: Sehr variabel, etwa 15 bis 30 mm Durchmesser, kugelig bis leicht länglich, meist grüngelb, mitunter rötlich, meist genießbar, sauer bis süßsauer, mehlig, meist steinlösend, Stein stark ölhaltig

Persica vulgaris
(Prunus persica)
Pfirsich, Wildpfirsich

Vorkommen: Zentralasien, China, eine Wärme liebende Gruppe (vor allem *P. vulgaris*) wird in allen südchinesischen Provinzen, eine weniger frostempfindliche Gruppe entlang und nördlich des Gelben Flusses gefunden (*P. mongolica, P. triloba, P. davidiana* u. a.).

Beziehung zur Kulturform: Vorfahre des Kulturpfirsichs, ständige Auslese, später gezielte Kreuzung führte zu den heutigen Sorten

Verwendung: Obstnutzung, Brennerei und als Veredlungsunterlage

Resistenzen: Anfällig für viele Pilzkrankheiten und Virosen sowie Insektenbefall

Wuchs: Busch, 2 bis 6 m hoch

Frucht: Sehr variabel, etwa 20 bis 60 mm Durchmesser, kugelig bis leicht länglich, meist rötlich, auch grüngelb, meist genießbar, süß, auch bitter und mehlig, steinlösend und steinhaftend, je nach Art und Unterart

➤ Aprikosen- und Pfirsichsorten – Webcode: obst121

Bergeron

Synonym: 'Gabrielle Bergeron'
Herkunft: Um 1920 von BERGERON bei Lyon, Frankreich, gezüchtet
Verwendung: Konservenindustrie, Tafelfrucht, häusliche Verwertung, Brennen
Anbaueignung: Frostsichere warme Lagen
Wuchs: Stark, halb aufrecht
Unterlagen: Aprikosen-Sämling, St. Julien A, GF 522, Wangenheim-Sämling, Hinduka-Sämling, Orleans-Sämling, je nach gebietsspezifischer Eignung
Befruchtung: Selbstfertil, benötigt gutes Blühwetter
Ertrag: Früh, sehr hoch, regelmäßig, mehrmaliges Durchpflücken erforderlich
Frucht: Mittelgroß, orange, rot punktiert, fast glatte Schale, fest, sehr gut transportabel, gut steinlösend, wenig saftig, säuerlich, aromatisch, Reife M VIII
Resistenzen: Wenig spätfrostanfällig
Anbauhinweise: Erwerbsanbau, Selbstversorger, Direktvermarkter, Hausgärten

Hargrand

Synonyme: Keine
Herkunft: Zufallssämling, von LAYNE, Harrow in Kanada, 1972 ausgelesen
Verwendung: Konserven, Tafelfrucht, häusliche Verwertung, Brennen
Anbaueignung: Frostsichere warme Lagen
Wuchs: Stark, halb aufrecht, breite Krone
Unterlagen: Aprikosen-Sämling, St. Julien A, GF 522, Wangenheim-Sämling, Hinduka-Sämling, Orleans-Sämling, je nach gebietsspezifischer Eignung
Befruchtung: Selbstfertil
Ertrag: Sehr früh, sehr hoch, regelmäßig
Frucht: Sehr groß, mattorange, leicht rot punktiert, fast glatte Schale, fest, sehr gut transportabel, sehr gut steinlösend, festfleischig, säuerlich, aromatisch, Reife E VII bis A VIII, bis 4 Wochen lagerfähig
Resistenzen: Wenig spätfrostempfindlich, allgemein wenig krankheitsanfällig
Anbauhinweise: Erwerbsanbau, Selbstversorger, Direktvermarkter, Hausgärten

Kuresia

Synonyme: Keine
Herkunft: Unbekannt, Zufallssämling, von Fuchs und Grüntzig, (Halle), ausgelesen
Verwendung: Tafelfrucht, häusliche Verwertung, Konserven, Brennen
Anbaueignung: Frostsichere warme Lagen, wenig anspruchsvoll, Anbau vor allem in scharkagefährdeten Gebieten
Wuchs: Mittelstark, halb aufrecht
Unterlagen: Siehe 'Bergeron'
Befruchtung: Wahrscheinlich selbstfertil, benötigt gutes Blühwetter
Ertrag: Früh, hoch, regelmäßig
Frucht: Mittelgroß, fast glatte Schale, sehr gut transportabel, gut steinlösend, mittelfestfleischig, säuerlich, mäßig aromatisch, Reife E VII bis A VIII
Resistenzen: Erste Sorte mit Resistenz gegenüber Scharka, wenig spätfrostempfindlich, wenig krankheitsanfällig
Anbauhinweise: Selbstversorger, Direktvermarkter, Erwerbsanbau, Hausgärten

Ungarische Beste

Synonyme: 'Klosterneuburger', 'Rote Marille', 'Rote Aprikose', 'Ungarische'
Herkunft: Unbekannt, Zufallssämling
Verwendung: Konserven, Tafelfrucht, häusliche Verwertung, Brennen
Anbaueignung: Frostsichere warme Lagen
Wuchs: Stark, später mittelstark, halb aufrecht, breite kleine Krone
Unterlagen: Siehe 'Bergeron'
Befruchtung: Selbstfertil, benötigt gute Blühwetter, guter Bestäuber
Ertrag: Früh, hoch, regelmäßig, mehrmalige Durchpflücken erforderlich
Frucht: Mittelgroß, leicht bewollte Schale fest, sehr gut transportabel, gut steinlösend reif saftig, süßsäuerlich, wenig aromatisch Aroma entwickelt sich erst während der Verarbeitung, Reife M VII bis A VIII, wird mehli
Resistenzen: Wenig spätfrostanfällig, empfindlich für Monilia
Anbauhinweise: Erwerbsanbau, Selbstversorger, Direktvermarkter, Hausgärten

Benedicte
Synonyme: Keine
Herkunft: Zuchtsorte aus Frankreich
Verwendung: Tafelfrucht, häusliche Verwertung, Konserve
Anbaueignung: Frostsichere wärmere Lagen
Wuchs: Stark, breit ausladende Krone
Unterlagen: Pfirsich-Sämling, Rubira, St. Julien A, GF 522, Wangenheim-Sämling, Ackermann, Hinduka-Sämling, je nach gebietsspezifischer Eignung
Befruchtung: Selbstfertil, benötigt gutes Blühwetter
Ertrag: Hoch, regelmäßig
Frucht: Sehr groß, wenig behaart, fest, gut transportabel, kaum druckempfindlich, sehr gut steinlösend, sehr süß und saftig, kräftiges Aroma, Reife E VIII, einige Zeit lagerbar
Resistenzen: Allgemein sehr gesund, frostempfindlich, wenig Kräuselkrankheit
Anbauhinweise: Erwerbsanbau, Selbstversorger, Hausgärten

Bero
Synonyme: Keine
Herkunft: Auslese aus 'Beste von Rothe'
Verwendung: Tafelfrucht, häusliche Verwertung, Konserve
Anbaueignung: Frostsichere wärmere Lagen
Wuchs: Wächst stark, aufrecht, breit ausladende Krone
Unterlagen: Pfirsich-Sämling, Rubira, St. Julien A, GF 522, Wangenheim-Sämling, Ackermann, Hinduka-Sämling, je nach gebietsspezifischer Eignung
Befruchtung: Selbstfertil, benötigt gutes Blühwetter
Ertrag: Hoch, regelmäßig
Frucht: Mittelgroß, mäßig fest, gut transportabel, wenn rechtzeitig geerntet, später druckempfindlich, gut steinlösend, sehr süß und saftig, Reife E VIII bis A IX
Resistenzen: Blüte und Holz gut frostverträglich, wenig Kräuselkrankheit
Anbauhinweise: Selbstversorger, Hausgärten, Erwerbsanbau

Fairhaven

Synonyme: Keine
Herkunft: 'J.H. Hale' × 'South Haven'
Verwendung: Tafelfrucht, häusliche Verwertung, Konserve
Anbaueignung: Frostsichere wärmere Lagen
Wuchs: Stark, breit ausladende Krone
Unterlagen: Pfirsich-Sämling, Rubira, St. Julien A, GF 522, Wangenheim-Sämling, Ackermann, Hinduka-Sämling, je nach gebietsspezifischer Eignung
Befruchtung: Selbstfertil, benötigt gutes Blühwetter
Ertrag: Hoch, regelmäßig
Frucht: Groß bis sehr groß, wenig behaart, fest, gut transportabel, kaum druckempfindlich, gut steinlösend, sehr süß und saftig, kräftiges Aroma, Reife M VIII, bessere Qualität als 'Red Haven'
Resistenzen: Frostempfindlich, mittel empfindlich für Kräuselkrankheit
Anbauhinweise: Erwerbsanbau, Selbstversorger, Hausgärten

Kernechter vom Vorgebirge

Synonyme: 'Roter Ellerstädter', 'Vorgebirgspfirsich'
Herkunft: Auslese von 'Roter Ellerstädter', viele Typen
Verwendung: Tafelfrucht, Konserve, Brennerei
Anbaueignung: Auch in Grenzlagen für Pfirsiche
Wuchs: Sehr stark, später nachlassend, breit ausladende Krone
Unterlagen: Siehe 'Fairhaven'
Befruchtung: Selbstfertil, benötigt gutes Blühwetter
Ertrag: Sehr hoch, regelmäßig, ausdünnen
Frucht: Mittelgroß, stark behaart, fest, gut transportabel, sehr gut steinlösend, sehr süß und saftig, kräftiges Aroma, Reife M IX, Früchte einige Zeit lagerbar
Resistenzen: Frostempfindlich, wenig Kräuselkrankheit
Anbauhinweise: Erwerbsanbau, Selbstversorger, Hausgärten

Nerine
Synonyme: Keine
Herkunft: 'Fairhaven' geselbstet
Verwendung: Tafelfrucht, häusliche Verwertung, Konserve
Anbaueignung: Frostsichere wärmere Lagen
Wuchs: Sehr stark, später nachlassend, breit ausladende Krone
Unterlagen: Pfirsich-Sämling, Rubira, St. Julien A, GF 522, Wangenheim-Sämling, Ackermann, Hinduka-Sämling
Befruchtung: Selbstfertil, benötigt gutes Blühwetter
Ertrag: Hoch
Frucht: Mittelgroß bis groß, leicht behaart, fest, gut transportabel, kaum druckempfindlich, mittelmäßig steinlösend, sehr süß und saftig, angenehmes mittleres Aroma, Reife M VII
Resistenzen: Frostempfindlich, empfindlich für Kräuselkrankheit
Anbauhinweise: Selbstversorger, Hausgärten, Erwerbsanbau

Pilot
Synonyme: Keine
Herkunft: Unbekannt, Zufallssämling
Verwendung: Tafelfrucht, häusliche Verwertung, Konserve
Anbaueignung: Auch in Grenzlagen
Wuchs: Stark, hochkugelige Krone
Unterlagen: Pfirsich-Sämling, Rubira, St. Julien A, GF 522, Wangenheim-Sämling, Ackermann, Hinduka-Sämling, je nach gebietsspezifischer Eignung
Befruchtung: Selbstfertil, benötigt gutes Blühwetter
Ertrag: Sehr hoch, regelmäßig, ausdünnen
Frucht: Mittelgroß bis groß, stark behaart, fest, gut transportabel, gut steinlösend, süß und saftig, kräftiges Aroma, Reife M VIII, einige Zeit lagerbar
Resistenzen: Wenig frostempfindlich, wenig Kräuselkrankheit, Blüte weniger frostgefährdet als bei anderen Pfirsichsorten
Anbauhinweise: Erwerbsanbau, Selbstversorger, Hausgärten

Red Haven

Synonym: 'Redhaven'
Herkunft: 'Hale Haven' × 'Kalhaven'
Verwendung: Tafelfrucht, häusliche Verwertung, Konserve
Anbaueignung: Frostsichere wärmere Lagen, sehr anpassungsfähig
Wuchs: Mittelstark bis stark, breit ausladende Krone, Fruchtastumtrieb wichtig
Unterlagen: Siehe 'Fairhaven'
Befruchtung: Selbstfertil, benötigt gutes Blühwetter
Ertrag: Sehr hoch, regelmäßig, ausdünnen
Frucht: Mittelgroß bis groß, stark behaart, fest, gut transportabel, kaum druckempfindlich, sehr gut steinlösend, sehr süß und saftig, kräftiges Aroma, Reife A VIII
Resistenzen: Empfindlich für Kräuselkrankheit und Frost
Anbauhinweise: Erwerbsanbau, Selbstversorger, Hausgärten

Starcrest

Synonyme: Keine
Herkunft: Mutation aus 'Springcrest'
Verwendung: Tafelfrucht, häusliche Verwertung, Konserve
Anbaueignung: Frostsichere wärmere Lagen
Wuchs: Mittelstark bis stark, breit ausladende Krone
Unterlagen: Siehe 'Fairhaven'
Befruchtung: Selbstfertil, benötigt gutes Blühwetter
Ertrag: Hoch, regelmäßig
Frucht: Mittelgroß, stark behaart, mittel bis schlecht steinlösend, Stein oft gespalten, süß und saftig, mittleres Aroma, Reife A VII, für die frühe Reife sehr schöne Früchte von guter Qualität
Resistenzen: Empfindlich für Kräuselkrankheit und Frost
Anbauhinweise: Erwerbsanbau, Selbstversorger, Hausgärten

Arapaho

Synonyme: Keine
Herkunft: Zuchtsorte aus USA
Verwendung: Frischverzehr, häusliche Verwertung, Verarbeitung
Anbaueignung: Ohne besondere Ansprüche
Wuchs: Stark bis sehr stark, unbestachelt
Reifezeit: Sehr früh, ab E VII
Befruchtung: Selbstfertil, guter Bienenbeflug notwendig, Fremdbestäubung kann höheren Ertrag bringen, im Hausgarten reicht eine Sorte
Ertrag: Sehr hoch, lange Ernteperiode, zahlreiche Pflückdurchgänge
Frucht: Sehr groß, stark glänzend, fest, am Strauch einige Zeit haltbar, leicht zu pflücken, mildes Aroma, Geschmack sehr gut
Resistenzen: Brombeerrost, wenig Mehltau, mittelstark anfällig für *Gnomonia*-Rindenbrand
Anbauhinweise: Erwerbsanbau, Direktvermarkter, Hausgärten; Sortenschutz in mehreren Ländern

Black Satin

Synonyme: Keine
Herkunft: (Resistente Zuchtstämme × 'Darrow') × 'Thornfree'
Verwendung: Frischverzehr, häusliche Verwertung, Verarbeitung
Anbaueignung: Frostschutz im Winter, regelmäßiger Schnitt
Wuchs: Stark bis sehr stark, unbestachelt
Reifezeit: Zwischen VIII und X
Befruchtung: Selbstfertil, guter Bienenbeflug notwendig, Fremdbestäubung kann höheren Ertrag bringen, im Hausgarten reicht eine Sorte
Ertrag: Sehr hoch, sehr lange Ernteperiode, zahlreiche Pflückdurchgänge
Frucht: Sehr groß, stark glänzend, mittelfest, am Strauch kaum haltbar, leicht zu pflücken, mildes Aroma, Geschmack säuerlich, gut
Resistenzen: Anfällig für Fruchtfäule und Brombeermilbe, Blüte spätfrostgefährdet
Anbauhinweise: Erwerbsanbau, Direktvermarkter, Hausgärten

Nessy

Synonyme: 'Loch Ness', 'Nessie'
Herkunft: Zuchtsorte aus Schottland
Verwendung: Frischverzehr, häusliche Verwertung, Verarbeitung
Anbaueignung: Frostschutz im Winter, regelmäßiger Schnitt, Stützgerüst
Wuchs: Sehr stark, unbestachelt
Reifezeit: Zwischen E VII und IX
Befruchtung: Selbstfertil, guter Bienenbeflug notwendig, Fremdbestäubung kann höheren Ertrag bringen, im Hausgarten reicht eine Sorte
Ertrag: Mittelhoch, lange Ernteperiode, zahlreiche Pflückdurchgänge
Frucht: Groß, stark glänzend, fest, am Strauch wenige Tage haltbar, leicht zu pflücken, kräftiges Aroma, Geschmack süß-säuerlich, gut
Resistenzen: Wenig Fruchtfäulen
Anbauhinweise: Erwerbsanbau, Direktvermarkter, Hausgärten; Sortenschutz in mehreren Ländern

Theodor Reimers

Synonyme: 'Himalaya', 'Black Diamond', 'Sandbrombeere'
Herkunft: Auslese aus der Sandbrombeere, *Rubus discolor*
Verwendung: Frischverzehr, häusliche Verwertung, Verarbeitung
Anbaueignung: Frostschutz im Winter, regelmäßiger Schnitt, Stützgerüst, gutes Regenerationsvermögen
Wuchs: Sehr stark, stark bestachelt
Reifezeit: Zwischen E VII und IX
Befruchtung: Selbstfertil
Ertrag: Mittelhoch bis hoch, lange Ernteperiode, zahlreiche Pflückdurchgänge
Frucht: Mittelgroß, glänzend, fest, am Strauch einige Tage haltbar, schwer zu pflücken, vollreif kräftiges Aroma, süß
Resistenzen: Wenig anfällig für Fruchtfäulen, Ruten frostempfindlich, Blüten weniger
Anbauhinweise: Direktvermarkter, Hausgärten

Thornfree

Synonym: ‘Black Thornfree’
Herkunft: (‘Merton Thornless’ × ‘Brainerd’) × (‘Eldorado’ × ‘Merton Thornless’)
Verwendung: Frischverzehr, häusliche Verwertung, Verarbeitung
Anbaueignung: Frostschutz im Winter, regelmäßiger Schnitt, Stützgerüst
Wuchs: Sehr stark, unbestachelt
Reifezeit: Zwischen E VIII und X
Befruchtung: Selbstfertil, Fremdbestäubung kann höheren Ertrag bringen, im Hausgarten reicht eine Sorte
Ertrag: Hoch, lange Ernteperiode, zahlreiche Pflückdurchgänge
Frucht: Sehr groß, stark glänzend, fest, am Strauch wenige Tage haltbar, am Gerüst leicht zu pflücken, vollreif kräftiges Aroma, Geschmack säuerlich
Resistenzen: Anfällig für Fruchtfäulen, Brombeermilbe, Rutenkrankheiten
Anbauhinweise: Direktvermarkter, Hausgärten

Thornless Evergreen

Synonyme: ‘Blacky’, ‘Domino’
Herkunft: Mutation von ‘Oregon Evergreen’ (*Rubus laciniatus*)
Verwendung: Frischverzehr, häusliche Verwertung, Verarbeitung
Anbaueignung: Ohne besondere Anforderungen, regelmäßiger Schnitt, Stützgerüst
Wuchs: Stark, unbestachelt, bildet bestachelte Bodentriebe
Reifezeit: Von VIII bis zum Frosteintritt
Befruchtung: Selbstfertil, Fremdbestäubung kann höheren Ertrag bringen, im Hausgarten reicht eine Sorte
Ertrag: Hoch, lange Ernteperiode, zahlreiche Pflückdurchgänge
Frucht: Mittelgroß, glänzend, fest, am Strauch einige Tage haltbar, am Gerüst leicht zu pflücken, Geschmack säuerlich
Resistenzen: Anfällig für Brombeermilbe, Rote Spinne, weniger für Rutenkrankheiten
Anbauhinweise: Erwerbsanbau, Direktvermarkter, Hausgärten

Blissy

Synonym: 'Autumn Bliss' (Sortenname)
Herkunft: Mehrfachkreuzung mit 'Malling M'
Verwendung: Frischverzehr, häusliche Verwertung, Verarbeitung
Anbaueignung: Herbsttragende Sorte ohne besondere Ansprüche
Wuchs: Stark, Jungruten zahlreich, mittelstark bewehrt
Reifezeit: VIII, für herbsttragende Sorten früh, trägt bis zum ersten Frost
Befruchtung: Selbstfertil, Fremdbestäubung kann höheren Ertrag bringen
Ertrag: Sommerernte gering, Herbsternte hoch
Frucht: Groß, mittelstark glänzend, fest, leicht vom Zapfen lösend, Aroma mittel bis gut, häufiges Durchpflücken erforderlich
Resistenzen: Wenig Wurzelfäule und Himbeerblattlaus (Virusüberträger)
Anbauhinweise: Erwerbsanbau, Selbstversorger, Hausgärten; Sortenschutz in mehreren Ländern

Elida

Synonym: 'Rafzmach' (Sortenname)
Herkunft: 'Malling M' × 'Chilcotin'
Verwendung: Frischverzehr, häusliche Verwertung
Anbaueignung: Sommertragend, ohne besondere Ansprüche
Wuchs: Schwach, Jungruten zahlreich, leicht bewehrt
Reifezeit: VII, nur kurze Ernteperiode
Befruchtung: Selbstfertil, guter Bienenbeflug ist notwendig, Fremdbestäubung kann höheren Ertrag bringen
Ertrag: Hoch, Sorte neigt zum Remontieren
Frucht: Mittelgroß, nur mittelfest, leicht vom Zapfen lösend, Aroma mittel, Geschmack mittelmäßig bis gut, häufiges Durchpflücken erforderlich
Resistenzen: Früchte sind witterungsempfindlich, über Krankheiten wenig Erfahrung
Anbauhinweise: Erwerbsanbau, Selbstversorger, Hausgärten; Sortenschutz in mehreren Ländern

Glen Ample

Synonyme: Keine
Herkunft: Mehrfachkreuzung von ‘Glen Prosen’ und ‘Meeker’
Verwendung: Frischverzehr, Verarbeitung
Anbaueignung: Sommertragend, ohne besondere Ansprüche
Wuchs: Stark, Jungruten zahlreich, stachellos
Reifezeit: VII, A VIII, nach ‘Elida’, lange Ernteperiode
Befruchtung: Selbstfertil, guter Bienenbeflug ist notwendig, Fremdbestäubung kann höheren Ertrag bringen
Ertrag: Hoch
Frucht: Groß, glänzend, fest, attraktiv, leicht vom Zapfen lösend, Aroma mittel, Geschmack leicht säuerlich, angenehm, häufiges Durchpflücken erforderlich
Resistenzen: Wenig Rutenkrankheiten, stärker empfindlich für Himbeerrost
Anbauhinweise: Erwerbsanbau, Direktvermarkter, Selbstversorger; EU-Sortenschutz

Himbo Queen

Synonym: ‘Rafzeter’ (Sortenname)
Herkunft: ‘Puyallup Large’ × ‘Malling Exploit’
Verwendung: Frischverzehr, Verarbeitung
Anbaueignung: Sommertragende Sorte, Windschutz empfehlenswert
Wuchs: Stark, Jungruten zahlreich, mittelstark bewehrt
Reifezeit: VII, VIII, mittelspät
Befruchtung: Selbstfertil, guter Bienenbeflug notwendig, Fremdbestäubung kann höheren Ertrag bringen
Ertrag: Hoch bis sehr hoch
Frucht: Groß, glänzend, mittelfest, gut vom Zapfen lösend, Aroma stark, Geschmack gut, angenehm, häufiges Durchpflücken erforderlich
Resistenzen: Anfällig für Rutenkrankheiten, wenig Fruchtfäule
Anbauhinweise: Erwerbsanbau, Direktvermarkter, Hausgärten; Sortenschutz

Rubaca
Synonym: 'Niniane'
Herkunft: 'Rutrago' × 'Latham'
Verwendung: Frischverzehr, häusliche Verwertung, Verarbeitung
Anbaueignung: Sommertragend, ohne besondere Ansprüche
Wuchs: Mittelstark, Jungruten weniger zahlreich, stark bewehrt
Reifezeit: VII, VIII, mittelspät
Befruchtung: Selbstfertil, guter Bienenbeflug notwendig, Fremdbestäubung kann höheren Ertrag bringen
Ertrag: Mittel bis hoch, lange Ernteperiode
Frucht: Mittel bis groß, nur mäßig fest, daher nur kurze Zeit haltbar, gut vom Zapfen lösend, Aroma stark, Geschmack gut, häufiges Durchpflücken erforderlich
Resistenzen: *Phytophtora*-Wurzelfäule, winterfrosthart
Anbauhinweise: Direktvermarkter, Hausgärten, Erwerbsanbau; EU-Sortenschutz

Rumiloba
Synonyme: Keine
Herkunft: 'Promiloy' × Resistenter Zuchtstamm
Verwendung: Frischverzehr, häusliche Verwertung, Verarbeitung, günstig unter Folie
Anbaueignung: Sommertragend, ohne besondere Ansprüche
Wuchs: Stark bis sehr stark, Jungruten zahlreich, mittelstark bewehrt
Reifezeit: VIII, IX, sehr spät
Befruchtung: Selbstfertil, guter Bienenbeflug notwendig
Ertrag: Mittel bis hoch, lange Ernteperiode
Frucht: Groß bis sehr groß, stark glänzend, fest, am Strauch einige Zeit haltbar, mittelschwer vom Zapfen lösend, Aroma stark, Geschmack gut, zahlreiche Pflückdurchgänge
Resistenzen: Himbeerblattlaus (Virusüberträger) und Rutensterben, bei Nässe nicht winterfrosthart
Anbauhinweise: Erwerbsanbau, Direktvermarkter, Hausgärten; Sortenschutz

Rutrago

Synonyme: ‘Bauer 50’, ‘Rucanta’

Herkunft: Resistenter Zuchtstamm × ‘Tragilo’

Verwendung: Frischverzehr, häusliche Verwertung, Verarbeitung

Anbaueignung: Sommertragend, ohne besondere Ansprüche

Wuchs: Sehr stark, wenig Jungruten, nur gering bewehrt

Reifezeit: VIII, mittelspät

Befruchtung: Selbstfertil, guter Bienenbeflug notwendig

Ertrag: Sehr hoch, lange Ernteperiode, zahlreiche Pflückdurchgänge

Frucht: Groß, glänzend, sehr fest, am Strauch einige Zeit haltbar, mittelschwer vom Zapfen lösend, Aroma stark mit starker Säure und Süße, Geschmack sehr gut

Resistenzen: Himbeerblattlaus (Virusüberträger), Rutensterben, empfindlich für Fruchtfäule

Anbauhinweise: Erwerbsanbau, Direktvermarkter, Hausgärten; Sortenschutz

Schönemann

Synonyme: Keine

Herkunft: ‘Lloyd George’ × ‘Preußen’

Verwendung: Frischverzehr, häusliche Verwertung, Gefrierkonservierung

Anbaueignung: Sommertragend, ausreichende Wasserversorgung wichtig, nur virusfreies Pflanzmaterial verwenden, sonst Abbauerscheinungen

Wuchs: Sehr stark, viele Jungruten, mittelstark bewehrt

Reifezeit: VIII, spät

Befruchtung: Selbstfertil

Ertrag: Hoch bis sehr hoch, lange Ernteperiode, zahlreiche Pflückdurchgänge

Frucht: Groß, glänzend, mittelfest bis fest, am Strauch einige Zeit haltbar, leicht vom Zapfen lösend, Aroma stark mit starker Säure und Süße, Geschmack sehr gut

Resistenzen: Wenig Rutensterben, empfindlich für Fruchtfäule

Anbauhinweise: Erwerbsanbau, Direktvermarkter, Hausgärten

Jonkheer van Tets

Synonyme: Keine
Herkunft: 'Fays Fruchtbare' frei abgeblüht
Verwendung: Frischverzehr, häusliche Verwertung, Verarbeitung
Anbaueignung: Ohne besondere Anforderungen, Auslichtungsschnitt erforderlich, zur Heckenerziehung geeignet
Wuchs: Stark, sparrig, aufrecht, buschig
Reifezeit: Sehr früh
Befruchtung: Selbstfertil
Ertrag: Mittelhoch, neigt zum Verrieseln
Frucht: Langer Fruchtstand, lockerer Beerensitz, Früchte mittelfest bis weich, platzen und faulen bei Nässe, schlecht zu transportieren, mittelgroß, säuerlicher Geschmack, kräftiges Aroma
Resistenzen: Anfällig für Rotpustelkrankheit und Fruchtfäulnis, spätfrostempfindlich, wenig Blattfallkrankheit
Anbauhinweise: Direktvermarkter, Hausgärten, Erwerbsanbau

Koral

Synonyme: Keine
Herkunft: Zuchtklon × 'Rote Vierländer'
Verwendung: Frischverzehr, häusliche Verwertung, Verarbeitung
Anbaueignung: Ohne besondere Anforderungen, Auslichtungsschnitt erforderlich, zur Heckenerziehung geeignet
Wuchs: Mittel bis stark, gerade, aufrecht, gutes Regenerationsvermögen
Reifezeit: Spät
Befruchtung: Selbstfertil
Ertrag: Hoch, Sorte neigt kaum zum Verrieseln
Frucht: Langer Fruchtstand, lockerer Beerensitz, Früchte fest, längere Zeit am Strauch haltbar, gut zu transportieren, süß-säuerlicher Geschmack, kräftiges Aroma
Resistenzen: Mittel anfällig für Blasenlausbefall, wenig regenempfindlich
Anbauhinweise: Erwerbsanbau, Direktvermarkter, Hausgärten; Sortenschutz in mehreren Ländern

Rolan

Synonyme: Keine
Herkunft: 'Jonkheer van Tets' × 'Rosetta'
Verwendung: Frischverzehr, häusliche Verwertung, Verarbeitung
Anbaueignung: Ohne besondere Anforderungen, Auslichtungsschnitt erforderlich
Wuchs: Stark, gerade, aufrecht, mittelstark verzweigt, gutes Regenerationsvermögen
Reifezeit: Mittelspät
Befruchtung: Selbstfertil
Ertrag: Hoch bis sehr hoch, Sorte neigt kaum zum Verrieseln
Frucht: Langer Fruchtstand, lockerer Beerensitz, Früchte sehr fest, längere Zeit am Strauch haltbar, gut zu transportieren, saurer Geschmack, kräftiges Aroma
Resistenzen: Wenig Blattfallkrankheit, gering regenempfindlich, gering anfällig für Mehltau
Anbauhinweise: Erwerbsanbau, Direktvermarkter, Hausgärten

Rosetta

Synonyme: Keine
Herkunft: 'Jonkheer van Tets' × 'Heinemanns Rote Spätlese'
Verwendung: Häusliche Verwertung, Verarbeitung
Anbaueignung: Ohne besondere Anforderungen, Auslichtungsschnitt erforderlich
Wuchs: Sehr stark, gerade, aufrecht, dichte Büsche, stark verzweigt
Reifezeit: Spät
Befruchtung: Selbstfertil
Ertrag: Sehr hoch, Sorte neigt nicht zum Verrieseln
Frucht: Langer Fruchtstand, dichter Beerensitz, Früchte sehr fest, längere Zeit am Strauch haltbar, gut zu transportieren, säuerlicher Geschmack, kräftiges Aroma
Resistenzen: Wenig Blattfallkrankheit und Mehltau, Früchte regenempfindlich
Anbauhinweise: Hausgärten

Rotet

Synonyme: Keine
Herkunft: 'Jonkheer van Tets' × 'Heinemanns Rote Spätlese'
Verwendung: Frischmarkt, häusliche Verwertung, Verarbeitung
Anbaueignung: Ohne besondere Anforderungen, Auslichtungsschnitt erforderlich
Wuchs: Sehr stark, gerade, teils überhängend, buschig, mittelstark verzweigt
Reifezeit: Mittelspät
Befruchtung: Selbstfertil
Ertrag: Sehr hoch, Sorte neigt nicht zum Verrieseln
Frucht: Langer Fruchtstand, etwas dichter Beerensitz, Früchte fest, längere Zeit am Strauch haltbar, gut zu transportieren, groß, säuerlicher Geschmack, kräftiges Aroma
Resistenzen: Blattfallkrankheit, Früchte regenfest, gering anfällig für Mehltau
Anbauhinweise: Direktvermarkter, Hausgärten

Rovada

Synonym: 'Robella'
Herkunft: 'Fays Fruchtbare' × 'Heinemanns Rote Spätlese'
Verwendung: Frischmarkt, häusliche Verwertung, Verarbeitung
Anbaueignung: Ohne besondere Anforderungen, Auslichtungsschnitt erforderlich
Wuchs: Mittelstark, buschig bis breit buschig, wenig verzweigt, aufrecht
Reifezeit: Spät
Befruchtung: Selbstfertil
Ertrag: Hoch, Sorte neigt kaum zum Verrieseln
Frucht: Langer Fruchtstand, lockerer Beerensitz, Früchte fest, längere Zeit am Strauch haltbar, gut zu transportieren, groß, saurer Geschmack, kräftiges Aroma
Resistenzen: Wenig Blattfallkrankheit und Mehltau, Früchte mittel regenfest, anfällig für Anthraknose
Anbauhinweise: Erwerbsanbau, Direktvermarkter, Hausgärten

Ben Lomond

Synonyme: Keine

Herkunft: ('Consort' × 'Magnus') × ('Brödtorp' × 'Janslunda')

Verwendung: Frischmarkt, Verarbeitung

Anbaueignung: Ohne besondere Anforderungen, regelmäßiger Schnitt

Wuchs: Stark, mitteldicht, buschig, viele Basistriebe

Reifezeit: Mittelspät

Befruchtung: Selbstfertil, Fremdbestäubung günstiger für bessere Befruchtung (2 Sorten pflanzen!)

Ertrag: Mittel bis hoch, neigt wenig zum Verrieseln

Frucht: Mittellanger Fruchtstand, Früchte fest, groß, längere Zeit am Strauch haltbar, säuerlicher Geschmack, mittleres Aroma

Resistenzen: Wenig Mehltau, anfällig für Kospengallmilbe, wenig spätfrostgefährdet

Anbauhinweise: Erwerbsanbau, Direktvermarkter, Hausgärten

Bona

Synonyme: Keine

Herkunft: 'Ojebin' × (*Ribes dikusa* × 'Climax')

Verwendung: Frischmarkt, Verarbeitung

Anbaueignung: Spätfrostgeschützte Lagen, regelmäßiger Schnitt

Wuchs: Mittelstark, mitteldicht, breit ausladende Büsche

Reifezeit: Früh

Befruchtung: Selbstfertil, Fremdbestäubung günstiger für bessere Befruchtung (2 Sorten pflanzen!)

Ertrag: Nur mittel, Sorte neigt wenig zum Verrieseln

Frucht: Kurzer Fruchtstand, Früchte fest, groß, nur kurze Zeit am Strauch haltbar, sehr milder, süßlich aromatischer Geschmack, angenehmes Aroma

Resistenzen: Mehltau, etwas Säulenrost, anfällig für Gallmilbe, spätfrostgefährdet

Anbauhinweise: Hausgärten, Erwerbsanbau, Direktvermarkter; Sortenschutz in mehreren Ländern

Ometa

Synonyme: Keine

Herkunft: 'Westra' × Resistenter Zuchtstamm

Verwendung: Frischmarkt, Verarbeitung

Anbaueignung: Ohne besondere Anforderungen, regelmäßiger Schnitt

Wuchs: Stark, mittelhoch, breit buschig, wenig Basistriebe

Reifezeit: Früh

Befruchtung: Selbstfertil, Fremdbestäubung günstiger für bessere Befruchtung und verminderte Rieselneigung (2 Sorten pflanzen!)

Ertrag: Hoch

Frucht: Mittellanger Fruchtstand, Früchte fest, groß, längere Zeit am Strauch haltbar, süßsäuerlicher aromatischer Geschmack, kräftiges Aroma

Resistenzen: Mehltau, nur gering anfällig für Knospengallmilbe und Säulenrost

Anbauhinweise: Erwerbsanbau, Direktvermarkter, Hausgärten; Sortenschutz in mehreren Ländern

Titania

Synonyme: Keine

Herkunft: 'Altajskaja Desertnaja' × ('Consort' × 'Kajaanin Musta')

Verwendung: Frischmarkt, Verarbeitung

Anbaueignung: Ohne besondere Anforderungen, starker Schnitt

Wuchs: Sehr stark, mittelhoch, breit buschig

Reifezeit: Mittelspät

Befruchtung: Selbstfertil, Fremdbestäubung günstiger für bessere Befruchtung und verminderte Rieselneigung (2 Sorten pflanzen!)

Ertrag: Hoch

Frucht: Langer Fruchtstand, Früchte fest, groß, längere Zeit am Strauch haltbar, säuerlicher aromatischer Geschmack, kräftiges Aroma, maschinell erntbar

Resistenzen: Mehltau und andere Pilzkrankheiten, gering anfällig für Knospengallmilbe

Anbauhinweise: Besonders für Erwerbsanbau, Direktvermarkter, Hausgärten; Sortenschutz in mehreren Ländern

Blanka

Synonyme: Keine
Herkunft: 'Heinemanns Rote Spätlese' × 'Red Lake'
Verwendung: Frischverzehr, Verarbeitung
Anbaueignung: Ohne besondere Anforderungen, Auslichtungsschnitt
Wuchs: Stark, aufrecht, hochbuschig, mitteldicht verzweigt
Reifezeit: Spät
Befruchtung: Selbstfertil
Ertrag: Hoch, Sorte neigt zum Verrieseln
Frucht: Langer Fruchtstand, lockerer Beerensitz, Früchte mittelfest bis fest, lange am Strauch haltbar, gut zu transportieren, mittelgroß, gelblich weiß durchscheinend, wenig süßer, kräftig säuerlicher Geschmack, kräftiges Aroma
Resistenzen: Wenig Mehltau, mittel anfällig für Blattfallkrankheit
Anbauhinweise: Direktvermarkter, Hausgärten, Erwerbsanbau

Zitavia

Synonyme: Keine
Herkunft: Zufallssämling
Verwendung: Frischverzehr, Verarbeitung
Anbaueignung: Ohne besondere Anforderungen, regelmäßiger Auslichtungsschnitt, gutes Regenerationsvermögen
Wuchs: Mittelstark, aufrecht, hochbuschig, mitteldicht verzweigt
Reifezeit: Früh
Befruchtung: Selbstfertil
Ertrag: Hoch, Sorte neigt wenig zum Verrieseln
Frucht: Langer Fruchtstand, lockerer Beerensitz, Früchte mittelfest bis fest, lange am Strauch haltbar, gut zu transportieren, mittelgroß, gelblich weiß durchscheinend, säuerlich milder Geschmack, mittleres Aroma
Resistenzen: Mehltau, nur gering anfällig für Blattfallkrankheit, spätfrostgefährdet
Anbauhinweise: Direktvermarkter, Hausgärten, Erwerbsanbau

Invicta

Synonym: ‘Invictus’
Herkunft: (‘Resistenta’ × ‘Rote Triumph’) × ‘Keepsake’
Verwendung: Häusliche Verwertung, Verarbeitung
Anbaueignung: Für alle Lagen
Wuchs: Stark, breit buschig, meist überhängend, mittel bestachelt
Reifezeit: Mittel bis spät
Befruchtung: Selbstfertil, guter Bienenbeflug notwendig, Fremdbestäubung kann höheren Ertrag bringen
Ertrag: Sehr hoch
Frucht: Mittelgroß, fest, mittelstark behaart, geringe Säure, mäßig süß, angenehmer Geschmack, gut pflückbar, gut transportabel, Früchte neigen wenig zum Platzen
Resistenzen: Wenig Mehltau und Blattfallkrankheit
Anbauhinweise: Erwerbsanbau, Selbstversorger, Hausgärten; Sortenschutz in mehreren Ländern

Pax

Synonyme: Keine
Herkunft: ‘Rote Triumph’ × [(‘Captivator’ × ‘Lancashire Lad’) × selbst]
Verwendung: Häusliche Verwertung, Verarbeitung
Anbaueignung: Für alle Lagen
Wuchs: Stark, breit buschig, meist überhängend, wenig bestachelt
Reifezeit: Mittel bis spät
Befruchtung: Selbstfertil, guter Bienenbeflug ist notwendig, Fremdbestäubung kann höheren Ertrag bringen
Ertrag: Hoch
Frucht: Groß, fest, gering behaart, geringe Säure, mäßig süß, süßlich sauerer Geschmack, Früchte sind gut pflückbar, gut transportabel
Resistenzen: Wenig Mehltau und Blattfallkrankheit
Anbauhinweise: Erwerbsanbau, Selbstversorger, Hausgärten; EU-Sortenschutz

Reflamba

Synonyme: Keine

Herkunft: [‘Keepsake’ × (‘Goldkugel’ × *Ribes divaricatum*)] × frei abgeblüht

Verwendung: Häusliche Verwertung, Verarbeitung

Anbaueignung: Für alle Lagen

Wuchs: Stark, breitbuschig, etwas sparrig, mittelstark bestachelt, teils lange Stacheln

Reifezeit: Spät bis sehr spät

Befruchtung: Selbstfertil, guter Bienenbeflug notwendig, Fremdbestäubung kann höheren Ertrag bringen

Ertrag: Hoch bis sehr hoch

Frucht: Frucht mittelgroß bis groß, nicht behaart, mittlere Säure, mäßig süß, wenig Aroma, säurebetonter Geschmack, Früchte gut pflückbar, gut transportabel, am Strauch lange haltbar

Resistenzen: Wenig Mehltau und Blattfallkrankheit

Anbauhinweise: Erwerbsanbau, Selbstversorger, Hausgärten; Sortenschutz

Remarka

Synonyme: Keine

Herkunft: [‘Keepsake’ × (‘Goldkugel’ × *Ribes divaricatum*)] × ‘Mauks Frühe Rote’

Verwendung: Häusliche Verwertung, Verarbeitung

Anbaueignung: Für alle Lagen

Wuchs: Stark, breit buschig, dicht, halb aufrecht, stark bestachelt, lange Stacheln, ständiger Auslichtungsschnitt ist erforderlich

Reifezeit: Austrieb mittelfrüh, sehr früh bis früh reifend

Befruchtung: Selbstfertil, Fremdbestäubung kann höheren Ertrag bringen

Ertrag: Mittel bis hoch

Frucht: Mittelgroß, gering behaart, mittelfest, mittlere Säure, mäßig süß, angenehmer Geschmack, aromatisch, gut pflückbar, gut transportabel, Früchte neigen zum Platzen

Resistenzen: Wenig Mehltau, mittel anfällig für Blattfallkrankheit

Anbauhinweise: Erwerbsanbau, Selbstversorger, Hausgärten

Reverta

Synonyme: Keine
Herkunft: Zuchtklon × 'Früheste Gelbe'
Verwendung: Häusliche Verwertung, Verarbeitung
Anbaueignung: Für spätfrostsichere Lagen
Wuchs: Mittelstark, breit buschig, dicht, halb aufrecht, lange Stacheln, ständiger Auslichtungsschnitt
Reifezeit: Austrieb mittelfrüh, mittelfrüh reifend
Befruchtung: Selbstfertil, Fremdbestäubung kann höheren Ertrag bringen
Ertrag: Mittel bis hoch
Frucht: Mittelgroß, mittelstark behaart, fest, sehr süß mit geringer Säure, angenehmer Geschmack, aromatisch, gut pflückbar, gut transportabel, am Strauch nicht lange haltbar, Früchte neigen zum Platzen
Resistenzen: Wenig Mehltau und Blattfallkrankheit
Anbauhinweise: Erwerbsanbau, Selbstversorger, Hausgärten

Rixanta

Synonyme: Keine
Herkunft: ['Keepsake' × ('Goldkugel' × *Ribes divaricatum*)] × 'Mauks Frühe Rote'
Verwendung: Grünpflücke, häusliche Verwertung, Verarbeitung
Anbaueignung: Für alle Lagen, düngen fördert Mehltauanfälligkeit
Wuchs: Mittelstark, buschig, mitteldicht, etwas sparrig, Triebe gering bestachelt
Reifezeit: Austrieb mittelfrüh, mittelspät reifend
Befruchtung: Selbstfertil
Ertrag: Hoch
Frucht: Mittelgroß, mittelstark behaart, fest, süß mit ausgewogener Säure, angenehmer Geschmack, mäßig aromatisch, gut pflückbar, gut transportabel, am Strauch lange haltbar, Früchte neigen kaum zum Platzen
Resistenzen: Wenig Mehltau und Blattfallkrankheit
Anbauhinweise: Erwerbsanbau, Selbstversorger, Hausgärten; Sortenschutz

➤ Weitere Obstsorten – Webcode: obst1202

Rokula

Synonyme: Keine
Herkunft: 'Mauks Frühe Rote' × Resistenter Zuchtklon
Verwendung: Häusliche Verwertung, Verarbeitung
Anbaueignung: Für alle Lagen
Wuchs: Mittel bis stark, buschig, dichte Büsche, gering bestachelt
Reifezeit: Austrieb mittelfrüh, mittelspät reifend
Befruchtung: Selbstfertil, guter Bienenbeflug notwendig, Fremdbestäubung kann höheren Ertrag bringen
Ertrag: Mittel bis hoch
Frucht: Mittelgroß, schwach behaart, mittelfest, süß mit ausgewogener Säure, angenehmer Geschmack, aromatisch, gut pflückbar, Früchte neigen wenig zum Platzen
Resistenzen: Mehltau und Blattfallkrankheit
Anbauhinweise: Erwerbsanbau, Selbstversorger, Hausgärten; EU-Sortenschutz

Rolonda

Synonyme: Keine
Herkunft: 'London' frei abgeblüht
Verwendung: Häusliche Verwertung, Verarbeitung
Anbaueignung: Für alle Lagen, auch für Heckenkultur
Wuchs: Mittel bis stark, breit buschig, aufrechte Triebe, gering bestachelt
Reifezeit: Austrieb mittelspät, spät reifend
Befruchtung: Selbstfertil, Fremdbestäubung kann höheren Ertrag bringen
Ertrag: Mittel bis hoch
Frucht: Mittelgroß, schwach behaart, sehr fest, mittlere Säure und Süße, sehr angenehmer Geschmack, mittel aromatisch, Früchte sind gut pflückbar, neigen wenig zum Platzen, können sehr lange am Strauch hängen bleiben
Resistenzen: Wenig Mehltau, stärker anfällig für Blattfallkrankheit
Anbauhinweise: Erwerbsanbau, Selbstversorger, Hausgärten; Sortenschutz

Eignung der Früchte für die Verarbeitung

Allgemeine Anforderungen

Bei der Auswahl der Früchte zur Saft- und Weinbereitung muß zwar nicht auf äußere Schönheit, um so mehr aber auf innere Werte geachtet werden.

Reife

Der richtige Reifegrad lässt sich an bestimmten, je nach Fruchtart und -sorte verschiedenen, äußeren Merkmalen erkennen, zum Beispiel an der Farbe, an der Festigkeit von Schale und Fruchtfleisch, am leichten Ablösen der Frucht vom Zweig und natürlich am Geschmack. Unreifes Obst enthält noch wenig Zucker und schmeckt unangenehm sauer. Erst während des Reifevorgangs nimmt der Zuckergehalt zu. Aber der Säuregehalt nimmt im allgemeinen schon vor Erreichen der Vollreife wieder ab. Bei einigen Obstarten, zum Beispiel bei Äpfeln und Trauben, stellt sich schließlich von Natur aus ein harmonisches Säure-Zucker-Verhältnis ein. Bei anderen, vor allem bei Beeren und Sauerkirschen, gibt es auch bei Vollreife noch Zuckermangel und Säureüberschuss, so dass man noch durch Zucker- und Wasserzusatz »verbessern« muss (siehe Seite 261). Aber ein volles Ausreifenlassen ist hier ebenfalls notwendig, sonst haben die fertigen Säfte oder Weine kein volles, abgerundetes Aroma und man schmeckt noch die spitze, unreife Säure.

Bei unterschiedlichem Reifegrad immer nur die vollreifen Früchte pflücken!

Frische

Sofort nach der Ernte beginnen in den Früchten biochemische und mikrobiologische, von Enzymen gesteuerte Abbauprozesse, die bei warmem Wetter beschleunigt, bei Kühlraumtemperaturen verlangsamt werden, aber immer einen Verlust an wertvollen Inhaltsstoffen bringen. Deshalb muss man, besonders bei Beeren und Kirschen, die ja in der wärmsten Jahreszeit geerntet werden, sofort nach der Ernte mit der Saftbereitung beginnen und zügig arbeiten, bis die Haltbarkeit gesichert ist. Ein Kühlraum kann hier sehr nützlich sein.

Sauberkeit
Im Schmutz sind massenhaft Mikroorganismen enthalten, deshalb geht schmutziges Obst schnell in Fäulnis oder Gärung über. Weiche Früchte, wie Beeren und Kirschen, vertragen intensives Waschen nicht, deshalb müssen hier besonders hohe Anforderungen an die Sauberkeit gestellt werden.

Leider wird heutzutage die Sauberkeit der Früchte durch Luftverschmutzung und Rückstände von Pflanzenschutzmitteln in Frage gestellt. Bestimmte Umweltgifte und Spritzmittelrückstände lassen sich durch Waschen nicht mehr entfernen. Wer Obst im eigenen Garten hat, sollte versuchen, möglichst ohne Sommerspritzungen auszukommen. Wildfrüchte sollte man nicht in unmittelbarer Nähe von stark befahrenen Autostraßen sammeln.

Gesundheit
Faules und schimmeliges Obst sollte keinesfalls für die Saft- und Weinbereitung verwendet werden. Es führt, auch bei geringem Anteil, zu erheblichen Geruchs- und Geschmacksfehlern. Bestimmte Schimmelpilze erzeugen im Obst das schon in Spuren giftige und auch Krebs fördernde Patulin (ein Mycotoxin). Auch in erheblichem Maße madiges Obst bringt schlechte Geschmacksstoffe in den Saft. Ein geringer, nur auf die Schale beschränkter Schorfbefall ist dagegen nur ein Schönheitsfehler.

Inhaltsstoffe und ihre Bedeutung bei der Saft- und Weinherstellung

Wasser
Es ist mengenmäßig der Hauptbestandteil aller Früchte und füllt die Zellen und Zellzwischenräume aus. Bei saftigen Früchten wird der größte Teil der wasserlöslichen Bestandteile mit dem Wasser als Saft herausgepresst, aber bei wasserarmen Früchten muss Wasser zum Auslaugen der »Extraktstoffe« hinzugegeben werden.

Kohlenhydrate
Die unlösliche Zellulose, ein Vielfachzucker, bildet das Gerüst in Schalen, Stielen, Samen und Kerngehäusen sowie die Zellwände im Fruchtfleisch. Beim Pressen bleibt sie im Trester zurück.

Stärke befindet sich in größeren Mengen nur in unreifem Obst. Sie ist ein Vielfachzucker wie die Zellulose, aber in kochendheißem Wasser bildet sie einen Kleister. Beim Reifeprozeß spaltet sie sich zunächst in Dextrine und schließlich in Zwei- und Einfachzucker auf.

Trauben- und Fruchtzucker, beides Einfachzucker und leicht wasserlöslich, sind meistens zu gleichen Teilen im Obst vorhanden, daneben auch in unterschiedlichen Mengen der Rohr- oder Rübenzucker. Er ist ein Zweifachzucker und wird mit Hilfe eines fruchteigenen Enzyms oder in Gegenwart von Säuren in ein Gemisch von Traubenzucker und Fruchtzucker (Invertzucker) aufgespalten. In fertigen

Fruchtsäften sind meistens nur noch diese beiden Einfachzucker vorhanden. Der Zuckergehalt ist maßgebend für den Trockensubstanz- oder Extraktgehalt des Saftes, auch für das Mostgewicht, gemessen in Öchslegraden (siehe Seite 264).

Pektinstoffe sind in ihrem chemischen Aufbau den Vielfachzuckern ähnlich. Sie spielen eine Rolle als »Kittsubstanz« der Zellen und als »Auskleidungsmasse« der mit Saft gefüllten Zellzwischenräume. Das ursprünglich völlig wasserunlösliche Protopektin wird im vollreifen Obst allmählich in eine gelierende Form, das Hydropektin umgewandelt. Dadurch werden die Früchte weich und »matschig«, was zu Schwierigkeiten beim Pressen und auch bei der Saftklärung führen kann. Durch fruchteigene oder zugesetzte Enzyme (siehe Seite 237) werden die Pektinstoffe in leicht lösliche Bausteine aufgespalten.

Fruchtsäuren
Ihre Bildung ist meistens schon einige Zeit vor der Verzuckerung der Stärke beendet. Als Fruchtsäuren werden drei verschiedene Säuren bezeichnet: Äpfelsäure kommt hauptsächlich im Kernobst, aber auch in fast allen anderen Obstarten vor; sie hat einen angenehmen, neutralen Geschmack. Zitronensäure findet man in Beeren- und Steinobst, geringe Mengen auch in Birnen; Weinsäure ist hauptsächlich in Weintrauben, sonst nur noch in Kirschen, sie kann einen »harten« Säuregeschmack hervorrufen.

Der Säuregehalt der Früchte wird gemessen in Gramm pro Liter (g/l) Saft (siehe Seite 264). Er ist bei der Herstellung von Saft und Wein von entscheidender Bedeutung, zum Beispiel für die Selbstklärung und die Haltbarkeit.

Eiweißstoffe
In Fruchtsäften sind sie unerwünscht. Sie flocken beim Pasteurisieren in den Flaschen aus und führen zu Trübungen. Dagegen sind sie im Gärmost wichtig für den Aufbau der Hefezellen. Sie liefern vor allem die notwendigen Stickstoff- und Phosphorverbindungen. Diese können dem Most aber auch in Form von anorganischem Hefenährsalz (siehe Seite 279) zugesetzt werden. Aminosäuren, die in den Früchten in ganz geringen Mengen vorkommen, sind die Bausteine der Eiweißstoffe.

Enzyme
Sie bestehen aus Eiweiß und einer besonderen Wirkstoffgruppe. Bis zur Vollreife steuern sie in gesunden und unbeschädigten Früchten alle Aufbauvorgänge. Danach aber bewirken sie auch den Abbau und führen, besonders wenn die Zellstruktur zerstört wird, rasch bis zum völligen Abbau aller organischen Stoffe. Deshalb müssen sie möglichst schnell durch Erhitzung inaktiviert werden. Dies gilt vor allem für die sauerstoffübertragenden Oxidasen, die zum Beispiel Apfelmaische und -frischsaft bei Luftzutritt schnell braun werden lassen und auch zur Zerstörung von Vitamin C führen. Auch die Esterasen, die das Aroma ungünstig beeinflussen, sind unerwünscht. Hingegen ist die Wirkung der fruchteigenen pektinspaltenden Enzyme meistens willkommen und wird, zur Vermeidung von Press- und Klärschwierigkeiten, oft noch durch zugesetzte Präparate (Antigeliermittel, siehe Seite 237) unterstützt.

Gerbstoffe

Sie geben manchen Früchten einen herben, die Mundschleimhaut zusammenziehenden Geschmack. Ihre Wirkung beruht darauf, dass sie eine feste Verbindung mit Eiweiß eingehen, die in Getränken ausfällt und damit die Selbstklärung auslöst. Gerbstoffreich sind Mostbirnen, Speierlinge und Schlehen. Werden diese Früchte aber überreif oder gefrieren sie unmittelbar vor der Ernte, so bauen die Gerbstoffe in wenigen Tagen fast vollständig ab. (Im Gefrierschrank lässt sich die beschriebene Wirkung aber nicht erreichen.) Gerbstoffe wirken außerdem konservierend und damit besonders günstig auf die Haltbarkeit von Saft und Wein.

Farbstoffe

Anthozyane sind blaue, rote oder violette Farbstoffe und kommen beispielsweise in Schwarzen Johannisbeeren oder roten Trauben vor. Sie gelangen nur dann vollständig in den Saft, wenn die Maische aufgeschlossen wird. Dies geschieht durch Enzymierung (Zugabe von Antigeliermittel, siehe Seite 237), Erhitzen oder (bei der Weinbereitung) durch Angären (siehe Seite 271).

Carotin (orangefarben) ist im Saft überhaupt nicht löslich und bleibt beim Kalt- und Heißentsaften in den Rückständen, während die Säfte sehr farbarm sind. Deshalb sollten aus carotinreichen Früchten (Pfirsiche, Aprikosen, Tomaten) besser fruchtfleischhaltige Getränke (durch Passieren oder im Mixer) bereitet werden.

Auch Flavonoide, gelbe bis rote Farbstoffe, zum Beispiel Hesperidin und Rutin, gehören zu den in Früchten vorkommenden Farbstoffen.

Vitamine, Mineralstoffe, Spurenelemente

Carotin ist die Vorstufe von Vitamin A. Vitamin C wirkt im Saft oxidationshemmend. Es ist ziemlich hitzebeständig, sofern nicht gleichzeitig Oxidation bei Berührung mit (Luft-)Sauerstoff stattfindet.

Durch Zugabe von Vitamin C (L-Ascorbinsäure) können oxidative Veränderungen im Saft gehemmt werden (siehe Seite 237). Bei der Weinbereitung kann zugesetzte Ascorbinsäure die schweflige Säure teilweise ersetzen (siehe Seite 285).

Mineralstoffe und Spurenelemente haben im gärenden Most eine wesentliche Bedeutung für die Ernährung der Hefen.

Aromastoffe

Mengenmäßig fallen die Geruchs- und Geschmacksstoffe, die für jede Obstart, manchmal sogar für eine bestimmte Sorte typisch sind, kaum ins Gewicht. Sie sind aber aus vielen einzelnen Komponenten zusammengesetzt. Vollreife Früchte haben eine optimale Aromazusammensetzung, die sich aber nur wenige Tage hält, weil alle Aromastoffe flüchtig sind und bald »verduften«.

Sechs Grundregeln für die Verarbeitung von Früchten

Um wertvolle, genusstaugliche, gesundheitlich unbedenkliche Getränke zu erhalten und eine sichere Haltbarkeit zu erreichen, müssen vor allem die folgenden allgemeinen und grundsätzlichen Richtlinien befolgt werden:

1. Keine schlechten Früchte verwenden!

Auch mit den besten Verfahren und Geräten kann aus un- oder überreifen, unsauberen und kranken Früchten kein guter Saft und auch kein guter Wein entstehen. Bei der Bereitung dieser Getränke können keine Werte (außer dem Genussmittel Alkohol) geschaffen werden. Man kann nur die in den Früchten bereits vorhandenen Werte konservieren und veredeln.

2. Möglichst rasch arbeiten!

Im Augenblick der Ernte werden in den Früchten alle Aufbauvorgänge unterbrochen und der Abbau, das heißt die Wertminderung, beginnt. Fruchteigene Abbauenzyme werden aktiv und bauen zuerst gerade die wertvollsten Stoffe, wie Vitamine und Aromastoffe ab. Mikroorganismen, die überall vorhanden sind, beginnen mit Gärung und Schimmelbildung ihr Zerstörungswerk. Deshalb hat empfindliches Obst bereits am Tag nach der Ernte erheblich an Wert verloren. Man muss also nach Möglichkeit sofort mit dem Entsaften beginnen (Ausnahme: Nachreife bei Kernobst). Beim Waschen muss man so vorgehen, dass keine Verluste durch langes Auslaugen entstehen. Nach dem Zerkleinern soll man zügig weitermachen, bis beim Saft die Haltbarkeit erreicht ist oder beim Wein eine kontrollierte, flotte Gärung abläuft.

3. Sauerstoffeinwirkungen möglichst gering halten!

Sauerstoff ist der Hauptzerstörer von Vitaminen und anderen wertvollen Inhaltsstoffen der Früchte. Sobald die Haut oder Schale einer Frucht beschädigt wird, beginnt der Luftsauerstoff seine schädliche Einwirkung.

Es handelt sich um »enzymatisch gesteuerte Oxidationen«, das heißt die Sauerstoffübertragung wird von fruchteigenen Enzymen (Oxidasen) gesteuert. Außer einer Bräunung bei hellen Säften bewirken sie vor allem Verluste an Vitamin C und Aromaveränderungen bis zur Ungenießbarkeit. Deshalb muss die Sauerstoffaufnahme aus der Luft durch möglichst kurze Verarbeitungszeiten auf ein Mindestmaß beschränkt werden. Die zum Frischgenuss bestimmten Säfte sollten erst unmittelbar vor dem Trinken gewonnen werden.

Übermäßige Oxidation kann auch durch die richtige Anwendung von Antioxidantien verhindert werden. Von diesen Stoffen, die Sauerstoff an sich binden, eignet sich die L-Ascor-

Bei roten Johannisbeeren soll man mit dem Pflücken warten, bis auch die Früchte im Innern der Sträucher gleichmäßig rot sind.

binsäure (synthetisches Vitamin C) als völlig unbedenklicher Zusatzstoff. Kaliumpyrosulfit, ein Salz der schwefligen Säure, wird nur bei der Weinherstellung eingesetzt. Es ist bei zu hoher Dosis gesundheitsschädlich und sollte deshalb nur genau in den vorgeschriebenen Mengen verwendet werden.

4. Berührung mit Metallen vermeiden!

Fast sämtliche Metalle sind für Obsterzeugnisse schädlich. Ausgenommen sind nur: Aluminium, Edelstähle, sowie verzinnte, verchromte und versilberte Gegenstände. Die Verzinnung muss aus bleifreiem Zinn bestehen und darf keinesfalls schon abgenutzt sein. Emaillierungen müssen aus guter, bleifreier Spezial-Emaille sein. Emailgeschirr darf keine Risse und abgesprungene Stellen haben.

Die in den Früchten vorhandenen Säuren greifen die Metalle an und machen ihre Oberfläche blank und glänzend. Dabei entstehen aber lösliche Metallsalze, die in den Saft übergehen. Sie können zu hässlichen Verfärbungen, zu unangenehmen Geschmacksveränderungen, ja sogar zur Bildung von gefährlichen Giften führen. Bei der Weinbereitung können Metallverbindungen auch den Gärungsprozess stören.

Dass Blei sehr giftig ist und deshalb niemals mit Lebensmitteln in Berührung kommen darf, ist allgemein bekannt. Auch Zink geht mit Fruchtsäften giftige Verbindungen ein und färbt rote Säfte violett. Deshalb dürfen

Obst und Obsterzeugnisse keinesfalls in verzinkten Gefäßen aufbewahrt oder transportiert werden.

Bei Berührung mit Kupfer können Fruchtsäfte und -weine einen sehr unangenehmen Metallgeschmack annehmen. Bereits in Spuren bewirkt Kupfer katalytisch die Zerstörung von Vitamin C. Bei Erhitzung oder längerer Aufbewahrung von Fruchtsäften oder Weinen in Kupfergefäßen kann sich giftiger Grünspan bilden.

Messing ist eine Legierung von Kupfer und Zink. Deshalb ist es ebenso gefährlich.

Eisen bewirkt Metallgeschmack, Schwarzfärbung und Vitaminverlust. Man darf deshalb Obst und Säfte keinesfalls mit Eisen in Berührung kommen lassen. Freiliegende Eisenteile an Mühlen, Pressen und anderen Geräten müssen öfter mit Kelterlack (weißem Emaillack) gestrichen werden.

Zinn ist bei kurzer Einwirkung verwendbar. Bei längerem Kontakt verursacht es bei Beeren Blaufärbung.

Aluminium ist für die Zubereitung und für eine kurze Aufbewahrungszeit geeignet, nicht aber für ein längeres Stehenlassen, besonders bei sehr saueren Säften.

5. Hygienisch einwandfrei arbeiten!
Sauberkeit ist oberstes Gebot und Grundvoraussetzung für den Erfolg bei der Saft- und Weinbereitung. Gemeint ist dabei nicht so sehr die optische (sichtbare) Sauberkeit. Es kommt gar nicht darauf an, ob al es glänzt und blitzt. Entscheidend ist vielmehr die innere (mikrobielle) Reinheit, die nur unter dem Mikroskop sichtbar gemacht werden kann. »Hygienisch einwandfrei« bedeutet, möglichst keimarm zu arbeiten, alle schädlichen Mikroorganismen möglichst frühzeitig abzutöten oder an der Vermehrung zu hindern. Das weiß heute jeder, der mit Lebensmitteln umgeht.

6. Unnötig hohe Temperaturen und lange Heißhaltezeiten vermeiden!
Mikrobiologische Sauberkeit ist auch der erste Schritt zur Vermeidung von Hitzeschäden. Die Abtötung der Mikroorganismen durch Erhitzung auf 65 °C beruht auf einer Gerinnung ihres Zelleiweißes. Bei gleichbleibend hoher Temperatur wird in einer bestimmten Zeit immer nur die Hälfte der vorhandenen Mikroorganismen abgetötet. Daraus geht hervor: Je niedriger die Anfangskeimzahl ist, um so weniger Wärmebelastung (das heißt hohe Temperatur und Zeit, in der sie wirken muss) braucht ein Fruchtsaft zur Erreichung der sicheren Haltbarkeit.

Zu hohe Temperaturen und zu lange Heißhaltezeiten erhöhen die Vitamin- und Aromaverluste. Außerdem verursachen sie, besonders bei hellen Säften, eine unschöne Braunfärbung und Überhitzungsgeschmack.

Schimmelpilze, denn sie sind vom Sauerstoff zwingend abhängig. Bei einem Alkoholgehalt von mehr als 4 %vol können sie nicht mehr leben.

Schimmelpilze vermehren sich durch Sporen, die mit dem bloßen Auge nicht zu sehen sind. Kaum schwerer als Luft, werden sie von jedem Windstoß fortgetragen. Fallen sie auf einen geeigneten Nährboden, so keimen sie aus und bilden ein feines Fadengeflecht, das Mycel. Aus diesem wachsen Stiele, an denen Sporenträger oder -kapseln mit Tausenden von Sporen gebildet werden. Diese sind oft schon nach einigen Stunden reif und lösen sich von ihren Trägern oder bringen die Kapseln zum Platzen. Werden sie von der Luftströmung an eine trockene Stelle geweht, so gehen sie nicht zu Grunde, sondern umgeben sich mit einer Art Wachsschicht, die sie vor dem völligen Austrocknen schützt. Überall, wo Saftreste eintrocknen, zum Beispiel in leeren Flaschen, Geräten, Schläuchen, setzen sich die Dauersporen fest. Da sie sogar stundenlanges Kochen überstehen können, sind sie nicht durch das bei der Haltbarmachung von Fruchtsäften übliche Erhitzungsverfahren (Pasteurisieren, siehe Seite 245) zu bekämpfen.

Pinselschimmel
Auf dem Fruchtsaft oder -wein wachsen rasch weiße, anfangs nur stecknadelkopfgroße »Stippe«, bis sie die ganze Oberfläche bedecken. Kommt Licht dazu, so wird dieser Pilzrasen blaugrün, später schwärzlich. Auch nicht sofort verarbeitete Früchte oder nicht genügend gereinigte Geräte und Behälter können sich in kurzer Zeit mit einem Pilzrasen überziehen.

Gießkannenschimmel
Sie bilden auf der Oberfläche von sauren Getränken einen weißen, grünen, braunen oder schwarzen Pilzrasen. Sie leben auch auf der Rinde von Korkeichen, gelangen mit nicht genügend entkeimten Naturkorken in die Weinflaschen und verursachen den unliebsam bekannten Korkgeschmack des Weines.

Köpfchenschimmel
Ihr weißes, wattebauschähnliches Mycel schwimmt mitten im Saft oder Wein, wird immer größer und sinkt nach einiger Zeit zu Boden. Bei einigen Arten schnüren sich die Pilzfäden ab und bilden Kugel- oder Mucorhefen. Diese vermehren sich ohne Sauerstoff durch Sprossung wie die Hefen. Sie bilden aus Zucker Alkohol, daneben organische Säuren und schlechte Aromastoffe.

Bakterien

In Fruchtsäften und -weinen können sich nur einige säurebildende Bakterienarten entwickeln. Sie erzeugen Essig-, Milch- und andere organische Säuren und können dadurch die befallenen Getränke geruchlich und geschmacklich unliebsam verändern. Sie bilden jedoch keine Dauerformen und können deshalb durch Pasteurisieren sicher abgetötet werden. Ihre Vermehrung erfolgt durch Teilung.

Essigsäurebakterien
Sie sind überall vorhanden, so auch auf den Schalen der Früchte. Werden diese faul oder beschädigt, dann beginnen die Essigsäurebakterien bereits ihre Tätigkeit und gelangen

beim Pressen in so großer Zahl in den Saft, dass es bei günstigen Temperaturen (25 bis 33 °C) zum Essigstich (stechender Geruch und kratzender Geschmack im hinteren Rachenbereich) kommen kann.

Bei einem Gehalt von mehr als 1 g/l ist die Essigsäure deutlich wahrnehmbar. Sie lässt sich auch nicht mehr aus dem Most oder Wein entfernen und ist für die Vermehrung der echten Weinhefen schädlich.

Essigsäurebakterien brauchen hauptsächlich Alkohol (Ethanol) als Nahrung. Sie wandeln ihn um in Essigsäure und brauchen für diesen Gärvorgang unbedingt Sauerstoff aus der Luft.

In Säften aus gesunden, unbeschädigten, sauberen Früchten sind die Essigsäurebakterien nur in geringer Zahl vorhanden und ihre Stoffwechseltätigkeit wird bei niedrigen Temperaturen (unter 15 °C) stark gehemmt. Alkohol in höherer Konzentration ist auch für die Essigsäurebakterien Gift: Bei etwa 10 bis 12 %vol Alkohol stellen sie ihre Tätigkeit ein.

Auch bei hohen Säuregehalten (über 10 g/l) und in geschwefelten Mosten wird ihre Tätigkeit weit stärker als die der Hefezellen gebremst. Durch Beachtung dieser Tatsachen lässt sich der Essigstich bei der Weinbereitung vermeiden, bei der Essigherstellung aber eine ungebremste Gärung und Essigsäurebildung erreichen (siehe Seite 293).

Milchsäurebakterien

Sie sind noch wärmeliebender als Essigsäurebakterien und gedeihen am besten bei 30 bis 50 °C. Sie treten während der Gärung besonders in säurearmen (Apfel-) Mosten auf. Eine Art wandelt Zucker in Milchsäure und Essigsäure um und erzeugt einen süßlich-sauren, an Sauerkraut erinnernden, ebenfalls kratzenden Geschmack. Das Getränk wird trüb, meistens auch dickflüssig (Milchsäurestich). Eine andere Art von Milchsäurebakterien bewirkt den biologischen Säureabbau im reifenden Wein, indem sie Äpfelsäure in die mildere Milchsäure und Kohlendioxid aufspaltet.

Die Saftgewinnung

Es gibt für die Saftgewinnung eine ganze Reihe verschiedener Möglichkeiten und Verfahren, die auch ganz verschiedene Geräte erfordern. Wie schon bei der Beschreibung der einzelnen Fruchtarten ausgeführt wurde, lassen sich keineswegs alle auf die gleiche Art entsaften. Es sollten deshalb, um unnötige Geldausgaben zu vermeiden, zunächst folgende Fragen überdacht werden:

- Welche Früchte sollen entsaftet werden?
- Welche Früchte in größeren, welche nur in kleinen Mengen?
- Welche Geräte können im Haushalt auch für andere Zwecke mitbenutzt werden?
- Sind Haushaltsgeräte vorhanden, die auch für die Saftbereitung, eventuell durch Anschaffung geeigneter Vorsätze, genutzt werden können?
- Was kann mit Verwandten, Nachbarn, Freunden gemeinsam angeschafft, was kann gegenseitig ausgeliehen werden?
- Sollten bei größeren Obstmengen (vor allem bei Äpfeln) nicht besser die Dienste einer genossenschaftlichen oder privaten Lohnmosterei in Anspruch genommen werden?

Viele verschiedene Mostapfelsorten, in der Lohnmosterei angeliefert, geben dort zusammen die richtige Mischung für einen harmonisch schmeckenden Apfelsaft oder -wein.

Vorbereitung der Früchte

Waschen

Den Früchten haftet immer Erde, Staub und anderer Schmutz an, der meistens auch unangenehme Geruchs- und Geschmacksstoffe enthält. Auch durch Umweltgifte aus der Luft oder Rückstände von Pflanzenschutzmitteln können Früchte kontaminiert sein. Immer aber sind im Schmutz massenhaft Mikroorganismen eingeschlossen. Deren Zahl soll durch das Waschen möglichst weitgehend vermindert werden, damit nicht schon der Fruchtbrei (die Maische) und wenig später der frisch gepresste Saft zu gären anfängt. Dies wäre bei der Fruchtsaftherstellung schon deshalb unerwünscht, weil dann Alkohol entsteht. Aber auch bei der Fruchtweinbereitung ist die sogenannte Spontangärung nicht mehr willkommen, weil sie zu Geschmacksbeeinträchtigungen führen kann. Nur bei der Weinbereitung aus gesunden Trauben vom Weinberg fällt wegen erwünschter Spontangärung das Waschen weg (siehe Seite 276).

Hartfleischige Früchte, wie Äpfel, kann man ziemlich robust waschen, am besten in großen Bütten mit viel Wasser und einem harten Besen oder Schrubber. Nach dem Herausnehmen aus dem Waschwasser sollte man die Früchte nochmals mit frischem Wasser abspritzen und gut abtropfen lassen. Beim empfindlichen Beerenobst sind allerdings die Möglichkeiten einer gründlichen Reinigung ziemlich beschränkt. Hier erfolgt das Waschen am besten in einem Sieb durch mehrmaliges, kurzes Eintauchen in Wasser oder schonendes Abbrausen. Man sollte hier auf sauberes Pflücken achten. Vorteilhaft ist es, Früchte, an denen Sand haftet, getrennt zu ernten und nur diese zu waschen. Bei sauber geernteten Erdbeeren, Himbeeren und Brombeeren, die am empfindlichsten sind, kann ganz auf Waschen verzichtet werden. Sobald diese Früchte nämlich mit Wasser in Berührung kommen, setzt eine Diffusion ein, wobei nicht nur Saft verloren geht, sondern auch Wasser aufgenommen und der Saft dadurch verdünnt wird.

Auslesen, Entstielen
Alle für die Saftbereitung ungeeigneten Früchte, vor allem faule und schimmelige, müssen vor oder nach dem Waschen ausgeschieden werden. Entstielen ist vor allem nötig, wenn die Früchte für das Dampfentsaften vorbereitet werden sollen. Weil hier nicht gepresst, sondern extrahiert wird, werden auch aus Stielen (und aus Blättern) fremde Geschmacksstoffe herausgezogen und gelangen in den Saft, der dann nicht mehr so reintönig schmeckt.

Kaltentsaften

Entsaften mit der Schnecken-Fruchtpresse
Früchte mit weichem Fruchtfleisch, wie Himbeeren und Erdbeeren, kann man mit einem Kartoffelstampfer, Fleischklopfer oder ähnlichem Haushaltsgerät zerkleinern und den Saft durch ein Sieb oder Tuch zunächst ablaufen lassen und dann ausdrücken.

Ein Fleischwolf mit Fruchtpressvorsatz ist ein seit Jahrzehnten bewährtes Haushaltsgerät zum Kaltentsaften kleinerer Obstmengen.

In vielen Haushalten haben sich aber auch schon seit Jahrzehnten sehr viel wirksamere Verfahren für die Kaltentsaftung bewährt und verschiedene Geräte eingeführt. So war bereits unseren Großeltern ein Fruchtpressvorsatz zu dem fast in jedem Haushalt vorhandenen Fleischwolf bekannt. Dieser auch heute noch im Fachhandel erhältliche Vorsatz verlängert die Schnecke des Fleischwolfes, wobei die Windungen immer kleiner werden. Die Früchte werden beim Drehen der Schnecke zerquetscht. Der Saft fließt durch ein unten eingebautes Sieb oder einen Siebkorb, der die Schnecke umgibt, aus. Der Trester wird laufend ausgeschieden.

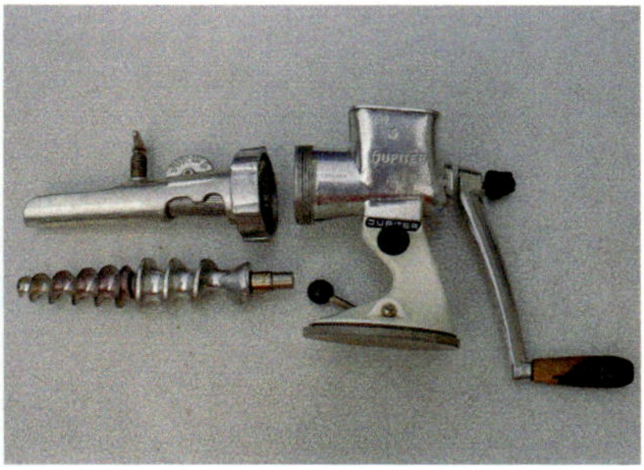

Fleischwolf mit Fruchtpressvorsatz aus Aluminium.

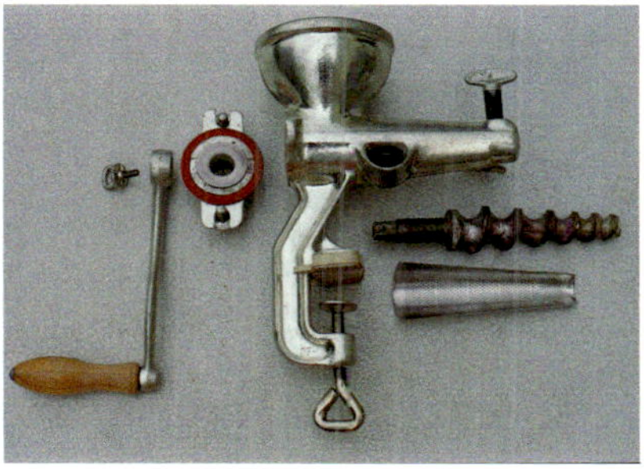

Spezial-Schnecken-Fruchtpresse aus feuerverzinntem Grauguss.

Die Presswirkung kann mit Hilfe einer Schraube eingestellt werden. Beim Zudrehen dieser Schraube verengt sich die Austrittsöffnung für den Trester, der Druck wird größer, der Trester trockener. Dadurch wird auch die Ausbeute höher, aber man erhält einen dicktrüben Saft.

Es gibt auch schon seit langem von Hand zu drehende Spezial-Schnecken-Fruchtpressen für den Haushalt, die genauso funktionieren, wie der Fleischwolf mit Vorsatz. Ebenfalls aus feuerverzinntem Grauguss hergestellt, sind diese Geräte sehr robust und eignen sich für die Entsaftung von rohen und gekochten Früchten. Leichtere italienische Fabrikate mit Aluminiumumhüllung sind dagegen hauptsächlich für die Herstellung von rohem Tomatenmark gebaut und für härtere Früchte nicht geeignet. Der Pressdruck wird bei ihnen durch eine Feder automatisch geregelt.

Man muss bei gusseisernen Geräten unbedingt auf eine gute Verzinnung achten. Ist diese, zum Beispiel bei älteren, viel gebrauchten Fleischwolfgeräten, schon abgenutzt und kommen dadurch Früchte oder Saft mit ungeschütztem Eisen in Berührung, so sind hässliche Saftverfärbungen und ein unangenehmer Eisengeschmack die unausbleibliche Folge (Aluminium ist unbedenklich, Edelstahl ist ideal).

Schneckenpressen sind für Beerenobst in nicht zu großen Mengen gut geeignet, nicht jedoch für Kern- und Steinobst, ebenfalls nicht für Trauben. Sie erfordern bei Handbetrieb erhebliche Muskelkraft. Aber es gibt auch hier Vorsätze für moderne elektrische Mehrzweck- oder Universal-Küchenmaschinen, die eine mühelose Saftgewinnung ermöglichen.

Die Geräte sind gleich nach Gebrauch auseinanderzunehmen und mit klarem Wasser zu reinigen. Dabei müssen, besonders in den Ecken, alle Saft- und Tresterreste entfernt werden, weil diese sonst zu gefährlichen Infektionsherden werden können. Hartnäckige Farbstoffflecken kann man mit einer Zitrone oder mit Zitronensäure abreiben. Nach dem Abspülen muss man alle Teile gründlich abtrocknen, wieder zusammenbauen und bei der Aufbewahrung vor Feuchtigkeit schützen.

Die »Braun-Multipress automatic MP 80« mit automatischem Tresterauswurf.

Entsaften mit der elektrischen Saftzentrifuge

Saftzentrifugen sind im Handel sowohl als Einzelapparate als auch als Zusatzgeräte (Arbeitsteile) zu den meisten Universal-Küchenmaschinen erhältlich. Sie arbeiten nach dem Prinzip der Zentrifugal- (Flieh- oder Schleuder-) kraft. Im unteren Teil einer elektrischen Saftzentrifuge ist der Motor untergebracht, der eine sehr hohe Umdrehungszahl hat. Im oberen Teil befindet sich eine Zerreißscheibe (Raffel) und ein Siebkorb (Trommel), die beide vom Motor angetrieben werden.

Die Früchte werden in einen Schacht gefüllt und mit einem Stößel gegen die umlaufende Zerreißscheibe gedrückt. Dabei werden sie zerkleinert und durch die Fliehkraft nach außen geschleudert. Die festen Bestandteile bleiben in der Trommel hängen, während der Saft durch die Löcher nach außen geschleudert wird. Zerkleinerung und Entsaftung erfolgen hier in einem Arbeitsgang.

Enthält der Saft zuviel Trub, was bei sehr weichem Obst der Fall ist, so kann in die Trommel zusätzlich ein Filterstreifen eingelegt werden, wodurch aber die Saftausbeute sinkt.

Bei den kleineren, einfachen Saftzentrifugen bleibt der Rückstand im Gerät. Dieses muss dann, nachdem etwa 1 kg Früchte entsaftet sind, abgestellt und die Trommel entleert werden. Die neueren, größeren, auch wesentlich teureren Saftautomaten schieben dagegen den Trester laufend über das schrägstehende Zentrifugensieb nach oben und werfen ihn selbsttätig in einen Tresterbehälter. Sie sind damit natürlich viel bequemer in der Handhabung und es können etwa 3 kg in einem Arbeitsgang entsaftet werden.

Die Anschaffung einer elektrischen Saftzentrifuge lohnt sich vor allem dann, wenn besonderer Wert auf Frischsäfte gelegt wird.

Am besten lässt sich festfleischiges Obst, also vor allem Kernobst, mit der Zentrifuge entsaften. Die Früchte müssen geviertelt und vom Kerngehäuse befreit werden. (Deshalb macht die Entsaftung größerer Mengen Äpfel viel Mühe.)

Steinobst muss entsteint werden. Die Stiele müssen bei Johannisbeeren, Kirschen und Erdbeeren entfernt werden.

Sehr weiche Früchte, wie Himbeeren und Erdbeeren, entsaften sich mit der Zentrifuge nicht so gut. Ohne Filterstreifen gibt es nur einen dickflüssigen, sehr fruchtfleischhaltigen Saft, mit Filterstreifen keine zufriedenstellende Ausbeute.

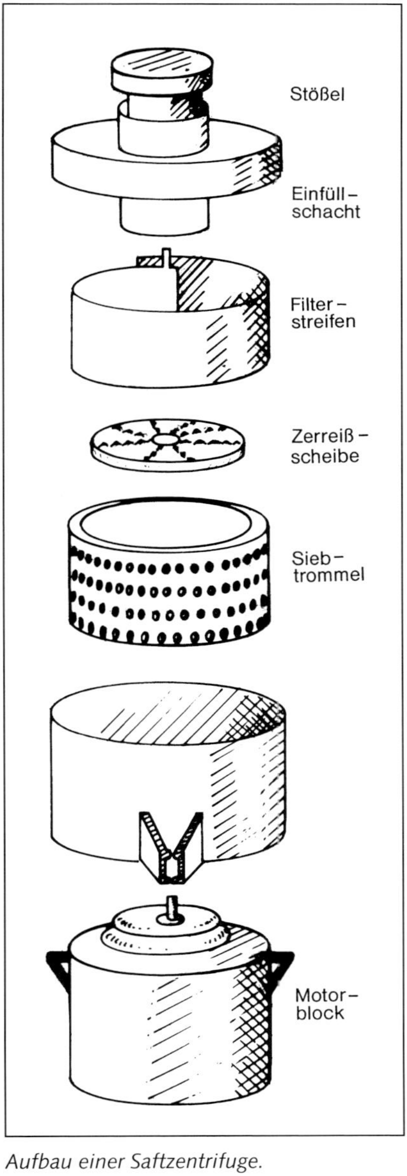

Aufbau einer Saftzentrifuge.

Die oberen Teile der Zentrifuge sind sofort nach Gebrauch zu reinigen, am besten unter fließendem Wasser. Der Motorblock darf, wie bei allen Küchenmaschinen, nur feucht abgewischt werden.

Keltern

Zur Entsaftung von größeren Mengen Kernobst und Weintrauben ist bis heute eigentlich nur das uralte, »klassische« Kelterverfahren mit Mühle und Presse zu empfehlen. Da die Neuanschaffung dieser Geräte aber mit sehr hohen Kosten verbunden ist, sollte zuvor überlegt werden, ob nicht die Einrichtung einer Gemeinschaftskelterei mitbenutzt werden kann.

Vielfach findet sich auch eine Lohnmosterei in der Nähe, die das angelieferte Obst gegen Entgelt abpresst. Dort bekommt man mit Hilfe von modernen, hydraulischen Großpressen eine viel höhere Ausbeute, spart sich viel Mühe und kann entweder den frischen Keltermost zur Apfelweinbereitung, oder auch gleich fertigen, haltbaren Saft in Flaschen mitnehmen. Er ist dann allerdings nicht von den eigenen Früchten.

Obstmühlen

Wer sich eine eigene, kleine Hobby-Kelterei einrichten und das eigene Obst auch selbst keltern möchte, muss zunächst das Problem der richtigen Mühle lösen. Keine Obstmühle eignet sich gleich gut für alle Früchte, vielmehr gibt es grundsätzlich zwei verschiedene Typen:

Beeren- und Steinobstmühlen besitzen zwei gegeneinanderlaufende Walzen, die aus Holz, Stein, Metall oder hochwertigem Kunststoff bestehen und meistens ein Profil besitzen. Die

Die klassische, alte Beerenmühle mit zwei gegeneinander laufenden Walzen ist noch keineswegs überholt.

Früchte werden zwischen den Walzen nur gequetscht. Die Walzen sollten verstellbar sein, damit sie der jeweiligen Fruchtgröße angepasst werden können. Ihr Abstand voneinander ist so zu regulieren, dass keine unzerdrückten Beeren zwischen ihnen hindurchschlüpfen können, da diese in der Presse auch bei hohem Druck nicht entsaftet werden. Bei Sauerkirschen werden die Walzen zunächst weit gestellt, dann aber (bei etwa 10 bis 20 % der Früchte) so eng, dass auch die Steine geknackt werden (wegen dem Bittermandelaroma).

Für Kernobst, das zu einer körnigen Maische geraspelt werden muss, eignen sich am besten Stiftenwalzen-, Reibemantel-, Fräs- oder Rätzmühlen. Die Maische darf nicht zu fein sein und muss noch etwa erbsengroße Fruchtstückchen aufweisen, sonst gibt es Schwierigkeiten beim Pressen. (Ein Küchenmixer zerschlägt zum Beispiel das Obst zu einem homogenen Mus, aus dem sich der Saft durch Pressen nicht mehr abtrennen lässt.)

Um nicht zwei verschiedene Mühlen anschaffen zu müssen, bleibt für

Oben links: Kleinkelter, Korb mit Pressstück ausgelegt, über der Presse Walzenmühle mit Vorzerkleinerer für Kernobst, Einfüllkasten abgenommen.

Oben rechts: Dieselbe Kelter beim Pressvorgang mit mechanischem Hebeldruckwerk. Die Mühle ist ausgeschwenkt.

Unten links: Packpresse mit hydraulischem Hebeldruckwerk unter dem Presstuch, darüber in Presstuch eingepackte Maische und Holzlattenrost.

Unten rechts: Hydropresse, arbeitet mit Wasserleitungsdruck (siehe auch Schnittzeichnungen auf Seite 238).

RINK

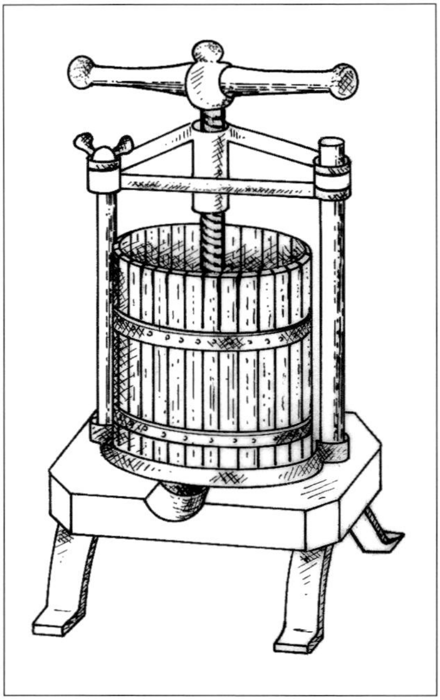

Kleinkelter mit einfacher Spindel

die Hobby-Kelterei nur die kleine »Universal-Obstmühle« übrig, die eine Kombination der beiden beschriebenen Typen darstellt. Die größeren Früchte werden hier zuerst von Edelmetallstacheln vorzerkleinert und fallen dann auf zwei gegeneinanderlaufende Walzen, die sie zerquetschen.

Korbpressen

Sehr praktisch sind Kleinkeltern, bei denen die Mühle schwenkbar über der Presse angeordnet ist, so dass die Maische gleich in die Kelter fällt.

Als Pressen kommen für die Hobby-Kelterei meistens nur mechanische Korbspindelpressen in Betracht. (Ungeeignet sind Pressen, bei denen die eiserne Spindel mitten in der Maische steht). Die Maische wird in einen Presskorb eingefüllt, in den man vorher ein Presstuch einlegt, damit der Fruchtbrei nicht durch die Latten des Korbes quillt.

Die Spindelpresse sollte ein Hebeldruckwerk besitzen, das ein kräftesparendes Arbeiten ermöglicht. Dabei wird mit Hilfe einer sinnvoll ausgedachten Mechanik nach dem Hebelgesetz ein großer Druck erzeugt. Von oben nach unten presst dann eine Platte die Maische zusammen und bringt den Saft zum Auslaufen. Die Pressung darf nicht zu schnell erfolgen, damit der Saft zum Ablaufen Zeit hat und nicht herausspritzt. Sie ist beendet, wenn der Saft nur noch langsam tröpfelt. Der Rückstand (Tresterkuchen) fühlt sich dann ziemlich trocken an.

Eine Nachpresse lohnt sich vor allem bei Beerenobst. Dazu wird der Presskuchen herausgenommen, wieder zerkleinert und aufgelockert. Man gibt etwas heißes Wasser hinzu, lässt ihn ein bis zwei Stunden auslaugen und presst dann noch einmal ab. Die zweite Ausbeute wird am besten gleich mit der ersten vermischt.

Packpressen

Bei ihnen wird die Maische in dünnen Schichten (etwa 5 cm) in Presstücher eingepackt und in mehreren Lagen mit dazwischenliegenden Rosten aufgestapelt. Die (Holz- oder Aluminium-) Roste wirken als Ablauf-

Eine alte Korbpresse mit mechanischem Hebeldruckwerk. Sie leistet immer noch gute Dienste bei der Gewinnung von Apfelmost.

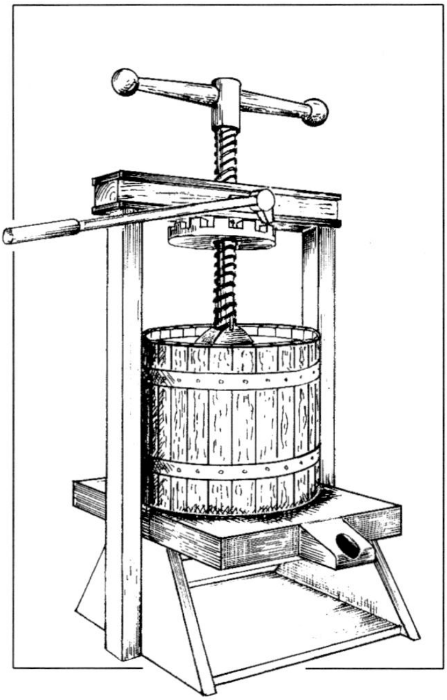

Korbspindelpresse mit mechanischem Hebeldruckwerk.

rinnen für den ausgepressten Saft. Zusammen mit der dünnen Schichtung bewirkt dies eine höhere Ausbeute, so dass eine Nachpresse nicht mehr erforderlich ist. Da der Saft leichter abläuft, kann man mit der Packpresse auch viel schneller pressen. Nachteilig ist allerdings, dass das Ein- und Auspacken der Presstücher viel mehr Arbeit erfordert als das Füllen und Entleeren des Korbes. Auch erfordern die Presstücher sehr sorgfältige Pflege.

Packpressen mit zwei auswechselbaren Pressbieten bringen etwa die doppelte Pressleistung. Es gibt auch elektrisch angetriebene, hydraulische Kleinpackpressen, bei denen die schwere Pressarbeit durch Motorkraft (mit automatischer Abschaltung) geleistet wird.

Hydropressen
Eine interessante Neuheit sind die Wasserdruck-Gummibalgpressen (Hydropressen). Hier kommt die Maische in einen aufrechtstehenden, mit kleinen Löchern versehenen Edelstahlzylinder (Inhalt 20 oder 40 l). In diesem befindet sich ein Gummisack, der mit Hilfe des normalen Leitungsdrucks (mindestens 3 bar) mit Wasser gefüllt wird. Dadurch wird die Maische von innen nach außen an die

Korbspindelpresse mit aufgesetzter Mühle.

gesamte Fläche der Zylinderwand gepresst. Der Saft kann durch die Löcher nach unten abfließen und von einer rings um den Zylinder laufenden Sammelrinne in ein untergestelltes Gefäß geleitet werden. Nach dem gleichen Prinzip arbeitet auch eine kleine Hydropresse mit nur zwei Liter Korbinhalt, die in einen Plastikeimer eingehängt wird.

Beim Mahlen und Pressen ist auf Sauberkeit der Geräte größter Wert zu legen. Reste von Obst und Trestern müssen gründlich entfernt werden, besonders aus Ecken und Fugen. Alle Holz- und Metallteile müssen mit heißem Wasser gründlich gereinigt werden. Blankes Eisen, das mit Obst oder Saft in Berührung kommen kann, muss stets mit Kelterlack sorgfältig überstrichen werden. Die Presstücher müssen nach Gebrauch gewaschen, ausgewrungen und luftig aufgehängt werden. Jede Unsauberkeit und Nachlässigkeit kann zu Brutstätten für Essigsäurebakterien und Schimmelpilze führen, die sich verheerend auf die Saftqualität auswirken.

Die Maische von pektinreichen und dunkelfarbigen Früchten (vor allem von Schwarzen Johannisbeeren) muss zur Erhöhung der Saft- und Farbausbeute vor dem Pressen noch aufgeschlossen werden. Dies geschieht entweder durch kurzes Erhitzen auf etwa 70 bis 80 °C (auch Zusatz von kochendem Wasser ist möglich) oder durch Behandlung mit pektinspaltendem Enzym (Antigeliermittel). Enzympräparate sind bei Temperaturen von 40 bis 50 °C am wirksamsten. Bei niedrigeren Temperaturen sind längere Einwirkungszeiten oder größere Enzymmengen erforderlich. Bei höheren Temperaturen werden die Enzyme geschädigt und schließlich völlig inaktiviert. (Näheres ist bei den Gebrauchsanleitungen der Enzympräparate angegeben.)

Während des Pressens und der Weiterverarbeitung oxidieren die Säfte durch Berührung mit Luft (-Sauerstoff), was zu Bräunung und Vitaminverlusten führt. Dies kann durch Zugabe von 0,2 bis 0,4 g Vitamin C (L-Ascorbinsäure) pro Liter Maische gleich nach dem Mahlen verhindert werden. Auf jeden Fall müssen Waschen und Mahlen des Obstes, sowie Abpressen der Maische, möglichst rasch hintereinander folgen, damit Maische und Saft nicht länger als nötig mit Luft in Berührung sind.

Die Pressrückstände, Trester genannt, eignen sich sehr gut zum Kompostieren. Wenn man beim Aufsetzen etwas Kalk dazwischenstreut, erfolgt eine optimale Umsetzung zu einem wertvollen organischen Gartendünger.

Frostentsaften

Durch Gefrieren lassen sich kleinere Mengen von weichfleischigen Früchten, vor allem Weintrauben, Beeren und Sauerkirschen, ohne weiteren Apparateaufwand bequem entsaften. Die sauberen, entstielten Früchte werden in einen Gefrierbeutel gefüllt und eingefroren. Weil sich das in den Zellen und Zellzwischenräumen befindliche Wasser beim Gefrieren ausdehnt (aus 10 l Wasser werden 11 l Eis), wird die Zellstruktur zerstört. Vor dem Auftauen wird der Eisblock in ein Sieb gegeben oder die Beutel werden unten mit einer Stricknadel siebartig durchlöchert und über einem Gefäß aufgehängt. Der Saft läuft dann

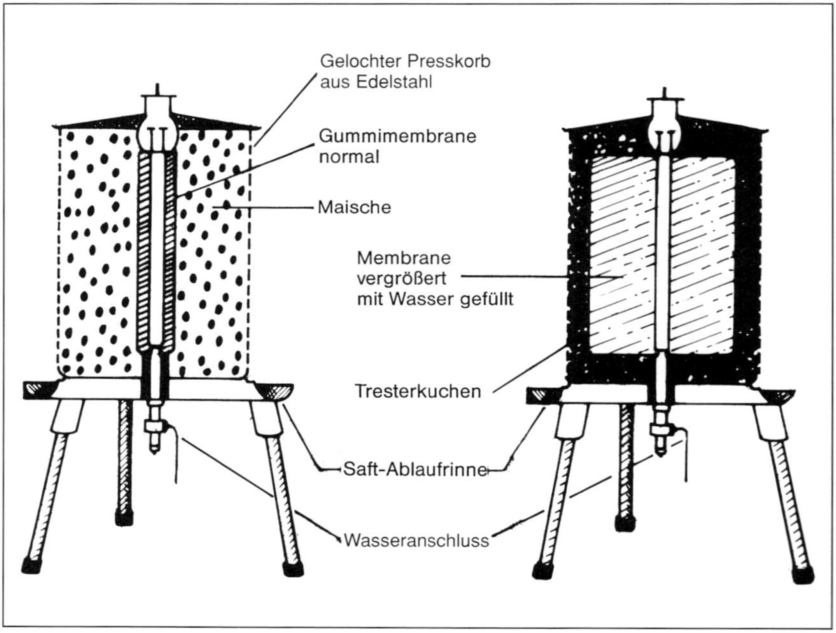

Schnitt durch die Speidel-Hydropresse.
Links: Gummimembrane normal, ohne Wasserfüllung. Rechts: Membrane vergrößert, mit Wasser gefüllt.

während des Auftauens zum größten Teil von selbst ab. (Bei pektinreichen Früchten kann noch Antigeliermittel zugesetzt werden.) Die Rückstände lassen sich leicht in einem Säckchen mit der Hand ausdrücken.

Hartfleischige Früchte lassen sich mit dieser Methode zumindest so weich machen, dass das Zerkleinern mit einer Mühle überflüssig wird.

Heißentsaften

Ein Notbehelf

Ein behelfsmäßiges, primitives Heißentsaftungsverfahren wird im Haushalt schon seit vielen Generationen angewendet: Man dreht einen Küchenhocker mit der Sitzfläche nach unten, bindet ein sauberes grobmaschiges Baumwoll- oder Leinentuch mit den vier Enden locker an je einem Stuhlbein an und stellt eine große Schüssel darunter. Dann gießt man die mit Wasser aufgekochten Früchte (Beeren oder in Stücke geschnittene Äpfel) in die entstandene Mulde.

Man kann auch die heiße Maische in einen Sack schütten, diesen zubinden und an einem Besenstiel, der auf die Lehnen von zwei Küchenstühlen gelegt wird, aufhängen.

Wenn nicht gepresst wird, fließt der Saft klar in das daruntergestellte Gefäß. Durch Pressen von Hand erhält man natürlich eine größere Ausbeute, aber trüben Saft. Diese Art der Saftgewinnung wird auch heute noch oft zur Geleebereitung angewendet. Sie ist jedoch unergiebig (es sei denn, man verwendet die Rückstände zu Kompott oder dergleichen).

Selbsthergestellter Dampfentsafter
In einen Einkochtopf (Durchmesser etwa 30 cm) gibt man etwa 10 cm hoch Wasser, legt einen passenden Rost hinein und stellt eine zweite, im Durchmesser nur wenig kleinere, etwa 3 bis 4 l fassende Schüssel darauf. Danach hängt man ein grobmaschiges Leinen- oder Baumwolltuch (etwa 80 mal 80 cm) trichterförmig in den großen Topf und bindet es mit einer Schnur außen herum fest. Nun füllt man die Früchte in das Tuch, setzt den Deckel auf, löst die Schnur und bindet zum Schluss die vier Tuchenden kreuzweise über dem Deckel zusammen.

Auch diese Methode ist nur ein Notbehelf: Das Tuch hat nur ein geringes Fassungsvermögen, ein undicht schließender Deckel führt zu Dampfverlust und unangenehmem Schwitzwasser in der Küche. Zu lange Hitzeeinwirkung führt zu Qualitätsverlust und auch die Saftausbeute ist nicht zufriedenstellend. Außerdem ist das ganze selbstgebastelte Gerät ziemlich unpraktisch in der Handhabung und man kann sich leicht verbrühen.

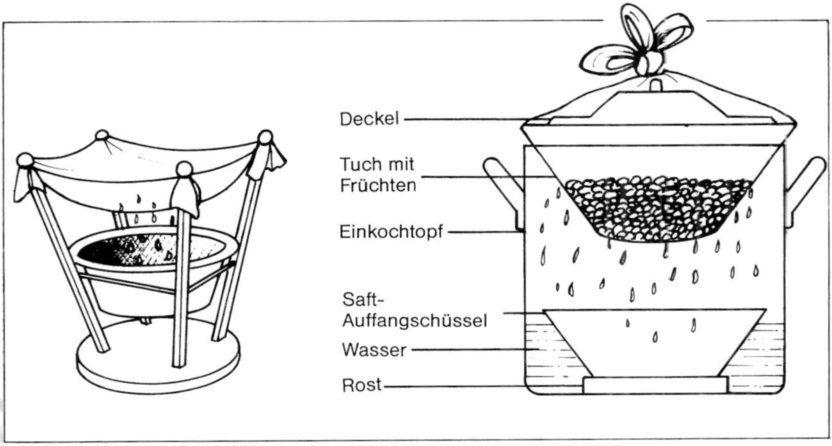

Links. Behelfsmäßiges Entsaften mit Seihtuch, Schüssel und Hocker.
Rechts: Dampfentsaften mit Einkochtopf, Seihtuch und Schüssel.

Dampfentsaften mit verschiedenen Apparaten

In allen Geschäften, die Haushaltswaren führen, gibt es ein vielfältiges Angebot von Dampfentsaftern, die so konstruiert sind, dass die vorgenannten Nachteile vermieden werden können.

Einsatzentsafter

Sie bestehen aus einem Saftbehälter und einem Fruchtkorb, die in einen Einkochtopf oder -automaten eingehängt werden. Der Vorteil dieser Geräte ist ihre mehrfache Verwendungsmöglichkeit. Ein Nachteil, insbesondere bei älteren Einsätzen, ist die recht umständliche Saftentnahme, die beim Einfüllen in Flaschen Schöpflöffel und Trichter erfordert.

Der neue »Weck-Dampfdüsenentsafter« ist dagegen einfach in der Handhabung. Die Einsätze sind aus hochwertigem lebensmittelgerechtem Kunststoff, der den Saft nicht verändert und auch von den Fruchtsäuren nicht angegriffen wird. Auch die Saftfarben haften nicht an, so dass alles ganz leicht zu reinigen ist. Der Kunststoff, aus dem auch der Deckel besteht, wirkt wärmeisolierend und

Oben: Automatik-Einkochtopf von Weck mit eingebauter Entsafterschaltung und Trockengehschutz.

Mitte: Dazugehöriger, zweiteiliger Saftgewinner-Einsatz aus lebensmittelgerechtem Kunststoff mit Henkel und Ausgießtülle.

Unten: Ältere, dreiteilige Dampfentsafter, auseinandergenommen. Rechts aus Aluminium, links aus spezial-emailliertem Stahl.

dampfabdichtend. Saftbehälter und Fruchtkorb sind so gebaut, dass für den aufsteigenden Dampf nur ein enger Durchgang bleibt und so eine »Düse« entsteht. Dadurch erhöhen sich der Druck und die Temperatur des Dampfes, wodurch auch die Entsaftung wesentlich beschleunigt wird. Der Saftbehälter besitzt außerdem einen Tragebügel und einen Gießschnabel, wodurch das Entleeren und das Heißeinfüllen in Flaschen sehr erleichtert werden.

Aufsatzentsafter
Sehr vorteilhaft ist der »Nahrath-Fruchtsafter-Aufsatz«. Er ist aus spezial-emailliertem Stahl und schließt beim Aufsetzen auf den Einkochtopf mit Hilfe eines Kunststoffringes dicht ab. Auch der Deckel ist aus wärmeisolierendem Kunststoff, so dass Energieverluste weitgehend vermieden werden. Ein Auslauf am Saftbehälter ermöglicht die Saftabfüllung mit einem Schlauch.

Einkochautomaten
Ein passender Einkochautomat (Einkochtopf mit eingebauter Heizung und Thermostat) ist die ideale Ergänzung, sowohl für die Einsatz- als auch für die Aufsatz-Entsafter. Er spart Energie (Strom), weil die Heizung unmittelbar auf das Wasser wirkt und ist auch zum Pasteurisieren vielseitig verwendbar. Für die Fruchtsaftgewinnung wird der Thermostat auf die Endstufe »Entsaften« geschaltet, wodurch ein dauerndes Kochen mit genügend starker Dampfbildung erreicht wird. Man muss unbedingt darauf achten, dass immer Wasser im Einkochtopf ist, damit dieser nicht »trockengeht«.

Mehrteilige Dampfentsafter
Weitverbreitet sind auch die vollständigen, mehrteiligen Dampfentsaftungsapparate mit Abfüllvorrichtung. Aus Aluminium sind sie recht billig, aus spezial-emailliertem Stahl schon wesentlich teurer, aus Edelstahl sind sie ein idealer Luxus mit entsprechenden Preisen.

Der »Multitopf«
Eine interessante Neuerung aus Edelstahl ist der »Multitopf« der Firma Kreck. Dieser Entsafter bildet ein ge-

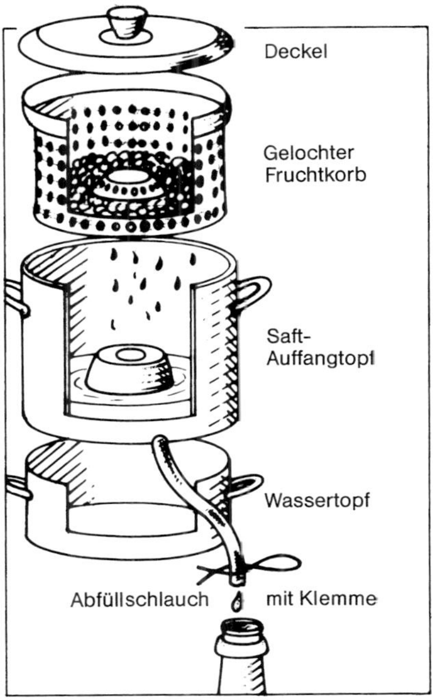

Schnitt durch den mehrteiligen Dampfentsafter.

Der Elektro-Einkocher der Firma Nahrath dient hier zum Erhitzen der Flaschen, während in den Fruchtsafter-Aufsatz Brombeeren eingefüllt werden.

schlossenes System, denn der Deckel ist mit einem Dichtungsring versehen und verschließbar. Der Dampfdruck wird von einem »Sanftdruck-Ventil« reguliert. Für einen Entsaftungsvorgang werden nur etwa 2 l Wasser benötigt. Der Saft wird also nicht wesentlich verdünnt. Der Dampf bleibt im Topf und wirkt mit leichtem Druck auf das Füllgut ein. Das bedeutet kürzere Entsaftungszeiten und Energieeinsparung. Von dem leichten Druck wird der Saft durch ein Edelstahlrohr nach oben gedrückt und kann mit Hilfe eines Schlauches und einer Klemme abgefüllt werden. Topf und Abfüllflasche befinden sich dabei auf gleicher Ebene. Dies ermöglicht ein bequemes, sauberes und sicheres Arbeiten.

Der Multitopf kann im Haushalt für viele Zwecke eingesetzt werden, auch beim Pasteurisieren von Fruchtsäften nach verschiedenen Verfahren (siehe Seite 245).

Das Funktionsprinzip

Das Funktionsprinzip ist bei allen Dampfentsaftern das gleiche, man nennt es »Extraktion«:

Im untersten Topf wird Wasser zum Sieden gebracht. Der entstehende Dampf steigt durch die erhöhte Öffnung in der Mitte des Saftauffangtopfes nach oben. Er dringt durch die Löcher des Fruchtkorbes in die Früchte ein, bringt deren Zellen zum Platzen und entzieht den Saft (»extrahiert« ihn). Der Saft fließt verhältnismäßig klar ab, wird im Saftauffangtopf gesammelt und heiß auf Flaschen gefüllt.

Der Arbeitsablauf

Die Früchte werden gewaschen und, soweit notwendig, entstielt. Saftarme Früchte müssen vorher gründlich zerkleinert, Hagebutten sollen sogar noch zusätzlich über Nacht in Wasser eingeweicht werden. Pfirsiche und Aprikosen werden auseinandergeschnitten und entsteint (sonst Blausäureabspaltung, Vergiftungsgefahr!). Ist ein leichter Bittermandelgeschmack erwünscht, so können einige Steine im Fruchtkorb oben aufgelegt werden. Dagegen ist ein Entsteinen bei Sauerkirschen und Schlehen nicht erforderlich.

Es ist vorteilhaft, die Früchte etwa zwei Stunden vor dem Entsaften mit etwa 60 bis 100 g Zucker je kg Frucht (je nach natürlichem Zuckergehalt) zu vermischen. Das erhöht nicht nur die Saftausbeute, sondern der Zucker bindet auch die wertvollen Aromastoffe und trägt wesentlich zu ihrer Erhaltung bei. Beim späteren »Trinkfertigmachen« (siehe Seite 261) ist der schon erfolgte Zuckerzusatz natürlich mitzurechnen.

Die Entsaftungszeit beträgt, vom Kochpunkt an gerechnet, je nach Fruchtart und Gerät 25 bis 45 Minuten, höchstens eine Stunde, da sonst der Geschmack beeinträchtigt wird. Das Wasser soll dauernd und gleichmäßig kochen: So stark, dass genügend Dampf erzeugt wird, aber nicht zu stark, damit nicht unnötig Dampf entweicht und das Kochwasser völlig verschwindet.

Das Abfüllen kann schon während des Entsaftens erfolgen, man erhält aber dann keine einheitliche Saftqualität, weil zum Ende hin der Saft immer stärker verdünnt und in seiner Zusammensetzung schlechter wird.

Nach dem Abschalten der Heizung soll der Entsafter noch längere Zeit geschlossen stehen bleiben, bis der Dampf kondensiert und alles abgekühlt ist. Dann tropft noch allerhand Saft heraus und man erhält die volle Ausbeute.

Ganz zum Schluss kann man die Früchte noch mit einem Kochlöffel etwas umrühren und zerdrücken. Dann wird der Saft aber gleich sehr trübe.

Funktionsprinzip des Multitopfes als Dampfentsafter mit abklemmbarem Saft-Steigrohr.

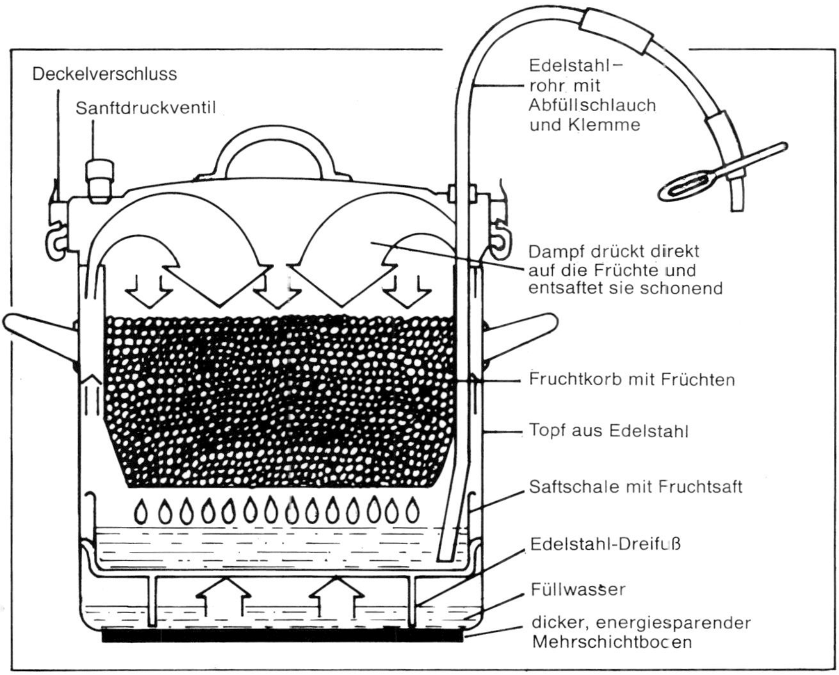

Vor- und Nachteile des Dampfentsaftens

Dampfentsaften empfiehlt sich bei pektinreichen und farbintensiven Früchten, die den heißen Wasserdampf benötigen, um zur Saft- und Farbstoffabgabe richtig aufgeschlossen zu werden. Dies sind alle Beerenobstarten, besonders die Schwarzen Johannisbeeren.

Dampfentsaften empfiehlt sich nicht bei Kernobst, weil hier die Ausbeute schlecht ist und der Saft auch geschmacklich nicht zusagt. Auch bei Steinobst, mit Ausnahme der Sauerkirschen, erhält man oft keine befriedigende Ausbeute.

Manche Fruchtweinbereiter lehnen das Dampfentsaften ab, weil im Saft alle Mikroorganismen, auch die echten Weinhefen, abgetötet und die safteigenen Enzyme inaktiviert werden (siehe Seite 269).

Beim Dampfentsaften wird der Saft durch Wasseraufnahme (meistens 10 bis 15 %) verdünnt. Dies ist aber in den meisten Fällen, vor allem bei Beerenfrüchten, erwünscht, um einen zu hohen Säuregehalt herabzusetzen. Durch die kurze Zeit bis zur Erreichung des Kochpunktes und den weitgehenden Ausschluss von Luftsauerstoff (er wird durch den Wasserdampf verdrängt) sind die Wertverluste, vor allem an Vitaminen und Aromastoffen, verhältnismäßig gering. Dies gilt vor allem für die neuen, gut durchdachten Apparate. Hier sind die Entsaftungszeiten schon bei leichtem Überdruck wesentlich kürzer und der (Luft-)Sauerstoff wird fast völlig ausgeschlossen, was sich sehr günstig auf die Saftqualität auswirkt.

Zweifellos hat das Dampfentsaften die folgenden, großen Vorteile:

- Die Saftgewinnung erfolgt ohne große Mühe und körperliche Anstrengung,
- die Beschaffung der benötigten Geräte ist erschwinglich,
- die gewonnenen Säfte laufen verhältnismäßig klar ab,
- die heiß auslaufenden Säfte sind praktisch keimfrei und können direkt in die Flaschen abgefüllt werden.

So kann beim Dampfentsaften ein qualitativ zufriedenstellender Saft gewonnen und gleichzeitig in einem Arbeitsgang auch sicher haltbar gemacht werden.

Haltbarmachen der Säfte

Grundsätzliches

Auch der im Kaltverfahren gewonnene Saft muss so schnell wie möglich haltbar gemacht werden, damit aus der Luft hineingelangte Mikroorganismen ihn nicht verderben können. Die Haltbarmachung erfolgt bei Fruchtsäften meistens durch Pasteurisieren. Benannt wurde dieses Verfahren nach dem französischen Forscher Louis Pasteur, der dafür die wissenschaftlichen Grundlagen schon um 1860 schuf. Er gab damals als Rezept für die sichere Abtötung von unerwünschten Hefen und Essigsäurebakterien in sauren Getränken (Rotwein) an: »Mindestens 30 Minuten lang auf mindestens 65 °C erhitzen!« Deshalb bedeutet Pasteurisieren auch heute noch: Schonende Haltbarmachung von Lebensmitteln durch Wärmebehandlung unter 100 °C. Inzwischen wurde erkannt, dass der Erfolg der Haltbarmachung in gleichem Maße sowohl von der Temperatur, als auch von der Erhitzungsdauer abhängt. Die Abtötung von Mikroorganismen erfolgt in Sekundenschnelle, wenn man mit der Temperatur wesentlich höher geht. In der Lebensmittelindustrie wendet man deshalb heute außerordentlich schonende Verfahren wie Kurzzeiterhitzung und Ultrapasteurisation mit aseptischer Abfüllung an, die aber nur mit einem sehr komplizierten und kostspieligen Apparate-Aufwand im Großbetrieb möglich sind.

Für das Pasteurisieren von Fruchtsäften im Haushalt gilt: Man erhitzt den Saft so schnell wie möglich auf etwa 72 °C (nur Tomatensaft wird auf 95 °C erhitzt), wodurch die in ihm lebensfähigen Wuchsformen aller Mikroorganismen in etwa 20 Minuten abgetötet werden. Sie gehen zu Grunde, weil ihr Zelleiweiß gerinnt.

Nun muss aber unbedingt vermieden werden, dass der Saft noch einmal mit Mikroorganismen in Berührung kommt, denn nur dann bleibt er haltbar.

Außer der sicheren Haltbarkeit muss man natürlich immer auch die möglichst vollständige Erhaltung der Wertstoffe im Auge behalten. Im Folgenden werden die in vielen Haushalten langjährig erprobten Verfahren in ihrer praktischen Durchführung beschrieben. Wenn man sich an diese Anleitungen hält und dabei das hier grundsätzlich Gesagte genau überdenkt, wird der Erfolg nicht ausbleiben.

Auswahl und Vorbereitung der Flaschen und Verschlüsse

Glasflaschen

Glas ist geschmacklich neutral, luft- und aromadicht, säurefest und hitzebeständig (nur »Temperatursprünge« über 30 °C verträgt normales Flaschenglas nicht). Normale Weinflaschen lassen sich leicht reinigen, trans-

Weck-Rundrandsaftflaschen mit weiter Öffnung und Glasdeckel.

portieren und lagern. Sie sind auch sehr leicht zu beschaffen, wo täglich Millionen von »Einwegflaschen« in den Glascontainern oder gar noch im Müll landen.

Dunkles Glas (grün oder braun) hält Lichtstrahlen (vor allem UV-Licht) zurück, die die Farb- und Aromastoffe schädigen und auch das Vitamin C zerstören. Wenn die schöne Farbe der Fruchtsäfte und -weine aber schon in der Flasche erkennbar sein soll, so kann auch in Klarsichtflaschen (Weißglas) gefüllt werden. Man muss dann nur den Inhalt bei der Lagerung vor Lichteinwirkung schützen (dunkler Raum oder abdecken).

Kompliziert geformte Flaschen, zum Beispiel Likörflaschen oder Sektflaschen mit eingezogenem Boden, sind schwer zu reinigen. Flaschen, in denen einmal Öl oder ölähnliche Flüssigkeiten waren, sind für immer untauglich.

In letzter Zeit werden von der Getränkeindustrie massenhaft Fruchtsäfte in Weithals-Einweg-Flaschen mit dem sogenannten »Twist-off-Verschluss« (Bajonettverschluss) auf den Markt gebracht. Diese lassen sich für die Saftpasteurisation im Haushalt sehr gut wieder verwenden. Man muss nur darauf achten, dass der im Deckel eingearbeitete Gummiring noch völlig in Ordnung ist. Im Handel sind auch die formschönen Weck-Rundrandsaftflaschen mit weiter Mündung, Glasdeckel, Gummiring und Klammer. Sie sind sehr bequem und sicher in der Handhabung, sowohl beim Heißeinfüllen als auch beim Erhitzen in den Gläsern. Sie funktionieren nach dem bekannten »Einweck-Prinzip« und lassen sich immer wieder verwenden.

Hat man die Flaschen selbst in Gebrauch, dann sollte man sie gleich nach dem Leerwerden kurz mit Wasser ausschwenken. Saft- und Trubreste lassen sich dann leicht entfernen und man spart bei der Reinigung viel Arbeit. Mit Verkrustungen sichtbar verschmutzte Flaschen legt man vor der Reinigung einen Tag lang gefüllt ins Wasser. Dadurch werden die hartnäckigen Ansätze aufgeweicht. Vor allem aber werden Dauerformen (Sporen) von Mikroorganismen zum Auskeimen gebracht und sind dann durch Erhitzen viel leichter abzutöten.

Die Reinigung der Flaschen erfolgt am besten schon mehrere Stunden vor dem Füllen mit einer guten Flaschenbürste in heißer Lauge (0,5 bis 1%ige Sodalösung, unter Zusatz eines Geschirrspülmittels). Die Verwendung von Quarzsand zur Flaschenreinigung schadet dem Glas. Vor einem Licht (Leuchtstoffröhre) kann man genau prüfen, ob die Flaschen auch vollstän-

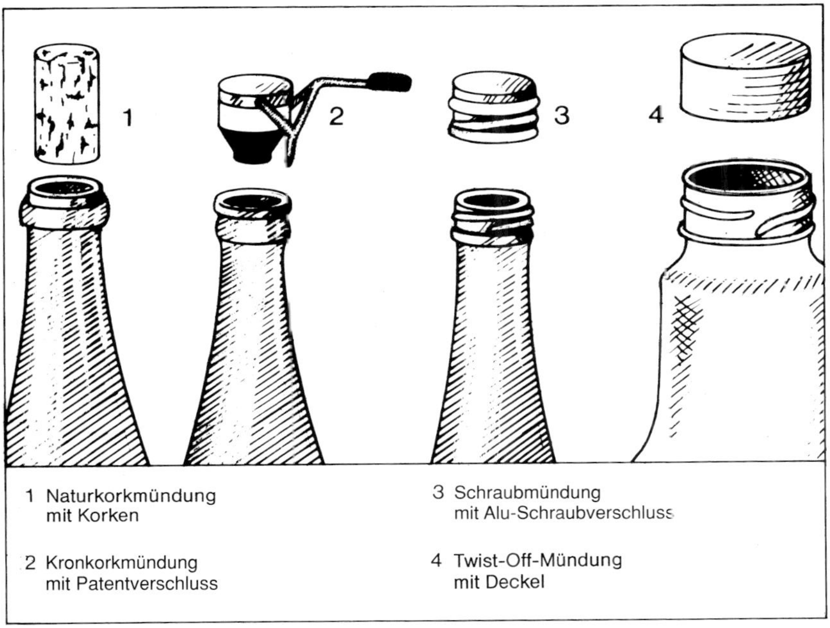

Verschiedene brauchbare Flaschenverschlüsse.

dig sauber sind. Danach werden sie noch mit klarem Wasser nachgespült und zum Austropfen mit der Öffnung nach unten in einen sauberen Flaschenkasten, Plastikeimer oder ähnlichen Behälter gestellt.

Flaschenverschlüsse

Gummikappen sind ein bereits seit mehreren Generationen bewährter, sicherer Verschluss für im Haushalt pasteurisierte Fruchtsäfte. Sie können bei richtiger Behandlung viele Male verwendet werden, vorausgesetzt, dass sie aus hochwertigem Gummi sind. Sie sind in verschiedenen Größen erhältlich, so dass man stets die passende Gummikappe findet. Entkeimt werden sie in kochendem Wasser und/oder indem man sie kurz vor dem Gebrauch mit 70%igem Alkohol ausschwenkt.

Beim Verschließen von Fruchtsaftflaschen mit Naturkorken hat es schon immer Schwierigkeiten gegeben. Die porösen Korken lassen sich nur sehr schwer desinfizieren. Außerdem schließen sie nicht luftdicht, was leicht zu Schimmelbildung führen kann. Sie haben höchstens noch bei Wein und Fruchtwein eine Berechtigung (siehe Seite 286).

Ein brauchbarer Verschluss sind auch Kronkorken. Man benötigt aber dazu nicht nur Flaschen mit Kronkorkmündung und neue Kronkorken mit einer Einlegescheibe (jetzt aus Kunststoff), sondern auch ein spezielles Kronkorkverschließgerät.

Es gibt jedoch in Haushaltsgeschäften auch Patentverschlüsse mit Gummiring zu kaufen, die sich zum Verschließen von Kronkorkflaschen eignen. Solche Patentverschlüsse waren früher auf allen Mineralwasser- und Bierflaschen. Man macht sie steril, indem man den Gummiring abnimmt und in kochendes Wasser legt. Auch den Verschluss selbst taucht man kurz in kochendes Wasser und zieht dann den Gummiring wieder auf. (Rissig und spröde gewordene Ringe sind durch neue zu ersetzen.)

Schraubverschlüsse sind nur dann geeignet, wenn sie sich leicht entkeimen lassen und luftdicht schließen, was aber bei den meisten, vor allem bei den Aluminiumkapseln, nicht der Fall ist. Beim erstmaligen Öffnen des Original-Verschlusses (Pilfer-Proof) geht meistens von der Kappe ein Sicherheitsring ab, wodurch ein völlig dichter Wiederverschluss nicht mehr möglich ist.

Heißeinfüllen

Wie schon gesagt, kann beim Dampfentsaften der auslaufende, heiße Saft direkt in Flaschen abgefüllt werden. Die Flaschen müssen dazu aber nicht nur gereinigt, sondern auch vorgewärmt werden. Sie werden deshalb mit Wasser gefüllt, in einem großen Topf auf einen Drahtrost gestellt und, etwa zur Hälfte in Wasser stehend, langsam auf etwa 65 °C erhitzt. Der Rost ist erforderlich, damit die Flaschen beim Erhitzen nicht platzen. Im Backofen oder im Heißluft-Umwälz-

Aufsetzen der Gummikappe auf die heiß gefüllte Flasche.

Flaschenköpfe mit dazugehörigen Verschlüssen: Gummikappe, Korkstopfen, Twist-off-Verschluss, Alu-Schraubkapsel und Patentverschluss.

An der leicht eingezogenen Gummikappe ist die gut verschlossene Flasche erkennbar.

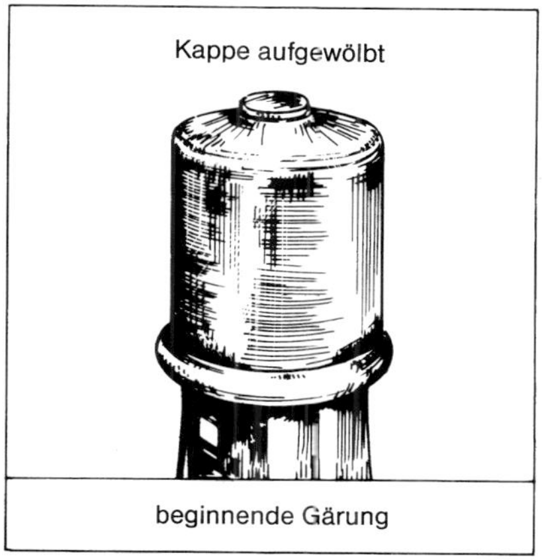

Die aufgewölbte Kappe zeigt eine beginnende Gärung an.

Herd (Convectomat), kann man die sauberen, leeren Flaschen aber auch liegend und trocken bei 110 °C sterilisieren. Erst unmittelbar vor dem Füllen nimmt man sie heraus, entleert sie und füllt »randvoll und schaumfrei« mit dem heißen Saft.

Muss aus einem Saftbehälter ohne Abfüllvorrichtung mit Schöpfkelle und Trichter abgefüllt werden, so sind auch diese Geräte vorher in kochendem Wasser zu entkeimen. Die Flaschen stellt man beim Füllen in eine kleine Schüssel, die den überlaufenden Schaum und Saft auffängt. Die Flaschenmündung reinigt man, indem man sie mit etwas heißem Wasser übergießt.

Beim Verschließen wird die Gummikappe mit den Fingern, eventuell mit Hilfe eines Kaffeelöffelstiels, so auf die Flasche gezogen, dass alle Luft aus ihr entweicht.

Der außen anhaftende Saft wird sofort nach dem Verschließen mit warmem Wasser abgewaschen, damit er nicht eintrocknet und die Flasche unansehnlich und klebrig macht. Dann werden die Flaschen auf eine wärmeisolierende Unterlage gestellt (Holz, Stoff, Kunststoff, Pappe).

Man bedeckt sie, zum Schutz vor Zugluft, mit einem Tuch. Vor allem in der nächsten halben Stunde muss jetzt der heiße Saft alle bei der Abfüllung noch in die Flasche geratenen lebensfähigen Keime abtöten. Flaschen mit Kronkork oder Patentverschluss kann man deshalb auch umlegen, Weithals-Flaschen mit Twist-off-Verschluss sogar auf den Kopf stellen (Geht nicht bei Gummikappen).

Langsames Abkühlen und Vermeiden von Zugluft sollen hauptsächlich Glasbruch verhüten. Der Saft soll aber, wie schon gesagt, nach dem Verschließen der Flaschen nur noch etwa 20 Minuten lang über 65 °C gehalten werden, längeres Heißhalten schadet ihm.

Das beim Abkühlen des Saftes durch Zusammenziehen entstehende Vakuum saugt alle Verschlüsse, die noch in Ordnung sind, das heißt noch luftdicht schließen, fest auf die Flaschenmündung. Die Gummikappen werden sogar etwas in die Flaschenmündung hineingezogen (vorausgesetzt, dass sie richtig passen und nicht eine Nummer zu groß sind).

Mit Gummikappen verschlossene Flaschen müssen stehend aufbewahrt werden. Dadurch hat man auch noch eine Kontrollmöglichkeit: Bleibt die Kappe immer leicht eingezogen, so ist alles in Ordnung. Wölbt sie sich dagegen auf, dann zeigt dies eine beginnende Gärung an, die schließlich die Kappe abhebt.

Am einfachsten ist die Kontrolle bei den Weck-Gläsern. Hier wird nach dem Heißeinfüllen der Rand mit einem sauberen Tuch abgewischt. Danach werden der Gummiring, der Deckel und die dazugehörige Klammer aufgesetzt. Erst nach dem völligen Erkalten des Saftes darf die Klammer wieder abgenommen werden. Dann kann man mit der sogenannten »Deckelanfassprobe« den sicheren Verschluss der Gläser prüfen. Bilden sich später Gärgase, so drücken diese den Deckel auf, so dass er nur noch lose auf der Flasche liegt.

Bei den mit Twist-off-Deckeln verschlossenen Weithalsflaschen kann man schon beim Abkühlen ein deutliches Knacken des Metalls hören und bei genauem Hinsehen auch eine leichte Einwölbung des Deckels feststellen. Gerät dagegen eine Flasche wirklich einmal in Gärung (was aber nur bei fehlerhaftem Arbeiten möglich ist), so wölbt sich der Deckel schon in den nächsten Tagen sichtbar (und hörbar) nach oben, bevor die Flasche platzen kann.

Bei Kronkorken und Patentverschlüssen ist aber eine beginnende Gärung nicht zu erkennen. Deshalb sollten insbesondere Anfänger aus Sicherheitsgründen lieber auf diese Verschlussmöglichkeiten verzichten. Explodierende Flaschen können nämlich großen Schaden anrichten.

Erhitzen in Flaschen

Offen-Verfahren

Bei diesem Verfahren wird der Saft kalt in vollkommen saubere Flaschen eingefüllt. Dabei lässt man im Flaschenhals etwa 2–3 cm frei. Man stellt die Flaschen in einen großen Einmachtopf (Deckel mit Thermometerloch und Thermometer) oder Einkochautomaten (mit Thermostat) auf einen Rost und füllt so viel Wasser ein, dass die Flaschen etwa bis zur Hälfte im Wasserbad stehen. Der Topf wird zugedeckt und die Heizung eingeschaltet. Wenn im Wasserbad 75 °C erreicht sind, wird diese Temperatur noch etwa 20 Minuten gehalten. Dann werden die Flaschen, die jetzt durch die Wärmeausdehnung randvoll sind und eine Schaumkrone gebildet haben, aus dem Wasserbad genommen und sofort danach wie beim Heißeinfüllen verschlossen. Auch beim Abkühlen und bei der Lagerung ist das beim Heißeinfüllen bereits Gesagte zu beachten. Wird fortlaufend gearbeitet, so muss das Wasserbad wieder auf etwa 50 °C abgekühlt werden, bevor neue Flaschen eingesetzt werden, denn das empfindliche Flaschenglas verträgt keine großen Temperatursprünge.

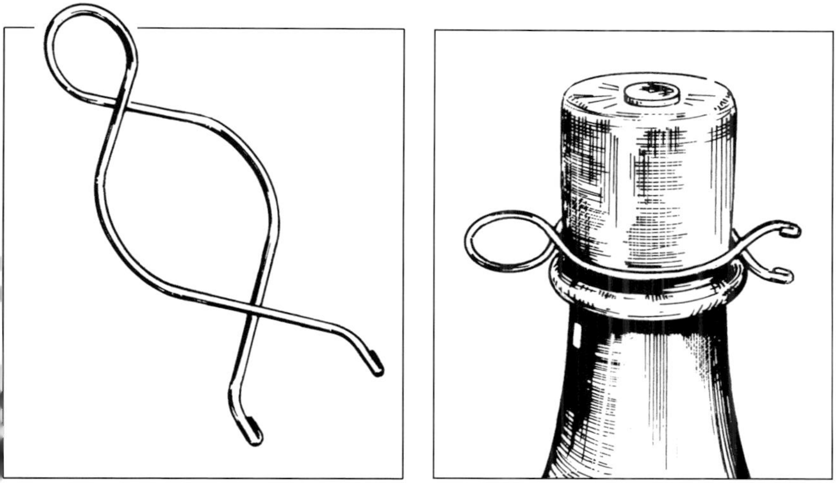

Spezialklammer zum Festhalten der Gummikappe während des Erhitzens kalt eingefüllter Säfte.

Gläser mit Twist-off-Verschluss können auch im Heißluftherd (Convectomat) im Offenverfahren sehr vorteilhaft sterilisiert werden. Die verwendeten Gläser sollten aber gleich hoch sein. Sie werden in der Bratenpfanne ohne Rost so eingesetzt, dass sie sich nicht berühren. Dann wird etwa ein halber Liter warmes Wasser in die Bratenpfanne gegossen und diese in die zweite Einschubleiste von unten geschoben. Die Temperatur wird ohne Vorheizung auf 160 °C eingestellt und so lange belassen, bis der Saft (nach etwa 35 Minuten) in den ersten Gläsern zu perlen beginnt (also nicht abwarten, bis es in allen Gläsern perlt). Es ist unbedingt erforderlich, diesen Zeitpunkt genau durch das Sichtfenster zu beobachten und dann den Backofen sofort auf Null zu stellen. Danach bleiben die Gläser noch etwa 20 Minuten im Backofen stehen. Die Deckel kann man daneben, in einem kleinen Topf mit Wasser, gleich mitsterilisieren. Sie werden sofort nach dem Herausnehmen – mit einer Viertelumdrehung – möglichst fest aufgeschraubt.

Möglich ist auch das Pasteurisieren von Fruchtsäften im Mikrowellenherd. In diesen dürfen jedoch keinesfalls Metallteile gegeben werden.

Geschlossen-Verfahren

Dazu werden die Flaschen kalt nur bis etwa vier Finger breit unter den Rand gefüllt und gleich verschlossen. Die Gummikappen müssen während des Erhitzens mit einem Bindfaden (Apothekerknoten) festgebunden oder mit einer besonderen Drahtklammer festgehalten werden, damit sie durch die Wärmeausdehnung nicht abgehoben werden.

Ideal ist das Geschlossen-Verfahren für die Weck-Gläser mit Glasdeckel und Gummiring. Diese müssen immer mit den dazugehörigen Klammern zusammengehalten werden. Ein Entweichen der Luft ist aber auch hier, wie bei den Gummikappen, möglich. In den Weck-Gläsern kann der Saft im Geschlossen-Verfahren im Heißluftherd pasteurisiert werden. (Temperatureinstellung und Wartezeit wie beim Offen-Verfahren beschrieben.) Auch im Mikrowellenherd ist mit Weck-Gläsern das Pasteurisieren möglich, denn es gibt dazu spezielle Klammern. Sie sind aus hochwertigem Kunststoff, mikrowellendurchlässig und nicht rostend (Mikro-dur Spezial).

In mit Kronkorken oder Twist-off-Deckeln verschlossenen Flaschen entsteht beim Erhitzen ein ziemlich hoher Druck, der zum Platzen des Glases führen kann. Aus diesem Grund sollten Flaschen mit diesen Verschlüssen nicht im Geschlossen-Verfahren pasteurisiert werden.

Das Geschlossen-Verfahren wird von manchen als sicherer angesehen, weil Mikroorganismen nach der Entkeimung nicht mehr in die Flasche hineingelangen können. Es ist aber für den Gummikappen-Verschluss weniger gut geeignet. Außerdem hat man nicht, wie beim Offen-Verfahren, die Möglichkeit, die oft beträchtliche Schaumbildung im Flaschenhals zu beseitigen.

Heißabfüllen in größere Behälter

Sollen größere Fruchtsaftmengen abgefüllt werden, so kann man für das Heißeinfüllen auch gut Glasballons mit 5 bis 15 l Inhalt verwenden. Dazu wird der Saft in einem Topf aus Aluminium, einwandfreiem Email oder Edelstahl unter Umrühren auf 75 °C erwärmt und sofort heiß mit Hilfe eines Trichters in den sauberen, auf 50 bis 60 °C vorgewärmten Ballon gefüllt. Auch hier muss randvoll und schaumfrei gefüllt und die Gummikappen in passender Größe müssen, wie bei den Flaschen, unmittelbar danach aufgesetzt werden. Man muss die Ballons nach dem Abkühlen in einem möglichst kühlen und dunklen Raum aufbewahren. Trotzdem muss ein angebrochener Ballon in wenigen Tagen aufgebraucht werden, weil er sonst in Gärung geht.

Es gibt zwar Zapfvorrichtungen für Fruchtsaft-Ballons, aber sie sind umständlich in der Handhabung und immer mit der Gefahr verbunden, dass Schimmelpilze oder Hefen in den Saft gelangen und ihn verderben können.

Durchlauferhitzer

Sollen große Saftmengen haltbar gemacht und heiß abgefüllt werden, so kann dies auch mit einem Durchlauferhitzer geschehen.

Seit vielen Jahrzehnten bewährt hat sich zum Beispiel die Baumannsche Entkeimungsglocke. Sie ist für den nichtgewerblichen Fruchtsafthersteller noch erschwinglich, weil sie auch in einen vorhandenen Kessel eingehängt werden kann.

Die beiden aus Aluminium bestehenden Teile der Glocke werden mit einer Schraube und zwei Gummidichtungen so zusammengehalten, dass zwischen ihnen ein Hohlraum ent-

Reiche Ernte aus dem eigenen Garten verarbeitet zu Saft, Kompott und Konfitüre.

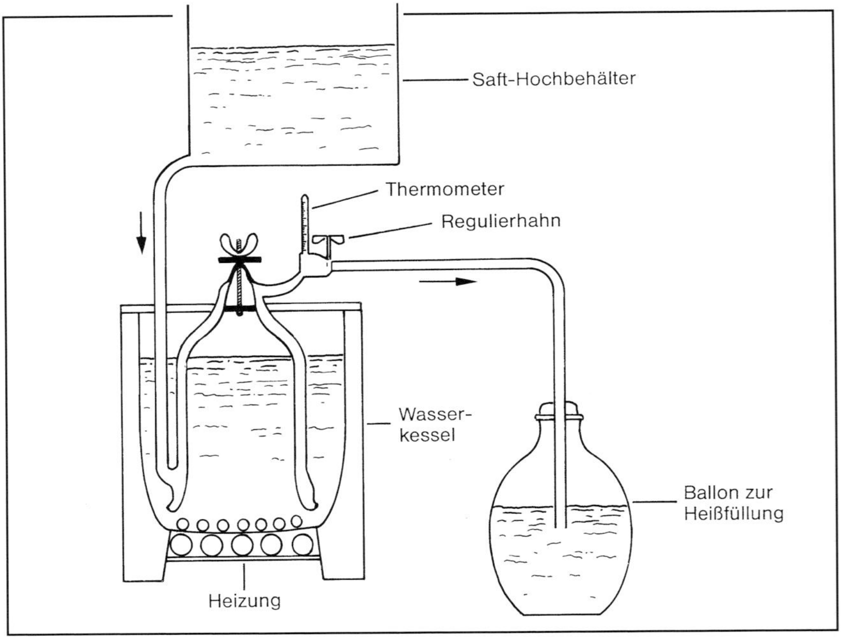

Funktionsschema der Baumann-Glocke.

steht. Aus einem höher gestellten Gefäß mit Untenauslauf wird der Saft durch einen Schlauch von unten eingeleitet. Er steigt dann in dem Hohlraum zwischen Außen- und Innenglocke in dünner Schicht hoch und wird in weniger als einer Minute schonend auf die gewünschte Temperatur erhitzt.

Beim Auslauf fließt der Saft an einem Thermometer vorbei und gelangt durch einen Schlauch in die zu füllenden, auf 50 bis 60 °C vorgewärmten Flaschen oder Glasballons. Mit Hilfe eines Hahns wird der Durchlauf so geregelt, dass die Temperatur am Auslauf ständig 72 bis 75 °C beträgt. Sinkt sie, so muss der Hahn etwas geschlossen werden und umgekehrt.

Da die Baumannsche Glocke aber je nach Größe eine Stundenleistung von 60 bis 200 l hat und mit dieser Geschwindigkeit fortlaufend gefüllt werden muss, ist sie eher für die gemeinschaftliche Nutzung in Vereinen und Genossenschaften, für bäuerliche Selbstvermarkter oder in einer nebengewerblichen Lohnmosterei geeignet und wirtschaftlich.

Nach Gebrauch wird die Glocke auseinandergeschraubt und alle Teile werden sorgfältig gereinigt (besonders die Innenteile der Glocke und die Schläuche). Vor allem dürfen nirgendwo Saftreste eintrocknen, weil diese

Brutstätten für Mikroorganismen sind, die den Saft nach der Erhitzung wieder infizieren können.

Es gibt auch für den Haushalt geeignete, spiralförmige Röhrenerhitzer, die man in einen großen Einmachtopf oder einen Einkochautomaten hängen kann. Auch hier läuft der Saft mit Falldruck aus einem hochstehenden Behälter von unten nach oben durch die Spirale. Dabei wird er durch das heiße Wasser indirekt auf etwa 72 °C erhitzt. Die Safttemperatur wird wieder mit Hahn und Thermometer am Auslauf geregelt.

Haltbarmachen durch Tiefgefrieren

Das Tiefgefrieren bietet sich natürlich besonders für die roh gepressten, reinen Fruchtsäfte an. Aber auch alle anderen Fruchtgetränke, mit oder ohne Zusatz von Zucker und Wasser, sind geeignet. Eine Gefriertruhe oder ein Gefrierschrank ist ja heute in den meisten Haushalten vorhanden und das Verfahren einfach und sicher:

Geeignete Behälter sind die bekannten Gefrierdosen und -beutel aus Plastik. Hervorragend eignen sich auch Mehrschicht-Blockpackungen, wie sie massenhaft zur industriellen Abfüllung von H-Milch, Fruchtsäften und anderen Getränken dienen und sonst nach Gebrauch nur Müllentsorgungsprobleme verursachen. Diese Packungen schneidet man nach dem Entleeren oben glatt ab, reinigt sie gründlich und lässt sie abtrocknen. Vor der Wiederverwendung schneidet man die Packungen oben an allen vier Kanten etwas ein, damit man nach dem Einfüllen durch Einbiegen einen Deckel falten kann. Beim Füllen der Gefrierbehälter muss etwas Raum freibleiben, weil sich alle Flüssigkeiten beim Gefrieren um ein Zehntel ihres Volumens ausdehnen.

Bei der für das Tiefgefrieren vorgeschriebenen Temperatur von –18 °C sind die Säfte auf Dauer zuverlässig haltbar.

Herstellung von Fruchtsirup

Bekanntlich lassen sich Früchte und Fruchtsäfte in Form von Gelee, Marmelade, Konfitüre und auch als Fruchtsirup durch Zusatz von viel Zucker haltbar machen. Durch eine hohe Zuckerkonzentration wird verhindert, dass Mikroorganismen sich in oder auf diesen Speisen vermehren können. Der Zucker ist so stark hygroskopisch (wasseranziehend), dass den Mikroorganismen zum Leben kein Wasser mehr übrig bleibt. Außerdem erhält er Farbe, Aroma und Vitamin C des Saftes. Er setzt das Aufnahmevermögen für Sauerstoff herab und hemmt die Tätigkeit der sauerstoffübertragenden Enzyme (Oxidasen).

Man braucht 35 % reinen Saft (frisch gepresst oder pasteurisiert ohne Wasserzusatz) und 65 % Zucker (reiner Kristallzucker). Bei Fruchtsäften mit erheblichem Zuckergehalt nimmt man etwas weniger Zucker. Bei säurearmen Säften (zum Beispiel Himbeersaft) sollte man einige Gramm Zitronensäure zugeben.

Das Auflösen des Zuckers kann nach zwei verschiedenen Verfahren erfolgen. Dabei müssen die nachfolgenden Rezepte genau eingehalten werden.

Heißverfahren

Hier wird die genau abgemessene Saftmenge in einen Topf (aus gutem, unbeschädigtem Email oder Edelstahl) gegeben und auf 50 bis 60 °C erwärmt. Erst dann wird die genau abgewogene Menge Zucker nach und nach zugegeben. Dabei wird – unter ständigem Umrühren mit einem (hölzernen) Kochlöffel – langsam weitererhitzt, bis sich der Zucker bei Erreichen des Siedepunktes vollständig im Saft aufgelöst hat. Man lässt dann das Ganze einige Male aufwallen, unterbricht die Wärmezufuhr und hebt den sich bildenden Schaum mit einem Schaumlöffel sorgfältig ab.

Der fertige Sirup muss sofort heiß in vorgewärmte Flaschen gefüllt werden. Diese werden verschlossen und gekühlt, so schnell wie es das Glas ohne Bruch erlaubt. Bei allzu langer Hitzeeinwirkung geht die Sirupfarbe ins Bräunliche über.

Kaltrührverfahren

Es ist für die Qualität des Sirups vorteilhafter: Die Aroma- und Farbstoffe werden mehr geschont und ein Anbrennen wird vermieden. Man braucht aber ein Rührgerät (Küchenmaschine oder Rührstab).

Zuerst wird die genau abgewogene Menge Fruchtsaft in das Rührgefäß eingefüllt. Nach Einschaltung des Rührwerks wird der Zucker nach und nach zugegeben. Je nach Temperatur muss etwa 10 bis 20 Minuten gerührt werden, bis der Zucker vollständig gelöst ist.

Schön geformte Flaschen aus (farblosem) Weißglas lassen die leuchtenden Farben von klarem Sirup aus verschiedenen Früchten richtig zur Geltung kommen.

Sowohl die im Heißverfahren gewonnenen als auch die kaltgerührten Fruchtsirupe sind, in Flaschen verschlossen und kühl aufbewahrt, auf Dauer haltbar. Sie können zur Bereitung von Limonaden sowie als Zutaten für allerlei alkoholfreie und alkoholische »Drinks« (Bar-Mixgetränke, Bowlen) verwendet werden. Auch zur Verfeinerung von Puddings und anderen Speisen werden sie gerne benutzt.

Klären, Mischen und Trinkfertigmachen

Klären

Gröbere Trubbestandteile sollten auf alle Fälle vor dem Pasteurisieren der Säfte mit einem Nylonsieb und einem nicht zu grobmaschigen Tuch aus den Fruchtsäften entfernt werden. Es setzt sich sonst in den Flaschen ein dicker Bodensatz ab, der beim Ausschenken störend wirkt. Vor allem sind sehr trubreiche Säfte viel anfälliger für Wärmeschäden, die Geschmack, Geruch und Farbe beeinträchtigen. Diese können jedoch durch Zugabe von 0,2 bis 0,4 g L-Ascorbinsäure (Vitamin C) pro Liter Saft in Grenzen gehalten werden.

Geschmacklich stehen sorgfältig gewonnene trübe Säfte den klaren nicht nach, meistens schmecken sie sogar voller. Sie sind auch wertvoller, weil sie Faser- oder Ballaststoffe enthalten. Auch bei den im Handel befindlichen Fruchtsäften und Nektaren bevorzugen ja immer mehr Verbraucher solche mit Fruchtfleisch. Beim Trinken heißt es dann nur: Vor Gebrauch schütteln!

Bei Wein gilt aber von jeher der Grundsatz: »Trink, was klar ist!« Man weiß, dass sich diese Getränke nach der Gärung in der Regel von selbst klären. Eine Trübung kann hier auch einen Weinfehler mit geschmacklicher Beeinträchtigung anzeigen. Nur der naturtrübe oder »bauernhelle« Apfelwein findet mit seiner leichten Trübung immer mehr Liebhaber.

Selbstklärung

Für die selbstgemachten Fruchtsäfte ist dieses Verfahren am einfachsten und besten:

Nach dem Pressen lässt man den Saft durch ein feines Nylonsieb oder ein feinmaschiges Tuch laufen. Man kann sich einen Filtersack kaufen oder selbst herstellen. Mit einigen angenähten Ringen oder Wäscheklammern kann man ihn in einem Lattengestell aufhängen.

Durch dieses Grobfiltrieren (oder Seihen) werden aber nur die verhältnismäßig groben Trubteilchen entfernt. Der Saft ist immer noch trüb. In diesem Zustand wird er nun in größere Flaschen oder Ballons (2 bis 25 l) nach Vorschrift heiß eingefüllt und haltbar verschlossen. Bei ausreichendem Säuregehalt und möglichst kühler Lagerung klärt er sich dann, wenigstens weitgehend, von selbst.

Begünstigt und beschleunigt wird die Selbstklärung – vor allem bei Apfelsaft – durch Verschnitt mit gerbstoffreichen Fruchtsäften. Beim Keltern werden am besten gleich 3 bis 5 % herbe Mostäpfel (»Holzäpfel«) oder Mostbirnen zugemischt. Man kann auch 1 bis 2 % »Scheidsaft« aus Ebereschen, Mispeln, Speierlingen oder Schlehen vor dem Pasteurisieren zugeben. Von diesen gerbstoffreichen Säften sollte man immer ein paar Flaschen pasteurisiert bereithalten.

Nach der erforderlichen Lagerzeit wird der Saft sorgfältig mit einem

Trichter aus Aluminium mit Faltenfiltern, die man aus Filterpapier auch selber falten kann.

Schlauch in kleinere Flaschen abgezogen. Dann wird er ein zweites Mal bei 70 bis 75 °C pasteurisiert. Er kann aber auch gleich getrunken werden.

Durch dieses Klärverfahren ist es auch möglich, zwei oder mehrere zu verschiedenen Zeiten gewonnene Saftarten zunächst einzeln zu lagern und erst nach der Selbstklärung, das heißt unmittelbar vor der zweiten Pasteurisation, miteinander zu verschneiden.

Filter
In gewerblichen Betrieben werden zur Trubbeseitigung und Klärung der Säfte und Weine viele Filterarten eingesetzt, die aber für den Hobby-Saft- und

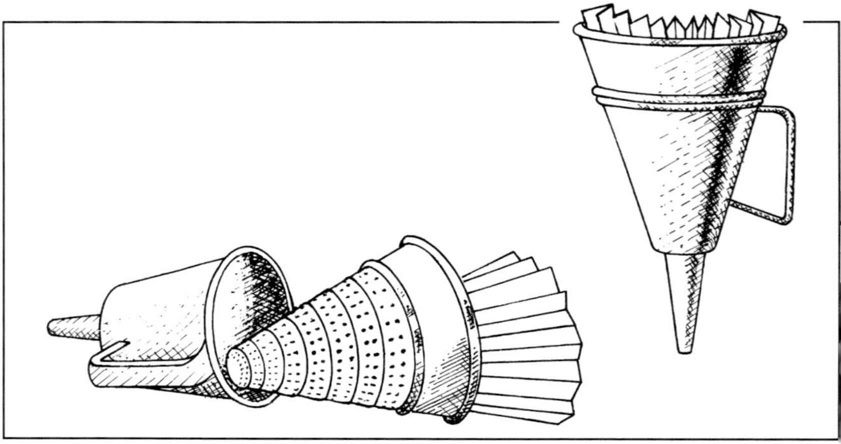

Trichter mit Siebeinsatz und Papierfilter.

Weinbereiter zu teuer sind. Meistens kommen für die Hobby-Kellerei nur Trichterfilter in Frage. Diese haben jedoch eine so kleine Filterfläche, dass selbst geringe Saftmengen eine lange Zeit zum Durchlaufen benötigen. Dabei sind eine beträchtliche Sauerstoffaufnahme und damit Oxidationsschäden unvermeidlich.

Trichterfilter sind deshalb nur dann geeignet, wenn Teilmengen, zum Beispiel der bei der Selbstklärung anfallende Trub, filtriert werden sollen. Für diesen Zweck gibt es spezielle Filtersysteme zu kaufen. Man kann sie aber auch selbst zusammenstellen: zum Beispiel Trichter aus Kunststoff, darin ein Perlonfilterbeutel, darin wieder ein Papierfaltenfilter.

Auch große Kaffeefilter lassen sich zum Filtern kleiner Mengen verwenden. Sie sind allerdings nicht auf die Zähflüssigkeit des Saft- und Weintrubes abgestimmt. Der Zusatz eines Antigeliermittels (pektinspaltendes Enzym) vor dem Filtrieren verhindert ein zu schnelles Verstopfen der Poren.

Mischfruchtsäfte

Durch Mischen verschiedener Fruchtarten oder Fruchtsäfte kann man einen Ausgleich des Säure-Zucker-Verhältnisses, eine Verbesserung des Aromas oder eine schönere Farbe erreichen. Hauptsächlich wird man säurereiche mit säurearmen, aromastarke mit aromaschwachen Fruchtsäften verschneiden, gelegentlich auch mit einem stark färbenden Saft das Aussehen verbessern wollen.

Die Verschnittmöglichkeiten sind sehr vielseitig und Probieren geht bekanntlich über Studieren. Die folgenden Beispiele mögen als Anregungen dienen.

Verschnittmöglichkeiten für Mischfruchtsäfte (In Klammern sind die Anteilmengen in Prozent angegeben)
Äpfel (65) + Birnen (35) Äpfel (50) + Holunderbeeren (50) Äpfel (90) + Quitten (10) Äpfel (80) + Holunderbeeren (20) Äpfel (60) + Rhabarber (40)
Rhabarber (90) + Erdbeeren (10)
Birnen (80) + Rote Johannisbeeren (10) + Erdbeeren (10)
Rote Johannisbeeren (60) + Holunderbeeren (40) Rote Johannisbeeren (90) + Erdbeeren (10) Rote Johannisbeeren (75) + Süßkirschen (25) Rote Johannisbeeren (60) + Äpfel und/oder Birnen (40) Rote Johannisbeeren (70) + Schwarze Johannisbeeren (30) Rote Johannisbeeren (50) + Süßkirschen (50) Rote Johannisbeeren (60) + Stachelbeeren (20) + Himbeeren (20)
Schlehen (70) + Äpfel (30)
Brombeeren (60) + Holunderbeeren (40)
Sauerkirschen (60) + Süßkirschen (40)

Zucker- und Wasserzusatz

Apfel-, Birnen- und Traubensäfte brauchen keinerlei Zusatz von Wasser und Zucker. Es gibt aber auch viele Säfte, zum Beispiel von Johannisbeeren, Stachelbeeren und Sauerkirschen, bei denen der Säuregehalt zu hoch und der Zuckergehalt für ein harmonisches Getränk nicht ausreichend ist. Hier sind Zusätze von Zucker und Wasser erforderlich, um einen Zuckermangel beziehungsweise einen Säureüberschuss auszugleichen.

Die Haltbarkeit der Fruchtsäfte ist vom geschmacksverbessernden Zuckerzusatz nicht abhängig. Man kann ihn daher auch erst unmittelbar vor dem Trinken zugeben. Süß gelagerte Säfte schmecken aber meistens harmonischer und sind bekömmlicher, weil der zugesetzte Rohr- oder Rübenzucker während der Lagerung in eine Mischung von Frucht- und Traubenzucker aufspaltet. Der vor dem Dampfentsaften den Früchten zugemischte Zucker (siehe Seite 242) fördert nicht nur die Saft- und Farbstoffextraktion und erhöht damit die Ausbeute. Er bindet auch die wertvollen, leicht flüchtigen Aromastoffe. Deshalb ist es besser, den Säften schon vor dem Pasteurisieren Zucker zuzugeben.

Der Wasserzusatz erfolgt teilweise schon während der Saftgewinnung. Beim Dampfentsaften wird der Saft mit etwa 15 bis 20 % Wasser verdünnt (siehe Seite 244). Auch beim Anfeuchten der Trester für die Zweitpresse oder beim Zuschütten von Heißwasser zur Maische der Schwarzen Johannisbeeren wird der Saft mehr oder weniger verwässert (siehe Seite 234 und 237). Ein weiterer Wasserzusatz erfordert aber mehr Flaschen und Verschlüsse, höheren Energieverbrauch und mehr Arbeit. Die Haltbarkeit ist auch beim nicht so stark verdünnten Saft wegen des höheren Säuregehaltes sicherer. Deshalb ist es normalerweise praktischer, das Wasser erst unmittelbar vor dem Trinken zuzugeben. Dann kann man auch mit kohlensäurehaltigem Mineralwasser »mixen« und auch noch Eiswürfel hineingeben. Besonders im heißen Sommer kann man so allzu süße, klebrige Säfte leichter und damit durststillender und erfrischender machen. Grundsätzlich gilt für den Zuckerzusatz:

Jede Frucht sollte möglichst ihren natürlichen Geschmack behalten. Zucker kann, im richtigen Maße zugegeben, diesen Eigengeschmack noch verstärken und abrunden. Auf keinen Fall darf jedoch durch zu hohe Zuckerzugabe das fruchteigene Aroma verdeckt werden.

Rezept für eine Standard-Zuckerlösung

Da der gewöhnlich zur Verfügung stehende Kristallzucker sich in den Säften nicht sehr gut löst, ist es insbesondere bei größeren Saftmengen praktisch,

Zusatz von Wasser und Zucker für die einzelnen Fruchtarten

Fruchtart	Mostgewicht Oe	Säuregehalt g/l Saft	Zusatzmengen je Liter Saft	
			l Wasser	g Zucker
Quitten	46–52	8–10	–	40–80
Edelebereschen	33–35	14–16	0,25–0,35	110–130
Sauerkirschen	39–42	18–21	0,6–0,8	110–130
Pfirsiche	30–36	7–8	–	30–50
Aprikosen	35–41	9–13	0–0,2	40–80
Schlehen	27–35	18–20	0,3–0,5	110–140
Johannisbeeren (schwarz)	38–42	28–32	1,5–1,8	200–250
Johannisbeeren (rot)	30–40	22–28	1–1,5	160–200
Stachelbeeren	29–33	12–18	0,4–0,6	120–140
Erdbeeren	25–30	5–8	0–0,2	80–100
Himbeeren	30–40	10–13	0,2–0,3	90–110
Brombeeren	34–40	8–18	0,5–0,75	120–150
Heidelbeeren	35–38	9–13	0,9–1,1	90–110
Sanddornbeeren	25–38	29–35	2–2,4	220–260
Holunderbeeren	25–35	8–12	0,2–0,3	110–130

statt Zucker eine Zuckerlösung zuzusetzen, die man sich folgendermaßen selbst herstellen kann:

In 2 l kochend heißes Wasser werden 5 kg Zucker eingerührt. Man lässt die Mischung aufkochen und schäumt ab. Dann lässt man die fertige Zuckerlösung abkühlen. Soll sie aufbewahrt werden, so gibt man vor dem Zucker in das kochende Wasser etwa 2 g Zitronensäure oder etwas Zitronensaft hinzu. Die Säure bewirkt eine Aufspaltung des Rüben- oder Rohrzuckers in eine Mischung aus Trauben- und Fruchtzucker, die nicht wieder auskristallisiert.

1 Liter dieser Lösung enthält dann 1 kg Zucker, was das Abmessen einer bestimmten Zusatzmenge erleichtert. Die Menge des Zuckerzusatzes richtet sich natürlich nach dem von Natur aus im Saft vorhandenen Zuckergehalt, die erforderliche Wassermenge nach dem Säuregrad des Saftes. Bestimmte, feste Mengen lassen sich hier kaum angeben.

Die Tabelle gibt deshalb nur ungefähre Anhaltspunkte für Wasser- und Zuckerzusätze. Diese können selbstverständlich beim Probieren nach eigenem Geschmack verändert werden.

Messen und Rechnen beim Verschneiden und Trinkfertigmachen von Fruchtsäften

Wer sich nicht mit Pauschalwerten begnügen und sich auch beim Verschneiden nicht nur aufs Probieren verlassen will, kann die richtigen Zusatzmengen auch durch Berechnen ermitteln. Die grundlegenden Messwerte dafür sind: das Mostgewicht und der Säuregehalt.

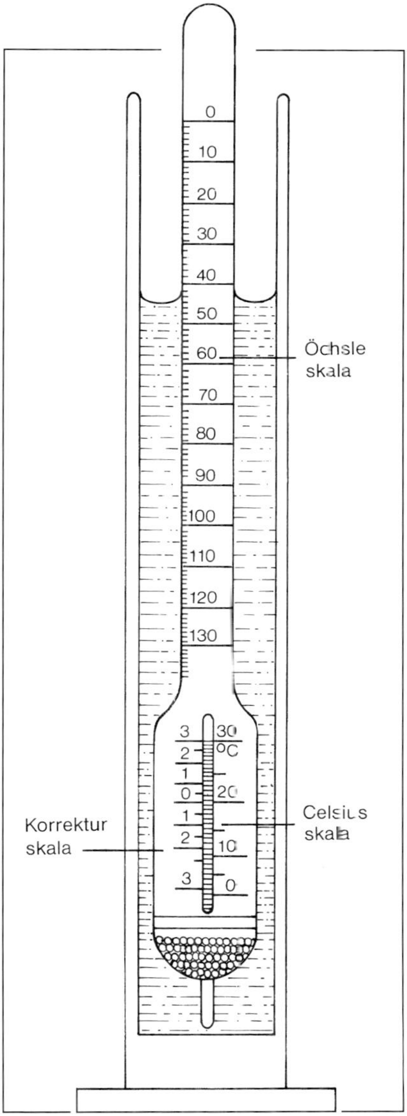

Öchslewaage mit Thermometer und Temperatur-Korrekturskala.

Bestimmung des Mostgewichtes

Sie erfolgt mit einer Senkspindel, der sogenannten Most- oder Öchslewaage, die nach dem Archimedischen Prinzip funktioniert: Sie taucht, in einer Flüssigkeit schwimmend, soweit ein, bis das Gewicht der verdrängten Flüssigkeitsmenge ihrem eigenen Gewicht entspricht. Je kleiner das spezifische Gewicht, die Dichte der zu messenden Flüssigkeit ist, umso tiefer taucht die Senkspindel ein.

Die Öchslewaagen erfassen meistens den Bereich von 0 bis 130 Öchslegraden (°Oe). Dies entspricht einer Dichte von 1,000 bis 1,130 g/cm^3. Die Öchslegrade sind also eine verkürzte Schreibweise des spezifischen Gewichtes. Sie zeigen an, wieviel Gramm 1 Liter des zu messenden Saftes bei einer bestimmten Bezugstemperatur (meist 20 °C) schwerer ist als 1 Liter Wasser. So bedeuten 48 °Oe eine Dichte von 1,048 g/cm^3 (oder kg/l). Die Dichte eines Saftes ist um so höher, je mehr Extraktstoffe sich in der wässrigen Lösung befinden. Da aber der Zucker bei den Extraktstoffen der Fruchtsäfte den Hauptanteil bildet, sind die Öchslegrade gleichzeitig ein Maßstab für den Zuckergehalt. Sie geben damit auch Auskunft über den erreichbaren Alkoholgehalt, falls der Saft zu Wein vergoren werden soll (siehe Seite 275).

Zur Messung braucht man außer der Öchslespindel einen etwa 250 ml fassenden, sauberen und trockenen Standzylinder. Diesen stellt man auf eine waagrechte Unterlage und füllt ihn mit dem zu messenden Saft. Grobe Trubteile sind so weit wie möglich (mit einem Seihtuch) zu entfernen, eventuell vorhandene Kohlensäure ist herauszuschütteln, da das Messergebnis sonst ungenau wird. Aus gleichem Grund darf sich auch kein Schaum auf der Saftoberfläche befinden.

Die gut gereinigte und getrocknete Öchslewaage wird nun langsam so weit in den Saft eingetaucht, bis sie frei schwimmt und weder die Wand noch den Boden des Glaszylinders berührt. Sie darf nicht tiefer eingetaucht werden, sonst bleiben Flüssigkeitstropfen am Hals hängen und verfälschen das Messergebnis. Die Öchslegrade werden (in Augenhöhe) am tiefsten Punkt des Flüssigkeitsspiegels abgelesen.

Bei der Messung ist die auf der Senkspindel angegebene Bezugstemperatur nach Möglichkeit einzuhalten. Das Gerät ist auf diese Temperatur (meist 20 °C) justiert, das heißt, es zeigt den exakten Wert nur an, wenn der Fruchtsaft diese Temperatur besitzt. Wird bei einer anderen Temperatur gemessen, so müssen die abgelesenen Werte korrigiert werden. Es ist sinnvoll, ein Gerät mit eingebautem Thermometer und Temperatur-Korrektur-Skala zu kaufen. Hier sind im dicken Unterteil die Korrekturwerte angegeben. Diese müssen bei höherer Temperatur den abgelesenen Werten hinzu, bei niedrigerer Temperatur davon abgezählt werden (für je 1 °C Temperaturdifferenz etwa 0,2 °Oe). Der exakte Wert kann erst einige Zeit nach dem Eintauchen der Spindel abgelesen werden, da diese erst die Temperatur des Saftes annehmen muss.

Bestimmung des Säuregehalts

Grundlage der Säurebestimmung ist die Neutralisation, wobei sich Säuren und Laugen durch eine chemische Reaktion in ihrer Wirkung gegenseitig

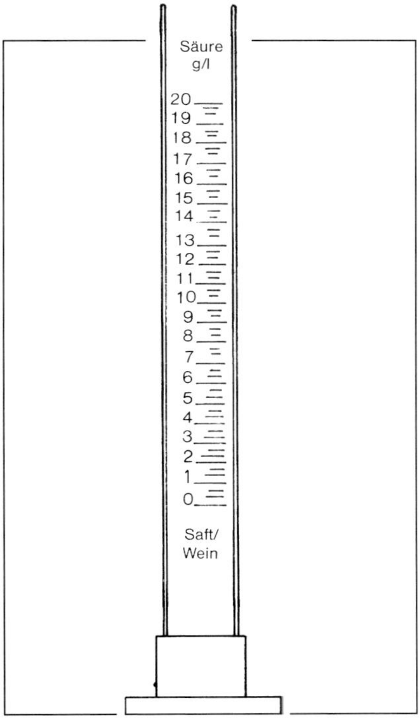

Säuremesszylinder

aufheben. Dadurch ist es möglich, die in einer Flüssigkeit vorhandene Säuremenge durch Titrieren zu bestimmen. Man benötigt dazu als Titerlösung eine Lauge von ganz bestimmter Konzentration oder Normalität. Diese lässt man in die zu messende Flüssigkeit nach und nach so lange eintropfen, bis Säure und Lauge sich gegenseitig neutralisiert haben. Der dann erreichte Neutralpunkt (pH 7) kann mit Hilfe bestimmter Indikatoren, die ihre Farbe bei Reaktionsänderungen wechseln, sichtbar gemacht werden. Für die Saft- und Weinuntersuchung wurden spezielle Säuremesszylinder (Azidometer, Titrovin-Gerät) entwickelt. Mit diesen Geräten lässt sich die Säuremenge in Fruchtsäften und -weinen mit ausreichender Genauigkeit ermitteln. Die Handhabung ist einfach:

Eine bestimmte Menge (10 ml) des zu untersuchenden Saftes wird (bis zur 0-Marke) in den Messzylinder eingefüllt. Dann wird die Titerlösung mit Indikator (sogenannte Blaulauge) nacheinander in kleinen Mengen, zuletzt nur noch tropfenweise, hinzugegeben. Zwischendurch muss der Zylinder jedesmal (mit dem Daumen auf der Öffnung) kurz umgedreht werden, damit sich Säure und Lauge gut vermischen und miteinander reagieren können. Der Neutralpunkt ist erreicht, wenn die Farbe über hellgrün in dunkelgrün umschlägt, jedoch noch nicht blau ist.

Nun kann man an der Gradeinteilung (in Augenhöhe) ablesen, wieviel Lauge zugegeben wurde. Jeder Milliliter verbrauchte Lauge entspricht einem Gramm Säure pro Liter (g/l) Saft.

Bei dunkelfarbigen Säften ist es nicht leicht, den Umschlagspunkt der Blaulauge exakt zu erkennen. Deshalb wird hier empfohlen, als Indikator Lackmus-Papierstreifen (neutral) zu nehmen und die sogenannte Tüpfelmethode anzuwenden. Näheres kann in den mitgelieferten Gebrauchsanleitungen für die Säuremessgeräte nachgelesen werden.

Berechnung des Säure-Zucker-Verhältnisses

Den Zuckergehalt pro Liter Saft (g Z/l) kann man annähernd aus den gemessenen Öchslegraden (°Oe) errechnen. Dabei gelten folgende Formeln:

1. Bei Kernobstsäften:

$$°Oe \times 2 = g\ Z/l$$

2. Bei ungezuckerten und unverdünnten Beeren- und Sauerkirschsäften:

$$(\frac{°Oe}{4} - 3) \times 10 = g\ Z/l$$

3. Bei durch Wasser und Zuckerzusatz trinkfertig gemachten Beeren- und Sauerkirschsäften und bei Traubensäften:

$$(\frac{°Oe}{5} + 1) \times 10 = g\ Z/l$$

Ausschlaggebend für die geschmackliche Qualität eines Fruchtsaftes ist das Verhältnis zwischen Säure- und Zuckergehalt. Liegt es zwischen 1 zu 12 und 1 zu 15, kommen also auf jedes Gramm Säure 12 bis 15 g Zucker, so empfinden wir den Geschmack als angenehm harmonisch. Bei der Berechnung des Säure-Zucker-Verhältnisses wird immer der Säuregehalt, gemessen in g/l, gleich eins gesetzt und sein Verhältnis zum Zucker, errechnet in g/l, angegeben.

Beispiele:
Zu 1.: Ein Apfelsaft mit 49 °Oe und 7 g/l Säure hat ein gutes Säure-Zucker-Verhältnis von 1 zu 14.

Berechnung

$$49 \times 2 = 98 \text{ g Zucker/l}$$
$$7 : 98 = 1 : 14$$

Zu 2.: Ein Schwarzer-Johannisbeer-Saft mit 42 °Oe und 25 g/l Säure hat ein völlig unausgeglichenes Säure-Zucker-Verhältnis von nur 1 zu 3; er ist deswegen viel zu sauer und »nicht genießbar«.

Berechnung

$$(\frac{42}{4} - 3) \times 10 = 75 \text{ g Zucker/l}$$
$$25 : 75 = 1 : 3$$

Zu 3.: Ein Traubensaft von 80 °Oe und 7,4 g/l Säure ist zu süß und löscht nicht den Durst, weil sein Säure-Zucker-Verhältnis etwa bei 1 zu 23 liegt.

Berechnung

$$(\frac{80}{5} + 1) \times 10 = 170 \text{ g Zucker/l}$$
$$7{,}4 : 170 = 1 : 23$$

Rechnen beim Verschneiden
Hat man vor dem Verschneiden von zwei Säften deren Öchslegrade und Säuregehalte gemessen, so kann man für einen gewünschten Verschnittwert das richtige Mischungsverhältnis errechnen. Man benutzt dazu folgende, für alle Mischungen gültige Formel:

$$A : B = (b - c) : (c - a)$$

a = gegebener Wert für Saft A
b = gegebener Wert für Saft B
c = gewünschter Wert für Verschnitt
A : B = gesuchtes Mischungsverhältnis

Hierzu zwei Beispiele
Verschnitten werden sollen: Saft A 6,4 g/l Säure, Saft B 9,2 g/l Säure. Wenn man einen Verschnitt mit 7 g/l haben will, so muss man die beiden Säfte im Verhältnis 11 zu 3 miteinander mischen.

Berechnung

$$A : B = (9{,}2 - 7) : (7 - 6{,}4) =$$
$$2{,}2 : 0{,}6 = 11 : 3$$

Verschnitten werden sollen: Saft A 41 °Oe, Saft B 51,8 °Oe. Wenn man einen Verschnitt mit 47 °Oe haben will, so muss man die beiden Säfte im

Verhältnis 4 zu 5 miteinander mischen.

Berechnung:

A : B = (51,8 – 47) : (47 – 41) = 4,8 : 6,0 = 4 : 5

Rechnen bei der Zugabe von Wasser und Zucker

Der Säuregehalt der Beeren- und Steinobstsäfte, der Halbware (S Hw), wird durch den Zusatz von Wasser und Zucker herabgesetzt. Gleichzeitig werden auch die Öchslegrade (°Oe) durch den Wasserzusatz herabgesetzt, durch den Zuckerzusatz aber erhöht. Auch bei diesem Vorgang (der Einstellung) kann man die gewünschten Werte und die dazu erforderlichen Saft-, Wasser- und Zuckermengen im Voraus berechnen.

Die Berechnungen der Fertigsaftmenge (l Fw), die man aus einer bestimmten Halbwarenmenge (l Hw) erhält, oder umgekehrt der Halbwarenmenge, die man für eine bestimmte Menge Fertigsaft braucht, erfolgen nach den Formeln:

l Hw × Säure Hw : Säure Fw = l Fw oder

l Fw × Säure Fw : Säure Hw = l Hw

Die erforderliche Zuckermenge, gemessen in Gramm (g Z) wird errechnet nach der Formel:

(l Fw × °Oe Fw – l Hw × °Oe Hw) × 2,67 = g Z

Da jedes Kilogramm Zucker in der Lösung einen Raum von 0,625 l einnimmt, errechnet sich der Wasserzusatz (l W) nach der Formel:

l Fw – (l Hw + kg Z × 0,625) = l W

Beispiel:

Wenn man aus 9,5 l Johannisbeersaft mit 41 °Oe und 32 g/l Säure ein Getränk von 67 Oe und 11,5 g/l Säure haben will, so erhält man 27,64 l Fertigware. Man muss dann 3905 g Zucker und 15,7 l Wasser zugeben.

Berechnung:

9,5 × 32 : 11 = 27,64 l Fw

(27,64 × 67 – 9,5 × 41) × 2,67 = 3905 g Z

27,64 – (9,5 + 3,905 × 0,625) = 15,7 l W

Bei Verwendung einer Standard-Zuckerlösung mit 1 kg Zucker auf 1 Liter Lösung (siehe Seite 66) gibt man dann einfach 3,9 l Zuckerlösung zu. Die erforderliche Wassermenge wird so errechnet:

l Fw – (l Hw + l Zl) = l W

27,64 – (9,5 + 3,9) = 14,24 l W.

Die Bereitung von Obst- und Fruchtweinen

Allgemeines

Wein wurde schon im Altertum nicht nur aus Trauben, sondern auch aus vielen anderen Früchten hergestellt. Auch heute noch wird im Haushalt viel Wein aus allerlei Garten- und Wildfrüchten bereitet, meist nach altüberlieferten Rezepten. Besonders beliebt sind der Apfelwein (in Süddeutschland »Moscht« genannt) sowie Fruchtweine aus Johannisbeeren, Stachelbeeren, Erdbeeren, Brombeeren, Heidelbeeren, Sauerkirschen und Hagebutten.

Heute sollte der Hausweinbereiter sich die inzwischen auf dem Gebiet der Kellerwirtschaft gewonnenen, wissenschaftlichen Erkenntnisse zunutze machen. So kann er, ohne großen technischen Aufwand, Obst- und Fruchtweine selbst herstellen, die man nicht nur ohne Bedenken trinken, sondern sogar mit Freude genießen kann. Die Obst- und Fruchtweinbereitung verlangt ein gewisses Verständnis der bei der Gärung und Weinbereitung ablaufenden Vorgänge sowie ein sehr genaues Arbeiten. Die gewerblichen Betriebe, auch die bäuerlichen Selbst-

Edelebereschen dienen bei der Obst- und Fruchtweinbereitung als die Selbstklärung fördernder Zusatz.

➤ Obstwein – Webcode: obst1223

vermarkter, müssen sich bei Herstellung und Kennzeichnung an bestimmte Richtlinien halten. Diese sind für die nur dem Eigenbedarf dienende Hausweinbereitung nicht bindend. Man sollte sich aber daran orientieren, damit auch der »Selbstgemachte« den jetzigen, gestiegenen Ansprüchen genügt.

Bei den »weinähnlichen Getränken«, wie die Obst- und Fruchtweine im Weingesetz genannt werden, unterscheidet man drei Typen:

Obstweine werden aus Kernobst hergestellt und als »Apfelwein« oder »Birnenwein«, bei Mischung als »Obstwein aus . . . « bezeichnet. Aus Äpfeln und Birnen erhält man durch Mischen geeigneter Sorten meistens Säfte, aus denen man ohne Wasser- und Zuckerzusatz ein zwar saures, aber erfrischendes, durstlöschendes Getränk mit niedrigem Alkoholgehalt herstellen kann.

Fruchtweine werden aus Beeren- und Steinobst hergestellt. Bei diesen Früchten ist der Säuregehalt im Vergleich zum Zucker zu hoch. Deshalb gibt man Wasser dazu, um die überschüssige Säure herabzusetzen und Zucker, um einen bestimmten Alkoholgehalt zu erreichen. Fruchtweine sollten mindestens 8 %vol Alkohol aufweisen, um im Geschmack harmonisch abgerundet und haltbar zu sein. Man kann zwar auch »leichtere« Tischweine (mit weniger Alkohol) aus Beerenobst bereiten. Aber diese sind schon bei der Herstellung größeren Gefahren ausgesetzt und auch nicht sehr lange haltbar.

Obst- und Fruchtdessertweine sind besonders alkoholstarke Spezialitäten: kräftig, vollsüß, eine Art Zwischenglied zwischen Wein und Likör. Sie sollten mindestens 13 %vol Alkohol aufweisen, was eine große Zuckermenge erfordert. Großer Beliebtheit erfreuen sich vor allem süße Dessertweine aus Roten und Schwarzen Johannisbeeren, Brombeeren, Erdbeeren, Sauerkirschen und Hagebutten. Im Norden Deutschlands liebt man auch einen süßen, alkoholreichen »Apfelzider«.

Mostgewinnung

Bei Kernobst und Weintrauben sind Mühle und Kelterpresse auch für den Hobby-Weinbereiter die gebräuchlichsten Geräte zur Saft-(Most-)gewinnung. Dies gilt vor allem, wenn größere Mengen abzupressen sind. Wie bereits bei der Apfelsaftgewinnung (siehe Seite 231) ausgeführt, sollte man sich hierfür an eine Keltergemeinschaft anschließen oder die Dienste einer Lohnmosterei in Anspruch nehmen.

Beerensäfte können auch für die Weinbereitung mit einer Schnecken-Fruchtpresse oder einer elektrischen Saftzentrifuge gewonnen werden (siehe Seite 228 und 230). Bei diesen beiden Entsaftungsgeräten kommt aber sehr viel Trub (Fruchtmark) in den Saft. Die Gärung verläuft dann sehr stürmisch und es entsteht viel Schaum. Um dem abzuhelfen, kann man allzu trüben Most etwa 12 Stunden möglichst kühl stehen lassen, damit sich der gröbste Trub absetzt.

Manche Hausweinbereiter lehnen die Mostgewinnung durch Dampfentsaften ab. Durch die Hitze werden ja alle im Saft vorhandenen Mikroorganismen abgetötet. Auch die fruchteige-

Diese stehenden Rundfässer aus lebensmittelgerechtem Kunststoff mit weiter Öffnung sind leicht zu füllen. Sie sind auch gut mit Deckel und Gäraufsatz zu verschließen und nach Gebrauch zu reinigen.

nen Enzyme, insbesondere die pektinabbauenden, werden inaktiviert. Trotzdem bringt das Dampfentsaften auch für die Obst- und Fruchtweinbereitung große Vorteile: Bei dunkelfarbigen Früchten wie Schwarzen Johannisbeeren oder Brombeeren wird der in den Fruchthäuten enthaltene Farbstoff durch den heißen Dampf viel besser herausgelöst. Man erhält Weine mit sehr intensiver Farbe. Der Zusatz von vorvermehrter Reinzuchthefe ist dann allerdings unerlässlich (»Gärstarter«, siehe Seite 279). Dadurch wird aber der Wein »reintöniger«, das heißt es entstehen nicht so viele unerwünschte Nebenprodukte der Gärung.

Für den Pektinabbau muss man dem im Heißverfahren gewonnenen Most wieder Antigeliermittel zugeben. Dann erhält man auch einen klaren Wein. Allerdings verläuft die Gärung nicht so stürmisch, sondern ruhiger und gleichmäßiger, was aber kein Nachteil ist. Natürlich kann man den durch Dampfentsaften gewonnenen

Saft auch in (größere) Flaschen oder Glasballons füllen und, mit Gummikappen verschlossen, zunächst haltbar aufbewahren. So lassen sich durch Mischen auch Mehrfruchtweine herstellen.

Das Angären der Maische ist zum Beispiel noch für Erdbeeren, Stachelbeeren, Zwetschen (Pflaumen) und rote Trauben zu empfehlen. Bei diesen Früchten sind die Farb- und Aromastoffe sehr hitzeempfindlich. Die Maischegärung bringt hier eine bessere Farbe in den Wein, ist aber nur unter Zugabe von Reinzuchthefe und von Kaliumpyrosulfit (0,3 g pro 10 l) zu empfehlen. Bei Luftzutritt entsteht die Gefahr des Essigstichs. Deshalb sollte die Maischegärung nicht in offenen Behältern erfolgen, sondern in Glasballons oder Kunststoffbehältern mit Gäraufsatz. Weil die festen Bestandteile durch die Kohlensäure immer wieder hochgetrieben werden, muss der sich bildende »Hut« jeden Tag wieder untergerührt werden. Der Gärvorgang muss auch nach wenigen Tagen unterbrochen werden. Dann wird die Maische abgepresst oder ausgedrückt. Sonst lösen sich zuviele Gerbstoffe aus Kernen und Schalen.

Bei Hagebutten, die fast überhaupt keinen Saft haben, ist ebenfalls eine Maischegärung erforderlich. Sie müssen nach dem Mahlen mit kochendem Wasser überbrüht werden. Man kann sie auch ungemahlen mit viel Wasser einige Minuten kochen und dann mit einem Kartoffelstampfer oder Fleischklopfer zerkleinern. Nach dem Erkalten wird die Maische zunächst mit Reinzuchthefe unter Zusatz von Milchsäure angegoren. Nach etwa vier Tagen lässt sie sich dann in einem Presssack leicht ausdrücken.

Gärgefäße

Glasballons
sind die idealen Gärbehälter für kleinere Mengen und entsprechen (in Größen von 5 bis 50 l) sehr den Bedürfnissen der Hobby-Weinbereiter. Mit einer Ballonbürste lassen sie sich leicht reinigen. Bei hartnäckigen Ansätzen an der Innenwand hilft 1,5 bis 2%ige Sodalösung. Anschließend muss der Ballon mit frischem Wasser gut ausgeschwenkt werden. Scharfen Sand sollte man zur Reinigung nicht

Große Flaschenbürste, auch für kleinere Ballons geeignet.

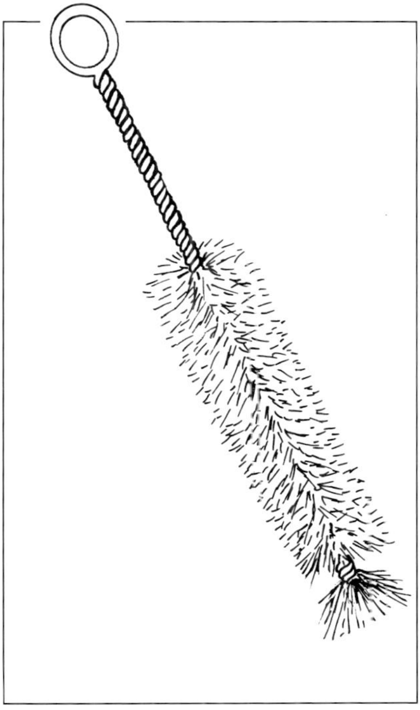

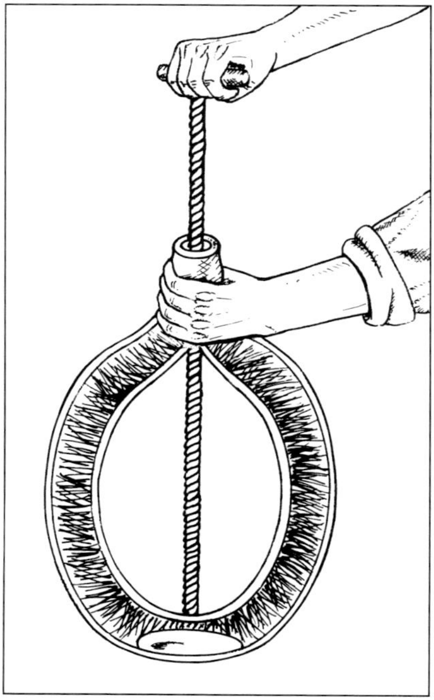

Ballonbürste mit spreizbaren und auswechselbaren Borstenbündeln.

nehmen, weil sonst das Glas Kratzer bekommt.

Meist sind die Ballons aus farblosem Glas. Man muss sie deshalb vor Sonneneinstrahlung schützen, sonst erhalten rote Fruchtweine leicht einen Braunstich. Durch das Glas sieht man, wieviel Wein im Ballon ist, kann den Gärverlauf und die Klärung beobachten und sieht auch, wieviel Hefetrub sich abgesetzt hat.

Nachteilig ist nur, dass Glas beim harten Anstoßen oder Hinfallen leicht bricht. Auch kann die große Wärmeleitfähigkeit des Glases zu unerwünschten Temperaturschwankungen im Wein führen. Diese Nachteile lassen sich durch den früher allgemein üblichen strohgefüllten Weidenkorb oder jetzt noch besser durch eine ringsum schützende, gitterartige Kunststoffumhüllung ausgleichen. Größere Ballons gibt es auch mit Zapfhahn.

Holzfässer

Weil sie schon seit vielen Jahrhunderten benutzt werden, steckt in ihnen ein Stück Romantik und Nostalgie. Will man aber Misserfolge und schlimme Enttäuschungen vermeiden, so muss man Vor- und Nachteile des Holzfasses unsentimental abwägen und eine rein sachliche Entscheidung treffen.

Als Vorteil wird genannt: Holz atme und sei ein natürliches lebendiges Material. Tatsache ist: Holz ist porös. Der werdende Wein kommt durch die Poren mit Luft in Berührung. Er oxidiert und entwickelt dadurch schneller sein volles Aroma (Bukett). Er reift schneller, aber er altert auch bald. Besonders bei kleinen Fässern, die im Verhältnis zu ihrem Rauminhalt eine zu große Oberfläche haben, kann zuviel Sauerstoff in den Wein gelangen, und zuviel Flüssigkeit, in erster Linie Alkohol, verdunsten, insbesondere wenn das Fass in einem trockenen Raum liegt. Deshalb lehnen Weinfachleute Holzfässer unter 200 l Inhalt wegen zu starkem Schwund und zu großer Sauerstoffaufnahme ab und fordern im Keller mindestens 75 % relative Luftfeuchtigkeit. Annehmbare Holzfässer sind also für die meisten Hobby-Weinbereiter viel zu groß. Außerdem fehlt es bei den heutigen

Wohnverhältnissen an geeigneten Fasskellern.

Gebrauchte Fässer müssen immer sehr sorgfältig und fachgerecht gepflegt werden. Setzt sich Schimmel an, so riechen sie muffig. Der Geruch geht in den Wein und kann ihn sogar ungenießbar machen. Auch Essigsäurebakterien können sich im Holz festsetzen und den Wein in Essig umwandeln. Ist dies einmal geschehen, so ist das Fass für immer unbrauchbar. Jedes leere Holzfass ist für Schimmelbefall und Essigstich sehr anfällig. Bei geringer Luftfeuchtigkeit trocknet es auch aus und die Dauben werden locker. Deshalb müssen die leer gewordenen Fässer umgehend konserviert werden. Früher geschah dies meistens durch Einhängen und Verbrennen von einer Schwefelschnitte je 100 l Fassraum. Jetzt wird eher die Nasskonservierung angewendet: je 100 l Fassraum werden 100 g Kaliumpyrosulfit und 20 g Zitronensäure in Wasser gelöst. Die Fässer bleiben dann voll gefüllt stehen.

Da auch die Gärführung im Holzfass nicht ganz einfach ist und man den Gärverlauf nicht gut beobachten kann, ist zusammenfassend zu sagen: Wenn man einen »richtigen« Weinkeller und darin gute Fässer hat, in denen bisher ein guter Wein herangereift ist, soll man sie auch weiterhin behalten und sorgfältig pflegen. Wer aber nicht gelernt hat, damit umzugehen und auch keinen Weinküfer an der Hand hat, der die Fasspflege fachmännisch besorgt, soll sich weder ein gebrauchtes noch ein neues Weinfass anschaffen. Neue Weinfässer müssen übrigens erst durch langwieriges Auslaugen der löslichen Stoffe »weingrün« gemacht werden.

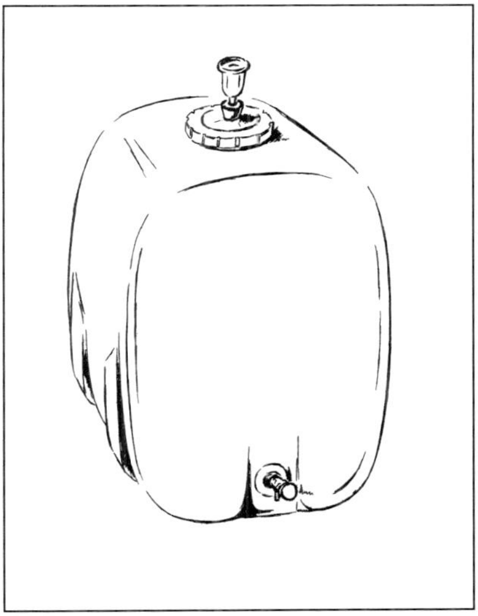

Platzsparendes Oval-Gefäß (60–300 Liter).

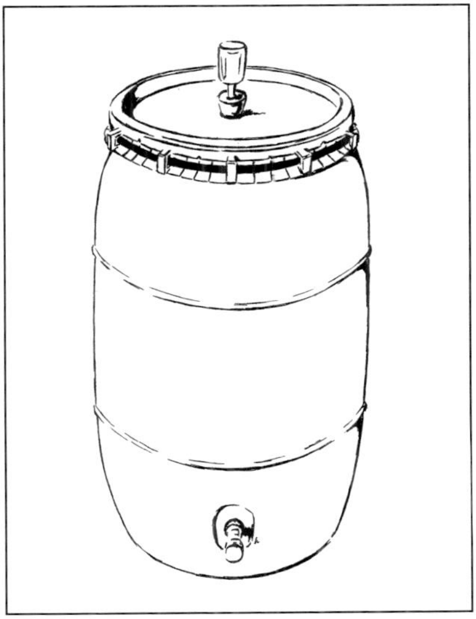

Rund-Fass mit großem Klemmdeckel (60–220 Liter).

Kunststoffbehälter
Es gibt sie rund oder oval in verschiedenen Größen von 12 bis 500 l Inhalt. Sie sind mit Deckel und Gäraufsatz sowie mit Zapfhahn ausgerüstet, formschön, standfest und platzsparend. Am besten sind sie aus ungefärbtem, lebensmittelechtem Niederdruckpolyethylen (NPE). Dieses Material bringt keinen Fremdgeschmack in den Wein. Es ist flüssigkeits-, luft- und aromadicht, sowie stoß- und schlagfest. Außerdem ist es transparent, so dass die Füllhöhe sowie beim Reinigen jeder Schmutz sichtbar werden. Bei der Reinigung genügt heißes Wasser. Die Einfüllöffnung ist so groß, dass man mit einer Bürste bis in die äußerste Ecke kommt. Sind die Behälter sauber mit Wasser ausgeschwenkt, so können sie in einem trockenen Raum bis zur nächsten Füllung aufbewahrt werden.

Mostverbesserung

Während bei den unvergorenen Fruchtsäften das richtige »Einstellen« auch noch unmittelbar vor dem Trinken erfolgen kann, müssen bei der Fruchtweinherstellung Wasser und Zucker vor der Gärung zugesetzt werden. Dabei ist aber zu bedenken: Mit Wasser kann man wohl einen zu hohen Säuregehalt herabsetzen und mit Zucker einen höheren Alkoholgehalt erreichen. Aber die geschmacklich und geruchlich wertvollen Aromastoffe der Früchte können hierdurch nicht gebil-

Kunststoff-Gärbehälter sind formschön, hygienisch einwandfrei und leicht zu handhaben.

det oder ersetzt werden. Um die richtigen Zusatzmengen genau ermitteln zu können, müssen vorher Säuregehalt und Öchslegrade des einzustellenden Mostes gemessen werden (siehe Seite 264).

Bei Kernobstmost sollte man kein Wasser zusetzen, höchstens 10 %, wenn ein Übermaß an Säure (mehr als 8 g/l) vorhanden ist. Säure und Alkohol, die dadurch herabgesetzt werden, sind wichtige Schutzstoffe gegen unerwünschte Mikroorganismen. Man muss auch bedenken, dass der Säuregehalt der Fruchtweine durch den biologischen Säureabbau (siehe Seite 285) noch erheblich zurückgehen kann.

Säurearme Moste sollten durch Verschneiden mit säurereichen auf 7 bis 8 g/l gebracht werden. Ist dies nicht möglich, so kann man Milchsäure zusetzen. Außer bei Kernobstmost kann der Milchsäurezusatz auch bei Erdbeermost erforderlich sein. Bei Hagebutten wird er schon der Maische beim Angären zugesetzt (siehe Seite 271). Mehr als 3 g (3,75 ml 80%ige) Milchsäure sollte man pro Liter Most nicht zugeben. Man darf auch die Milchsäure nicht nach Gutdünken, sondern nur aufgrund einer Säurebestimmung zusetzen.

Weintrauben, die aus Liebhaberei in klimatisch ungünstigen Lagen gezogen werden, haben oft so hohe Säurewerte, dass ein Entsäuern mit kohlensaurem Kalk zweckmäßig erscheint. Um den Säuregehalt des Mostes um 1 g/l zu reduzieren, sind pro Liter 0,7 g kohlensaurer Kalk erforderlich.

Trockenzuckerung

Eine Korrektur des Mostgewichtes sollte man bei Kernobstweinen zunächst durch Verschneiden versuchen. Da es aber nur selten möglich ist, auf diese Weise mehr als 50 °Oe zu erreichen, ist ein Zuckerzusatz empfehlenswert. Für eine Erhöhung des Mostgewichtes um 1 °Oe müssen dem Saft pro Liter 2,6 g Zucker zugegeben werden. Gewerbliche Hersteller dürfen Kernobstmoste nur auf höchstens 55 °Oe aufzuckern (und den Obstwein dann nicht mehr als naturrein bezeichnen).

Dagegen ist es für den Hobby-Weinbereiter vorteilhaft, bis auf etwa 60 °Oe zu gehen. Man erhält dann ein Getränk mit theoretisch bis zu 7,5%vol Alkohol, praktisch sind es immer etwas weniger (Faustregel: °Oe : 8 = %vol möglicher Alkohol).

Ein solcher Apfelwein ist besser vor dem Verderb geschützt und länger haltbar. Wer lieber etwas Erfrischenderes mit weniger Alkohol trinken möchte, kann sich ja später mit Mineralwasser daraus einen »Gespritzten« mischen.

Beispiel

Um 25 l Apfelmost von 44 °Oe auf 58 °Oe zu erhöhen, sind 910 g Zucker erforderlich.

Berechnung

Die Erhöhung beträgt
58 – 44 = 14 °Oe.
Dafür sind
14 × 2,6 = 36,4 g Zucker
pro Liter erforderlich,
das macht
25 × 36,4 = 910 g Zucker
insgesamt.

Auf diese Weise können auch Traubenmoste mit zu niedrigen Öchslegraden verbessert werden.

Die erforderliche Zuckermenge wird zunächst in einer kleineren Mostmenge aufgelöst, danach wird die Lösung mit dem übrigen Most vermischt.

Nasszuckerung
Bei den meisten Beeren- und Steinobstmosten ist der Säuregehalt zu hoch und der Zuckergehalt zu niedrig. Hier gelingt es nur mit Hilfe der Nasszuckerung, das heißt mit Wasser- und Zuckerzusatz, einen im Geschmack harmonischen Wein mit ausreichendem Alkoholgehalt zu erzielen. Der fertig eingestellte Most sollte aber noch etwa 8 g/l Säure haben. Die Säure hilft mit, den Wein gesund zu erhalten. Deshalb wäre eine zu starke Verdünnung schädlich.

Der Alkoholgehalt sollte bei einem guten, haltbaren Beeren- oder Sauerkirsch-Fruchtwein zwischen 8 und 11 %vol betragen. Also muss das Mostgewicht vor der Gärung zwischen 64 und 88 °Oe liegen (Faustregel: %vol Alkohol × 8 = °Oe).

Die Berechnung der Wasser- und Zuckerzusätze erfolgt mit Hilfe der auch bei unvergorenen Fruchtsäften üblichen Formeln (siehe Seite 266).

Beispiel
Um 20 Liter fertig eingestellten Sauerkirschmost (l Fw) von 9,5 g/l Säure (S Fw) und 82 °Oe zu erhalten, benötigt man von einem Sauerkirschsaft, der 18 g/l Säure und 43 °Oe aufweist, 10,55 l (l Hw). Zugesetzt werden 3170 g Zucker (g Z) und 7,5 l Wasser (l W).

Berechnung

$$\frac{\text{l Fw} \times \text{S Fw}}{\text{S Hw}} = \frac{20 \times 9{,}5}{18}$$

$$= 10{,}55 \text{ l Hw}$$

$$(\text{l Fw} \times {}^\circ\text{Oe Fw} - \text{l Hw} \times {}^\circ\text{Oe Hw}) \times 2{,}67 = \text{g Z}$$

$$(20 \times 82 - 10{,}55 \times 43) \times 2{,}67$$

$$= 3\,168 \text{ g Z}$$

$$\text{l Fw} - (\text{l HW} + \text{kg Z} \times 0{,}625)$$

$$= \text{l W}$$

$$20 - (10{,}55 + 3{,}17 \times 0{,}625)$$

$$= 7{,}47 \text{ l W}$$

Bei Fruchtdessertweinen muss der Most, um 13 bis 16%vol Alkohol zu erreichen, auf 110 bis 130 °Oe eingestellt werden. Dies erfordert sehr hohe Zuckerzusätze. Eine zu hohe Zuckerkonzentration schwächt aber die Hefen und kann im Most zu Gärstockungen führen. Deswegen ist es ratsam, den benötigten Zucker nicht auf einmal, sondern in mehreren Raten zuzugeben: Zunächst gibt man nur die halbe Menge hinzu. Den Rest teilt man in drei Teile und gibt sie immer dann zu, wenn die stürmische Gärung wieder etwas nachlässt. Dadurch erzielt man ein rascheres Durchgären.

Bei der Nassverbesserung kann der Most mit einer vorher hergestellten Standard-Zuckerlösung (siehe Seite 262) angereichert werden. Man kann auch den abgewogenen Zucker in der gesamten Wassermenge auflösen.

Bei der Einstellung von Dessertweinen kann man mit dem Zucker auch das Wasser in Raten zugeben.

Gärführung und Gärverlauf

Spontangärung
Der Winzer überlässt den Most aus gesunden Weintrauben einer Spontangärung, das heißt, er lässt ihn von selbst gären. Die in dem Traubenmost von Natur aus vorhandenen Mikroorganismen sind überwiegend echte Weinhefen, im Boden des Weinbergs durch natürliche Auslese entstanden.

Bereits nach kurzer Zeit zeigt die Trockenreinzuchthefe rege Aktivität im Presssaft an.

Zusammen mit anderen Faktoren geben sie dem Wein seinen natürlichen Gebietscharakter.

Etwas anderes ist es, wenn Reben als Wandspalier außerhalb von Weinbaugebieten gezogen werden. Dann haben die Trauben nicht den Vorteil einer genügenden Anzahl echter Weinhefen. Auch Beeren, Sauerkirschen und die anderen zur Weinbereitung geeigneten Früchte bringen meistens nur gärschwache Wildhefen mit, die keinesfalls über 10 %vol Alkohol erzeugen können. Hier kann man mit einer Spontangärung höchstens leichte Tischweine mit niedrigem Alkoholgehalt erhalten.

Nach alter Überlieferung wird Apfelwein auch noch spontan vergoren. Hier überwiegen die Apiculatus-Hefen. Sie können nur etwa 6–8 %vol Alkohol bilden. Dies reicht meistens aus, um allen in den Äpfeln vorhandenen Zucker zu vergären. Aber sie erzeugen auch reichlich Essigsäure und ganz typische Aromastoffe. Diese werden zwar von den Liebhabern des »Frankfurter Äbbelwoi« und des süddeutschen »Moscht« geschätzt, von anderen aber als »unsauberer« Geschmackston bezeichnet.

Oft werden die Apiculatus-Hefen auch von ausgesprochenen Gärungsschädlingen, wie Kahm- und Schleimhefen, Essigsäurebakterien und verschiedenen Schimmelpilzen, begleitet. Werden diese nicht durch eine massive Schwefelung unterdrückt, so können sie viele Stoffwechselprodukte bilden, die sich auf Geschmack, Farbe und Klarheit des Apfelweins negativ auswirken. Wenn also der Hausweinbereiter ein möglichst wohlschmeckendes, bekömmliches Getränk ohne unangenehme Geruchs- und Geschmackstoffe haben will, so sollte er den Most nicht einfach seinem Schicksal überlassen, sondern den Gärverlauf lenken.

Reinzuchthefen

Der Geschmack wird »reintöniger« und die Gärung verläuft auch zügiger, wenn dem Most eine genügend große Anzahl Reinzucht- oder Kulturhefen zugesetzt werden. Diese können auch den zugegebenen Zucker vergären, wozu die »wilden« Apiculatushefen nicht fähig sind. Für die verschiedenen Obst- und Fruchtweine wurden speziell geeignete, reine Heferassen gezüchtet. Sie werden ständig von Hefezuchtbetrieben vermehrt und auch in kleinen Portionen angeboten.

Für den Hobby-Weinbereiter eignen sich am besten Reinzuchthefen in leicht gärendem Zustand, die in Plastik-Kulturfläschchen verpackt sind. Ein solches Fläschchen muss man vor dem Öffnen mehrmals kräftig durchschütteln und so die Hefen gleichmäßig in der Flüssigkeit verteilen. Der Inhalt reicht aus für 50 bis 60 l Most. Zur besseren Vermischung rührt man die Kultur zuerst in eine kleine Menge Most ein. Erst dann gibt man sie zur Gesamtmenge in den Gärbehälter.

Die Kulturhefen können nur dann die Gärung übernehmen, wenn sie im Vergleich zu den »wilden« Hefen in der Überzahl sind. Deshalb müssen sie gleich nach der Kelterung zugesetzt werden, wenn sich die bereits im Most vorhandenen Hefen noch nicht wesentlich vermehrt haben.

Säfte bilden die Grundlage für schmackhafte Fruchtweine.

Gärstarter

Um ihr die besten Startbedingungen zu geben, kann man die Hefekultur einige Tage lang vorvermehren. Man setzt einen »Gärstarter« an. Dazu werden 80 bis 120 g Zucker in etwa einem halben bis dreiviertel Liter erhitztem (pasteurisiertem) Fruchtsaft aufgelöst. Nach dem völligen Abkühlen wird Reinzuchthefe zugegeben. Es genügt ein kleiner Schuß aus dem aufgeschüttelten Kulturfläschchen. Mit dieser Mischung wird eine saubere Flasche bis zu drei Viertel gefüllt. Sie wird mit einem Wattebausch oder einem kleinen Gäraufsatz verschlossen und an einen warmen Ort (20 bis 22 °C) gestellt. Nach zwei bis vier Tagen hat sich die Reinzuchthefe stark vermehrt und man erkennt an Schaum- und Kohlendioxidbildung, dass eine Gärung stattfindet. Nun kann man den Gärstarter in den gesamten Most geben. Dort beginnt nach weiteren drei Tagen die stürmische Gärung.

Unerlässlich ist der Gärstarter, wenn man Reinzuchthefe aus Ampullen oder Trockenhefe verwendet. Geht man von Säften, die im Dampfentsafter gewonnen wurden, also von pasteurisierten Fruchtsäften aus, so sollte man die Kulturhefen ebenfalls vorvermehren, damit die Gärung flott in Gang kommt.

Schwefelung

Reinzuchthefen sind Sulfithefen, das heißt, sie vertragen im Gegensatz zu anderen Mikroorganismen eine leichte Schwefelung. Sie vermehren sich danach immer noch rascher als die wilden Hefen und erzeugen bald einen so hohen Alkoholgehalt, dass die Konkurrenz völlig ausgeschaltet wird.

Für kleine Mostmengen gibt es Schwefeltabletten (je 1 g Kaliumpyrosulfit). Sie werden zu Pulver zerrieben, dann in etwas Saft oder Wasser aufgelöst und gleichmäßig eingerührt. In gesunden Mosten ist vor der Gärung eine Dosis von 0,2 bis 0,4 g pro 10 l Most ausreichend (und auch gesundheitlich völlig unbedenklich). Außer der Unterdrückung von Gärschädigern hat die Schwefelung auch den Zweck, den Wein vor Oxidationsschäden (Braunwerden) zu schützen, denn damit ist immer auch eine geschmackliche Beeinträchtigung verbunden.

Hefenährsalz

Außer Zucker brauchen die Hefen vor allem Stickstoffverbindungen, um ihr eigenes Zelleiweiß aufzubauen. Auch spielt bei der Gärung die Phosphorsäure eine bedeutende Rolle. Diese Verbindungen finden die Hefen,

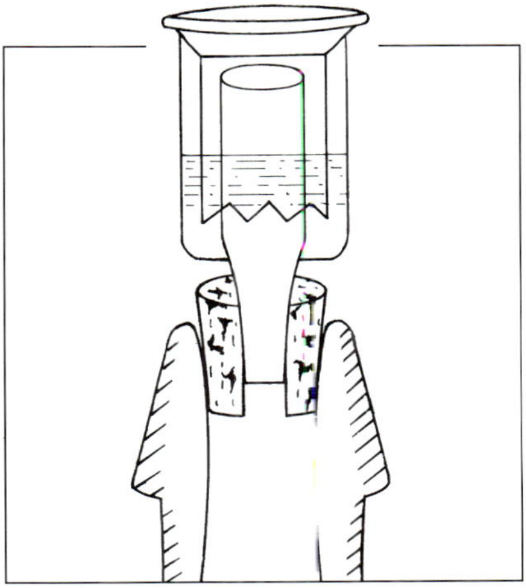

Der Gäraufsatz »Hobby« funktioniert nach dem Prinzip der Flüssigkeitssperre.

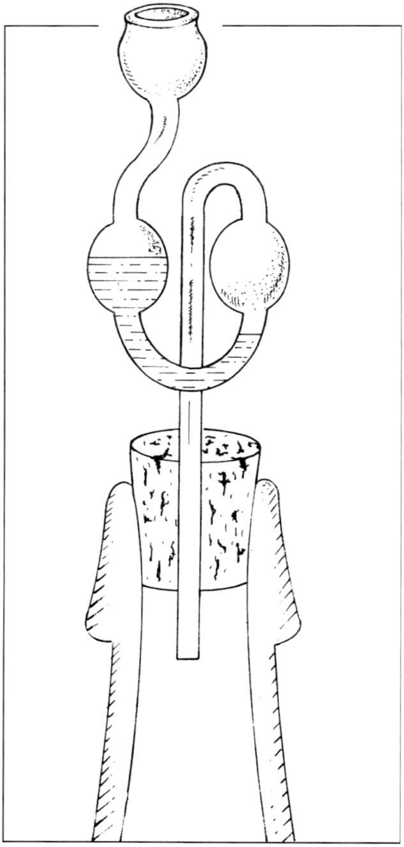

Gärröhre mit durchbohrtem Korken als Flüssigkeitssperre.

besonders im trüben Most, gewöhnlich in ausreichender Menge vor. Sicherer ist es aber, sie vor der Gärung in Form von Hefenährsalz zuzusetzen. Das verhilft den Hefen zu einem guten Start und verhindert ihr vorzeitiges Absterben aus Nahrungsmangel. Hefenährsalz gibt es ebenfalls in Tablettenform. Die Tabletten werden zu Pulver zerrieben und in wenig Wasser aufgelöst, bevor man sie dem Most zugibt. Man kann statt der Tabletten auch Ammoniumphosphat als Pulver kaufen. Im Allgemeinen genügen etwa 2 bis 4 g pro10 l Most.

Gärverschluss

Manche Hobby-Weinbereiter sind der irrigen Meinung, bei der Gärung müsse der »Dreck« herauskommen. Sie füllen die Gärbehälter randvoll, lassen sie offen und legen alte Lappen oder eine Plastikrinne um die Öffnung, die den überquellenden Schaum auffangen sollen. Abgesehen von Verlusten durch Überlaufen können dabei Luftsauerstoff, Mikroorganismen und Essigfliegen ungehindert in den Gärbehälter gelangen und den Wein verderben. Man darf deshalb die Gärgefäße nicht bis obenhin füllen, sondern muss einen Leerraum von etwa 10 bis 15 % der Füllmenge lassen. Dann verschließt man das Gärgefäß mit einem durchbohrten Stopfen oder einer gelochten Gummikappe und setzt einen Gärverschluss auf. Es gibt dafür verschiedene Gärröhrchen, Gärzylinder und Gärtrichter. Sie erfüllen alle ihren Zweck nach dem gleichen Prinzip: Eine Flüssigkeitssperre (es genügt Wasser, das von Zeit zu Zeit erneuert wird) lässt das Kohlendioxid entweichen, verhindert aber das Eindringen von Luft (Sauerstoff), Staub, Keimen und Essigfliegen. Dadurch wird eine saubere Gärung ohne schädliche Einflüsse von außen ermöglicht. Das Kohlendioxid sammelt sich über der Flüssigkeit, verdrängt die leichtere Luft, baut einen ganz geringen Überdruck auf und verhindert so schädliche Oxidationen. Der Gärverschluss muss so fest sitzen, dass das Kohlendioxid keinen anderen Weg findet als durch die Sperrflüssigkeit. So kann man auch den Gärverlauf durch Beobachten der aufsteigenden Kohlendioxidblasen gut kontrollieren.

Gärverlauf

Man sollte zwar eine flotte Gärung anstreben, sie darf aber keineswegs zu stürmisch verlaufen, weil das Aromaverluste mit sich bringt. Deshalb soll die Gärtemperatur unter dem Optimum der Hefen liegen. Zu Beginn der Gärung sind etwa 15 °C (bei Fruchtdessertweinen etwa 18 °C) richtig. Man muss auch bedenken, dass durch die Hefetätigkeit Wärme entsteht. Dadurch kann die Gärflüssigkeit auch in kleinen Behältern (besonders bei wärmeisolierender Umhüllung) 2 bis 3 °C wärmer als die Umgebung werden.

In sehr kühlen Räumen muss man Kaltgärhefen verwenden, die noch bei 6 bis 8 °C leistungsstark sind. Bei Temperaturen über 25 °C werden die Hefen bereits geschädigt, während z. B. Essig- und Milchsäurebakterien dann die besten Bedingungen haben.

Etwa zwei bis drei Tage nach dem Reinhefezusatz sollte die Gärung eingesetzt haben und nach weiteren drei bis vier Tagen ihren Höhepunkt erreichen. Der Most wird trüb, bewegt sich und schäumt. Das entweichende Kohlendioxid beginnt in der Sperrflüssigkeit heftig zu blubbern. Wurde zuviel Most eingefüllt, so schäumt er über und der Gäraufsatz kann verstopfen. Man muss ihn deshalb abnehmen, reinigen und nachdem man etwas Most abgezogen hat, wieder aufsetzen.

Das Kohlendioxid kann nur gefährlich werden, wenn in einem verhältnismäßig kleinen Raum mehrere große Behälter gleichzeitig gären. Zur Sicherheit sollte man dann eine brennende Kerze auf den Boden stellen. Geht sie aus, so besteht Erstickungsgefahr.

Die »stürmische« Gärung dauert bei leichten Tischweinen etwa eine Woche. Bei Dessertweinen kann sie sich wesentlich länger hinziehen. Dann wird das Blubbern oder Klappern in den Gäraufsätzen langsamer, der Schaum verschwindet. Jetzt füllt man den Gärbehälter auf. Den Gäraufsatz bringt man aber wieder an, um dem Most das schützende Kohlendioxid zu erhalten. Durch allmähliche Temperatursenkung, etwa durch Öffnen der Fenster bei Nacht, kann man die jetzt beginnende ruhige Gärphase verlängern. Das Aroma des Weines kann dadurch nur gewinnen.

Wenn kein Kohlendioxid mehr aus dem Gäraufsatz entweicht, kann man versuchen, durch Rühren oder Schütteln des Behälters die Hefe noch einmal zu aktivieren. Gelingt dies nicht mehr, lagert sich der Hefetrub bald wieder am Boden ab, und wird der Most immer klarer, so ist die Gärung beendet. Die am Boden liegenden Hefen sterben ab.

Beim Verkosten des jungen Weines merkt man, ob aller Zucker vergoren ist. Dies kann man auch mit der Mostwaage messen. Zeigt die Spindel jetzt Werte um Null Grad Öchsle an, so erhält man einen durchgegorenen, trockenen Wein.

Die gesamte Gärdauer ist, je nach Zuckerkonzentration und Temperatur, sehr verschieden. Bei Kernobstmosten liegt sie etwa zwischen drei und zwölf Wochen. Dagegen kann sie bei Fruchtdessertweinen, wo die errechnete Zuckermenge in mehreren Raten zugegeben wird (siehe Seite 276), bis zu einem Jahr dauern.

Hier sollte man nur die Zuckermenge zugeben, die zur Erreichung des gewünschten Alkoholgehaltes (13 bis 16%vol) nötig ist. Die Abstimmung auf den gewünschten, süßen Geschmack sollte erst unmittelbar vor dem Abfüllen auf Flaschen (siehe Seite 284) erfolgen.

Enthält der Most mehr Zucker als die Hefen vergären können, so bleibt noch unvergorener Restzucker zurück, weil die Hefen schließlich an ihrem eigenen Stoffwechselprodukt, dem Alkohol (bei 15 bis 18%vol), zugrunde gehen. Ein vorzeitiges Stoppen der Gärung durch starkes Schwefeln oder Zusetzen anderer chemischer Konservierungsmittel sollte man unterlassen.

Abstich und Ausbau

Erster Abstich

Etwa zwei bis vier Wochen nach beendeter Gärung werden die Fruchtweine abgestochen, das heißt von der Hefe getrennt. Geschieht dies nicht rechtzeitig, so zersetzen sich die abgestorbenen Hefen allmählich. Sie trüben das Getränk wieder und verursachen den »Hefeböckser«, der den Wein durch widerlichen Geruch und Geschmack verdirbt.

Nur bei dem nach traditioneller Methode hergestellten »Äbbelwoi« oder »Moscht« wird hier noch oft eine Ausnahme gemacht. Diese lässt man manchmal ein halbes Jahr oder noch länger auf der Apiculatus-Hefe liegen. Dadurch soll das Wachstum von Milchsäurebakterien angeregt werden, die den biologischen Säureabbau bewirken.

Abstich aus einem hochgestellten Gärbehälter in eine tiefer gestellte Korbflasche.

Beim Abstich wird der Jungwein aus dem vorsichtig hochgestellten Gärbehälter in einen anderen, tieferstehenden abgezogen. Das geht ohne weiteres mit einem Schlauch (etwa 2 m lang 1 cm Durchmesser) aus durchsichtigem Plastik. Es gibt aber auch Weinheber für diese Arbeit. Der Gärbehälter muss ruhig stehen und der Schlauch darf nicht zu tief ins Gefäß rutschen, weil sonst der Trub aufgewirbelt wird und Teilchen davon beim Ansaugen mitgerissen werden. Das Schlauchende soll tief in das unten stehende Gefäß hineinragen. Hängt es ebenfalls im Wein, so wird größere Sauerstoffaufnahme vermieden.

Den Trub gibt man in hohe, schlanke Flaschen und lässt ihn sich nochmals absetzen. Man kann ihn auch filtern (siehe Seite 260).

Beim Abstich sollte der Jungwein wieder leicht geschwefelt werden. Das soll ihn weiterhin vor dem Braunwerden schützen und die Klärung beschleunigen. Wie vor der Gärung genügen auch hier normalerweise 0,2 bis 0,4 g Kaliumpyrosulfit auf 10 l Most. Bei leichten Tischweinen und bei Apfelwein muss das Lagergefäß wieder so voll gefüllt werden, dass der Gäraufsatz gerade noch Platz hat. Bei Dessertweinen ist dies nicht unbedingt erforderlich, da zu ihrem weiteren Ausbau und zur gewünschten Reifung eine gewisse Sauerstoffaufnahme erforderlich ist. Weil nach dem ersten Abstich meistens noch eine kleine Nachgärung einsetzt, bildet sich bald wieder ein Kohlendioxid-Schutz aus.

Der Jungwein wird nun in einen etwas kühleren Raum gebracht (10 bis 12 °C). Hier geht die weitere Klärung rasch voran und es setzt sich nochmals Hefetrub am Boden ab.

Lässt man einen Wein nach dem ersten Abstich längere Zeit liegen, so setzt häufig eine erneute Kohlendioxidbildung ein. Dies geschieht vor allem, wenn im Frühjahr die Temperatur ansteigt. Hierbei handelt es sich aber nicht um die von Hefen bewirkte alkoholische Gärung, sondern um den schon mehrfach erwähnten, durch Milchsäurebakterien verursachten biologischen Säureabbau. Bei der Traubenweinherstellung und auch beim traditionell hergestellten Apfelwein (siehe Seite 282) ist dieser Vorgang erwünscht. Bei der Fruchtweinbereitung aus Beeren und Steinobst braucht man ihn dagegen nicht; da wird ja durch Wasserzusatz der richtige Säuregrad eingestellt.

Zweiter Abstich

Etwa sechs bis acht Wochen nach dem ersten Abstich kann der zweite erfolgen. Bis dahin hat sich ein richtig hergestellter Fruchtwein meist völlig geklärt, die Gärung hat aufgehört und es bildet sich kein Kohlendioxid mehr.

Der Gärzylinder kann jetzt mit einer »Trockenfüllung« (Gemisch aus fünf Teilen Kaliumpyrosulfit und einem Teil Zitronensäure) versehen und als »Selbstschwefler« benutzt werden. (Gärröhrchen eignen sich hierfür nicht.) Um das Getränk zu probieren, kann der Gäraufsatz jedesmal kurz abgenommen werden.

Man schmeckt jetzt, dass die Kohlensäure weniger wird: Das »Bitzeln« auf der Zunge lässt nach. Der Fruchtwein wird allmählich »weicher« und milder im Geschmack. Manche trinken ihn in diesem Zustand schon recht gerne.

Normalerweise wird ein Obst- oder Fruchtwein nach zwei Abstichen so klar, dass man weder eine Filtration noch eine Schönung vornehmen muss. Eine geringfügige Trübung, die den Geschmack keineswegs beeinträchtigt, kann als kleiner Schönheitsfehler vom Selbsthersteller ruhig hingenommen werden. Gewöhnliche Papier-Faltenfilter oder gar Kaffeefilter könnten auch die sehr feinen Trubstoffe gar nicht zurückhalten und wären wegen der erheblichen Sauerstoffaufnahme nur schädlich.

Filtern und Schönen

Will man als Hausweinbereiter unbedingt einen glanzklaren Wein, so kann man nach dem Anschwemmverfahren filtern: Zuerst kommt ein Perlonfilterbeutel als Stützschicht in den Trichter. Dann wird Filterpulver mit etwas Wein zu einem Brei angerührt und in den Beutel geschüttet. Den ablaufenden Wein gibt man so lange in den Filter zurück, bis er ganz klar ist. Erst jetzt gibt man weiteren Wein hinzu und die eigentliche Filterung beginnt. Als Filterpulver werden für die Hausweinbereitung meist Mischungen aus Zellulose, Kieselgur und Asbest angeboten.

Auch Schönungsmittel (Gelatine, Kieselsol und Bentonit) gibt es jetzt in Kleinpackungen mit Dosiervorschrift zu kaufen. Sie sind aber im Allgemeinen nicht erforderlich.

Nachsüßen

In letzter Zeit werden trockene Weine immer beliebter und auch die selbstgemachten Fruchtweine werden gerne ohne viel Restsüße getrunken. Dessertweine sollen dagegen süß schmecken. Haben sie zu wenig Zucker, so können sie jetzt nach Geschmack nachgesüßt werden: Man gibt am besten zunächst zu einer entnommenen Probemenge 20 g Zucker pro Liter, löst ihn vollständig auf und probiert. Sollte dies noch nicht ausreichen, so kann man die Zugabe noch um jeweils 5 oder 10 g/l steigern, bis die geschmacklich zusagende Menge erreicht ist. Nun kann man den für die gesamte Weinmenge erforderlichen Zucker ausrechnen und zusetzen. Er löst sich bei leichtem Umrühren schnell auf. (Statt Zucker kann man auch eine entsprechende Süßstoffmenge zugeben.) Die Restsüße ist reine Geschmackssache. Sie gibt auch den leichteren Fruchtweinen einen lieblichen Charakter. Man kann sie auch durch Zugabe von Süßreserve erreichen. Dazu braucht man sich nur einen entsprechenden unvergorenen, eventuell etwas gesüßten und haltbar gemachten Fruchtsaft bereitzuhalten. Dieser wird erst nach dem zweiten Abstich dem fertigen Fruchtwein zugesetzt und kann schon in geringen Mengen (etwa im Verhältnis 1:20) eine wesentliche Abrundung des Geschmacks bewirken.

Nach der Zuckerung oder der Zugabe von Süßreserve können nochmals leichte Trübungen auftreten. Es kann sogar eine erneute Gärung einsetzen. Will man also in Flaschen abfüllen, so muss man jetzt noch einige Zeit warten und beobachten, ob der Wein völlig ruhig und klar bleibt.

Soll nicht in Flaschen abgefüllt werden, der Fruchtwein also zum Abzapfen im großen Behälter bleiben, so muss er alsbald getrunken werden. Trotz kühler Lagerung und einer Trockenfüllung im Gärzylinder (siehe Seite 283) sind die Fruchtweine beim Entnehmen aus größeren Behältem gefährdet. Essigsäurebakterien und Kahmhefen gelangen ja nicht nur aus der Luft in den Wein, sondern können auch in geringer Zahl noch darin vorhanden sein. Bei Luftzutritt vermehren sie sich und führen zu Essigstich und Kahmigwerden. Um dies zu vermeiden, kann man leichte, zum baldigen Verbrauch bestimmte Fruchtweine beim zweiten Abstich auch in mehrere kleinere Ballons (5 oder 10 Liter) füllen, damit sie nicht zu lange im Anbruch sind.

Flaschenfüllung

Sollen Fruchtweine länger haltbar bleiben, so ist unbedingt die Abfüllung auf Flaschen zu empfehlen. Sie ist vor allem bei den alkoholreichen Dessertweinen notwendig.

Vorher sollte nochmals leicht geschwefelt werden. Dadurch wird der biologische Säureabbau im Wein gehemmt und damit der Alterungsprozess verlangsamt. Je alkoholreicher der Fruchtwein ist und je länger er in Flaschen gelagert werden soll, desto mehr Kaliumpyrosulfit (von 0,2 bis 0,8 g pro 10 l) muss man jetzt zugeben. Diese Schwefelung lässt sich aber weitgehend durch L-Ascorbinsäure (Vitamin C) ersetzen (0,75 bis 1,5 g pro 10 l Most). Diese verbraucht den bei der Abfüllung aufgenommenen Sauerstoff, verzögert dadurch die Alterung und wirkt günstig auf Geschmack und Aroma des Weines.

Den richtigen Zeitpunkt für die Abfüllung in Flaschen kann man am besten feststellen, wenn man eine Probe in eine saubere Flasche abfüllt, kräftig schüttelt, verschließt und einige Tage an einen warmen Ort stellt. Sind dann beim Öffnen der Flasche keine Anzeichen von Gärung (Gasentwicklung, Trübung) festzustellen, so kann die Gesamtabfüllung erfolgen.

Das bei den Fruchtsäften über Auswahl und Vorbereitung der Flaschen und Verschlüsse Gesagte (siehe Seite 245) gilt grundsätzlich auch für die Obst- und Fruchtweine. Hier werden aber fast nur normale Weinflaschen mit Natur- oder Kronkorkverschluss verwendet.

Nach gründlicher Reinigung kann man die Flaschen noch zusätzlich im Einkochapparat, mit Wasser gefüllt, im

Noch trüber, frischer Apfelsaft – daraus wird nach richtiger Behandlung süffiger Apfelwein.

Wasserbad auf 95 °C erhitzen oder auch trocken, im Backofen liegend, bei 110 °C sterilisieren. Man kann sie auch mit einer Lösung aus Kaliumpyrosulfit (40 g/l) und Zitronensäure (2 bis 4 g/l) ausschwenken. Die Lösung wird von einer Flasche in die andere geschüttet. Die Flaschen lässt man danach gut austropfen. (Vorsicht! Es entwickelt sich Schwefeldioxid mit sehr lästigem, stechendem Geruch).

Der Wein wird mit einem Schlauch oder Heber in die Flasche gefüllt. Eine Schlauchklemme oder ein Absperrhahn erleichtern die Arbeit. Ebenfalls

Mit Kraft, aber auch mit Gefühl müssen die Naturkorken eingeschlagen werden.

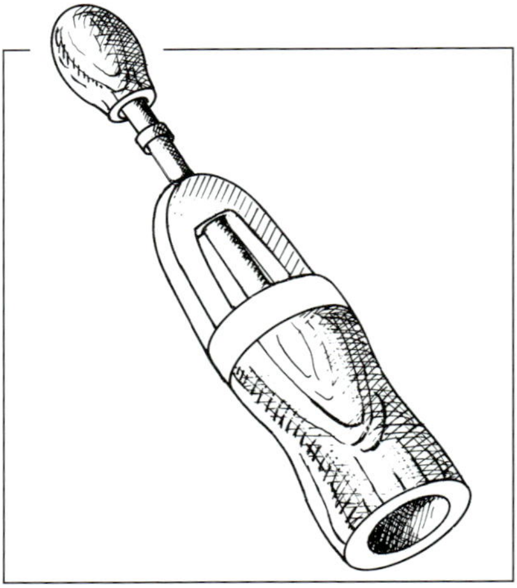

Einfacher Handverkorker aus Holz.

nützlich ist ein Kunststoff- oder Glasröhrchen am Schlauchende. Man kann es leicht bis auf den Flaschenboden einführen. So fließt der Wein ohne Luftberührung und ohne Schäumen in die Flaschen. Diese füllt man so voll, dass nach dem Verkorken nur noch ein etwa 1 cm hoher Luftraum bleibt.

Verkorken

Naturkorken müssen unbedingt neu, walzenförmig, mindestens 4 cm lang und von bester Qualität sein. Konisch zulaufende Korken lassen sich zwar leicht aufsetzen, sitzen aber nicht genügend fest. Gebrauchte Korken dürfen nicht verwendet werden. Sie enthalten massenhaft Keime und sind durch den Korkenziehergebrauch nicht mehr dicht. Wegen der vielen Poren sind auch neue Korken nur schwer zu desinfizieren. Man darf sie nicht mit kochendem Wasser überbrühen oder dämpfen, weil sie dadurch unelastisch werden und beim Flaschenöffnen brechen. Zur Desinfektion kann man sie in der vorher genannten Lösung von Kaliumpyrosulfit und Zitronensäure über Nacht einweichen. Dabei werden sie mit einem beschwerten Plastikdeckel (kein Metall!) untergetaucht. Jetzt gibt es auch »Sterilkorken«. Sie werden bereits vom Hersteller desinfiziert und in verschweißten Plastikbeuteln angeboten. Man braucht sie nur einen Tag lang zu wässern, damit sie weich werden und sich besser pressen lassen.

Es gibt einfache Handverkorker aus Holz, die aber viel Kraft erfordern.

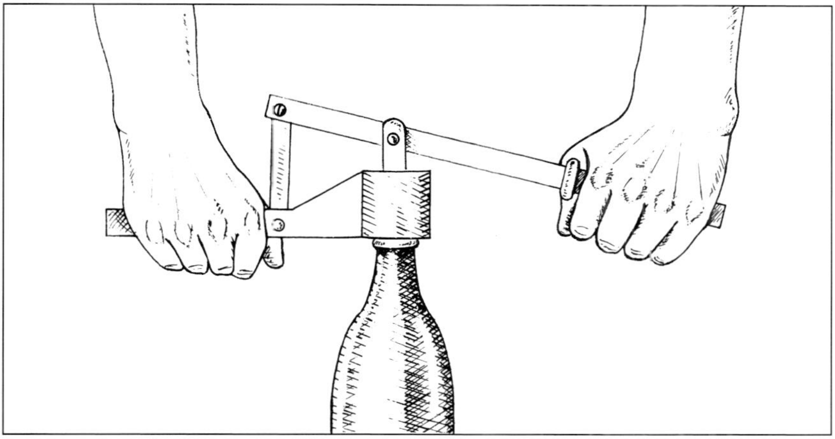

Einfacher Handverkorker mit Hebelwirkung.

Man stellt die Flaschen dabei auf eine weiche, rutschfeste Unterlage und nimmt am besten einen Gummi- oder Holzhammer zu Hilfe. (Vorsicht! Man muss den Korken »mit Gefühl« einschlagen, sonst gibt es Flaschenbruch). Es gibt auch Handverkorker, die den Korken mit Hebelwirkung in die Flasche treiben.

Kronkorken können nur mit einem speziellen Verkorker aufgesetzt werden, der ebenfalls mit Hebelwirkung funktioniert. Nach dem Verkorken müssen die Flaschen noch in klarem Wasser sauber abgewaschen werden.

Flaschenausstattung

Die Flaschenmündungen können mit Kapseln aus Aluminium (früher Stanniol) oder Kunststoff versehen werden. Diese gelten nicht nur als Zierde, vielmehr schützen sie den Korken auch vor Schimmelbefall und der Korkmotte.

Wer den »Selbstgemachten« verschenken oder ihm bei Gästen eine besondere Note geben will, kann auch jede einzelne Flasche mit einem Etikett versehen. Fertige Weinetiketten gibt es beim Kellereibedarfshandel. Man kann sich auch im Schreibwarengeschäft selbstklebende Etiketten besorgen und mehr oder weniger kunstvoll beschriften. Wer künstlerisch sehr begabt ist, kann sich auch die phantasievollsten eigenen Etiketten selbst entwerfen und mit dem Fotokopierer vervielfältigen. Sogar der Computer lässt sich beim Etikettenherstellen einsetzen. Man kann eine spezielle Software kaufen, mit der sich wunderschöne, farbige Bildetiketten machen lassen (siehe Abbildungen auf den Seiten 288 und 289).

Lagerung und Reifung in den Flaschen

Der in Flaschen abgefüllte Fruchtwein wird in kühlen Kellern (bei etwa 8 bis 12 °C) gelagert. Bei niedriger Temperatur verläuft der Reifungsprozess langsam und der Wein erreicht so eine bessere Qualität. Apfelwein und leichte Fruchtweine werden am besten innerhalb eines Jahres getrunken, falls man sie überhaupt auf Flaschen füllt. Bei längerer Lagerung verlieren sie stets an Qualität und Frische. Dagegen erreichen die schweren Beerenweine erst nach einem Jahr ihre volle Güte und Bekömmlichkeit. Bei Dessertweinen kann sich der Ausbau von Aromastoffen und eine Milderung der Säure noch bis zum Ende des zweiten oder dritten Jahres steigern, vorausgesetzt, dass sie völlig gesund sind.

Flaschen mit Naturkorken werden stets liegend aufbewahrt, damit der Wein ständig den Korken befeuchtet und ihn elastisch hält. Bei liegenden Flaschen wirkt der Korken wie ein Docht: Auf seiner Außenfläche verdunstet ständig Flüssigkeit, wodurch aus der Flasche Wein nachgezogen wird. Bei zu hoher Temperatur und trockener Luft können deshalb bei längerer Lagerung merkbare Verdunstungsverluste auftreten. Dabei geht hauptsächlich der leichtflüchtige Alkohol verloren.

Im Austausch erhält der Wein etwas Luft und damit fein dosierten Sauerstoff. Dadurch findet ständig eine geringe Oxidation statt. Dies führt bei den Fruchtweinen in einigen Monaten zur vollen Reife, danach aber auch zur Alterung und Firne, schließlich zum Abbau und Qualitätsverlust bis zur Ungenießbarkeit.

Bei den zuckerreichen Dessertweinen werden die Korkporen aber bald durch den nicht verdunstenden Zuckersirup verstopft. Oxidation und Verdunstungsschwund werden dadurch immer geringer und hören schließlich fast ganz auf. Deshalb können Dessertweine, wenn sie völlig gesund sind, oft jahrelang aufbewahrt werden, ohne an Qualität zu verlieren.

Naturkorken können bei der Lagerung auch Fremdgerüche aufnehmen und an den Wein weitergeben. Vor allem können stark oder gärig riechende Lebensmittel wie Essig oder Sauerkraut, aber auch Kartoffeln oder Gemüse, wenn sie faul werden, dem Wein schlechte Gerüche mitteilen.

Um den Verschluss völlig dicht zu machen, kann man die Flaschenmündungen auch in warmes, flüssiges Paraffin, in Flaschenwachs, Flaschenlack oder auch in Wasserglas eintauchen. Dies schützt vor Verdunstungsschwund oder Austrocknen der Korken und verhindert auch Pilz- und Korkmottenbefall.

Drehverschlüsse (meist aus Aluminium mit Kunststoffeinlage) sind oft nicht mehr ganz dicht. Deshalb müssen Flaschen mit diesen Verschlüssen immer stehend aufbewahrt werden. Auch ist ein längeres Lagern in solchen Flaschen nicht anzuraten. Zumindest muss ständig kontrolliert werden, damit der Wein nicht ver-dirbt. Man kann die Flaschen mit Schraubgewindemündung auch verkorken und die gebrauchte Alu-Kapsel (ohne Kunststoffeinlage) wieder aufdrehen. Dann hält der Verschluss dicht.

Mit Kronkorken verschlossene Flaschen können stehend oder liegend aufbewahrt werden. Diese Verschlüsse trocknen nicht ein.

Handgeschriebene oder vom Computer bedruckte Flaschenetiketten machen den eigenen Fruchtwein oder -likör zum schönen Gastgeschenk.

Der chemische Prozess des Reifens ist sehr kompliziert und immer noch nicht restlos erforscht. Fachleute neigen jetzt zu der Ansicht, der Wein brauche zu seiner Entwicklung nur sehr wenig Luft(sauerstoff) und bekomme die benötigte Menge schon bei der Abfüllung mit. Er reife auch unter einem undurchlässigen Verschluss so gut wie unter einem Naturkorken. Dabei bleibe er reintönig und bekomme keinen Korkgeschmack, der vom Gießkannenschimmel (siehe Seite 224) verursacht wird.

Die Essigbereitung

Sie ist so alt wie die Weinbereitung und wird schon seit jeher im Haushalt praktiziert. In letzter Zeit erinnert man sich wieder an die dem Gärungsessig von der Volksmedizin nachgesagten gesundheitsfördernden Wirkungen. Man weiß auch heute, dass er neben der als Speisewürze geschätzten Essigsäure noch eine ganze Reihe von ernährungsphysiologisch sehr wertvollen Inhaltsstoffen des Weines enthält: Fruchtsäuren, Mineralstoffe, Spurenelemente, Gerb-, Farb- und Aromastoffe. Die Zahl der Hobby-Weinbereiter, die sich auch ihren eigenen Essig selber machen wollen, wird deshalb wieder größer.

Ausgangsmaterial

Die Essigbereitung bietet sich an, wenn ein essigstichig gewordener Wein, der nicht mehr mit Genuss zu trinken ist, noch nutzbringend verwendet werden soll. Der Ausgangswein darf aber nicht sonstwie verdorben, also nicht trüb oder schleimig sein, weil er sonst zu viele andere, unerwünschte Mikroorganismen enthält.

Natürlich kann man auch aus völlig gesunden Weinen Essig machen. Es eignen sich alle Obst-, Frucht- und Traubenweine, die nicht mehr als 9 %vol Alkohol und 8 g/l Säure aufweisen. Weine mit höheren Gehalten sollten mit Wasser entsprechend verdünnt werden, sonst werden die Essigsäurebakterien in ihrer Tätigkeit gebremst. Aus gleichem Grund sind auch geschwefelte Weine für die Essigbereitung ungeeignet.

Weil er meistens schon von Natur aus die für die Essigbereitung günstigen Alkohol- und Säurewerte besitzt, eignet sich Apfelwein besonders gut. Apfelessig wird auch wegen seiner

Gärender Essig im weit offenen 5-Liter-Gärgefäß, mit Gazeläppchen abgedeckt. Essigsäurebakterien bilden auf der Oberfläche eine Haut und gleichzeitig am Boden eine schleimige Masse.

speziellen Genuss- und Gesundheitswerte besonders geschätzt und als Hausmittel bei vielen Beschwerden wieder entdeckt. Zur Zeit werden ihm in sensationell aufgemachten Veröffentlichungen sogar Wunderheilerwirkungen nachgesagt.

Beliebt ist auch der Fruchtessig aus Johannisbeerwein, vor allem wegen der schönen, roten Farbe und dem besonderen Aroma.

Lebensbedingungen der Essigsäurebakterien

Sie brauchen Alkohol als Nahrung, daneben vor allem die ständige Zufuhr von Luftsauerstoff. Auch sind sie sehr wärmeliebend und arbeiten am besten bei Temperaturen zwischen 25 und 33 °C (siehe Seite 225). Deshalb gedeihen sie im Winter am besten bei der Heizung und im Sommer dort, wo es die Sonne am wärmsten werden lässt. Bei Kellertemperaturen um 10 °C vermehren sie sich kaum.

Essigmutter als Gärstarter

Sehr wichtig ist es, die Zahl der Essigsäurebakterien von Anfang an möglichst groß zu halten. Die in einem leicht essigstichigen Wein natürlich vorhandenen Essigsäurebakterien reichen dazu meist nicht aus. Sie sind auch oft mit anderen, unerwünschten Mikroorganismen vermischt. Deshalb ist es besser, sich zunächst eine »Essigmutter« zu besorgen. Diese aus Essigsäurebakterien bestehende schleimige Masse findet man manchmal noch in eingekauftem, naturtrübem Obstessig oder man erhält sie vielleicht von Bekannten. Inzwischen kann man sie aber auch als gärkräftige Reinkultur im Kellereibedarfshandel kaufen.

Angesetzter Kräuteressig.

Mit der Essigmutter setzt man am besten zunächst einen »Gärstarter« an. Dazu gibt man sie in eine Flasche mit bis zu 2 Liter Inhalt und füllt bis etwa zur Hälfte mit Wein auf. Dieser Ansatz wird, nur mit einem Gazeläppchen oder Wattebausch lose bedeckt, an einen sehr warmen Platz gestellt. Durch tägliches, kräftiges Schütteln der Flasche sorgt man für die nötige Sauerstoffzufuhr.

Nach etwa zehn Tagen haben sich die Essigsäurebakterien reichlich vermehrt und man kann nun eine größere Menge zur Gärung ansetzen. Dazu gibt man den Gärstarter in einen möglichst weit offenen Behälter aus lebensmittelechtem Material (Glas, Steingut, Kunststoff) und füllt bis zu etwa zwei Drittel mit Wein auf.

Gärverlauf

Nun muss erneut für günstige Gärtemperatur und ständige Sauerstoffzufuhr gesorgt werden. Statt dem täglichen Schütteln oder Umrühren kann man auch von Zeit zu Zeit einen kleinen Schlauch oder ein Glasröhrchen in das Gärgut halten und Luft durchblasen. Als Abdeckung genügt ein sauberes Gazetuch. Je günstiger die Bedingungen sind, desto schneller arbeiten die Essigsäurebakterien. Es dauert aber auf jeden Fall mehrere Wochen, bis der größte Teil des Alkohols in Essigsäure umgewandelt ist.

Fertiger, klarer Apfel- und Fruchtessig in schönen Flaschen als Zimmerschmuck.

Abfüllung und Flaschenreifung

Jetzt kann mit dem Schlauch sauber abgezogen werden. Dabei lässt man etwa 2 Liter mit der an der Oberfläche gebildeten Haut und dem schleimigen Bodensatz im Gärgefäß zurück. Dieser Rest kann später wieder als Gärstarter für einen neuen Ansatz verwendet werden.

Die Flaschen werden verschlossen und sollten noch mindestens ein halbes Jahr kühl gelagert werden. Dann kann sich der Essig weiter klären und ausreifen, wobei sich ein intensiveres Aroma entwickelt. Nach beendeter Selbstklärung kann man noch die klare Flüssigkeit vorsichtig in eine andere Flasche umfüllen. Danach ist der Essig für die verschiedenen Zwecke in der Küche, zur Körperpflege und im Haushalt verwendbar.

Aus Apfel- oder Fruchtwein hergestellter, klarer Gärungsessig verdirbt nicht. Er lässt sich jahrelang in geschlossenen Flaschen aufbewahren und wird dabei mit der Zeit immer aromatischer und besser im Geschmack.

Verfeinerung

Für die Verwendung als Speisenwürze kann man den fertigen Essig noch verfeinern: So kann man allerlei Küchenkräuter zusetzen und diese mehrere Wochen lang an einem warmen Ort durchziehen lassen, damit ihre Würzstoffe in den Essig übergehen. Je nach individuellem Geschmack und Verwendungszweck eignen sich hierzu: Dill, Estragon, Petersilie, Majoran, Borretsch oder Thymian. Auch können nach eigenem Belieben Lorbeerblätter, Zwiebelringe, Schalotten, Schnittlauch, Senf- oder Pfefferkörner sowie Meerrettichstückchen zugegeben werden.

Der eigenen Phantasie sind hier kaum Grenzen gesetzt. So kann Apfelessig auch (etwas angewärmt) mit Honig gesüßt, mit Rosen-, Lavendel-, Veilchenblüten aromatisiert oder mit aromareichen Früchten (Himbeeren, Walderdbeeren) angesetzt werden.

Die Herstellung von Fruchtlikören

Allgemeines

Wahrscheinlich wurde die Likörherstellung im Mittelalter in italienischen Klöstern erfunden. Damals waren Liköre flüssige Medikamente (liquore, ital. = Flüssigkeit): Alkoholische Auszüge aus heilwirksamen Pflanzenteilen wie Kräutern, Wurzeln, Samen, Früchten wurden mit Honig oder Rohrzucker schmackhafter gemacht. Man erkannte schon damals, dass Alkohol nicht nur konservierend wirkt, sondern auch die Wirk- und Aromastoffe der Heilpflanzen löst und sie – zusammen mit dem Zucker – geschmacklich veredelt.

Als dann im 18. Jahrhundert die ersten Rübenzuckerfabriken aufkamen und der Zucker sich allmählich vom teuren Luxusartikel zum allgemeinen Verbrauchsgut wandelte, wurde das Selbermachen von Likören auch in den Haushalten üblich. Die Likörherstellung gehörte lange Zeit zur gut geführten Hauswirtschaft.

In den letzten Jahrzehnten ist die Selbstherstellung von Likören etwas aus der Mode gekommen. Das liegt wohl einmal an der hohen Alkoholsteuer, die dieses Hobby sehr teuer macht. Zum anderen kann der Selbstgemachte kaum noch in Aufmachung, Farbe, Geschmack und Aroma mit dem überreichen Angebot an raffinierten und mit großer Fachkenntnis hergestellten Industrie-Erzeugnissen konkurrieren.

Allerdings macht sich auch hier jetzt wieder eine Gegenströmung bemerkbar: Die Hobby-Likörbereiter wollen die gewerblich hergestellten Erzeugnisse gar nicht nachmachen, sondern etwas ganz Außergewöhnliches fertigbringen, was es nirgends zu kaufen gibt und was Freude an der unverwechselbaren, eigenen Kreation bringt.

Bei der häuslichen Likörbereitung gilt es, ein nach dem eigenen Geschmack harmonisches, genussvolles Getränk für besondere Anlässe zu komponieren und dabei das richtige Verhältnis von Zucker, Alkohol und Aroma – zusammen mit einer ansprechenden Farbe – zu finden.

Meistens werden im Haushalt Liköre aus Fruchtsäften oder direkt aus Früchten hergestellt. Dabei legt man in letzter Zeit mehr Wert auf die Frucht und weniger auf den Alkohol. Zur dauernden Haltbarkeit sind allerdings etwa 22 bis 25 %vol Alkohol erforderlich.

Im Rahmen dieses Taschenbuches kann aus Platzgründen nur das Grundsätzliche der Likörbereitung erklärt werden. Es bleibt jedem überlassen, die schmackhaftesten Rezepte selbst zu finden, in denen das spezifische Aroma der Früchte am besten zur Geltung kommt.

Es soll auch nur von Likören aus einheimischen Garten- und Wildfrüchten die Rede sein. Die Herstellung von Essenz-, Kräuter- und Gewürzlikören,

SÜDZUCKER
CASTER SUGAR
SUCRE EN POUDRE
ZUCCHERO SEMOLATO
FEIN
Raffinade
SPRIT
CALVADOS

sowie von exotischen Fruchtlikören wird hier nicht behandelt.

Auswahl und Vorbereitung der Zutaten

Erstes Gebot bei der Likörherstellung ist: größte Sorgfalt bei Auswahl und Vorbereitung der Zutaten. Die verwendeten Alkoholträger, die Früchte bzw. die Fruchtsäfte, sowie auch der Zucker und das Wasser müssen von einwandfreier Qualität sein.

Alkohol

Der Alkohol wirkt im Likör konservierend und hält das Aroma der Frucht für viele Jahre fest. Ein richtig hergestellter Likör verdirbt nicht, sondern wird mit der Zeit immer besser. Für unseren Gaumen hat reiner Alkohol nahezu keinen Geschmack. Dafür können ihn aber die Riechzellen in der Nasenhöhle schon aus einiger Entfernung wahrnehmen. In hoher Konzentration zieht er so stark Wasser an, dass es in der Kehle »brennt« und einem die Luft wegbleibt. Im Likör wird dem Alkohol diese Eigenschaft durch die anderen Zutaten genommen.

Brennen, also Alkohol in konzentrierter Form durch Destillation gewinnen, darf bei uns nur, wer ein Brennrecht hat, das heißt, die Genehmigung vom Zollamt besitzt. Der in Verschlussbrennereien erzeugte Alkohol wird von der staatlichen Monopolverwaltung aufgekauft, gereinigt und – mit einer hohen Steuer belegt – weiterverkauft. Der Monopolsprit besitzt einen hohen staatlich garantierten Reinheitsgrad. Neben Primasprit gibt es auch Feinsprit, der mehrmals über Holzkohle filtriert und danach nochmals gebrannt wird.

Für den privaten Verbraucher ist »Weingeist« (96%ig, auch 95 und 90%ig) in Drogerien und Apotheken erhältlich. Dieser Alkohol ist völlig neutral, enthält also keine sortentypischen Geruchs- und Geschmacksstoffe. Man kann ihn für Liköre, deren Fruchtaroma nicht verändert werden soll, ausschließlich verwenden. Dies hat auch den Vorteil, dass im Likör noch viel Raum für Fruchtsaft und Zuckerlösung bleibt. Verwendet man den Weingeist zusammen mit anderen auf Trinkstärke eingestellten Spirituosen, so dämpft er deren Eigengeschmack und ermöglicht ein genaues Einstellen des fertigen Likörs auf den gewünschten oder erforderlichen Alkoholgehalt (Mengenberechnung siehe Seite 301).

Bei der Auswahl von Trinkbranntweinen für die Likörbereitung wird man meistens einer möglichst neutralen »Klaren« bevorzugen, der ebenfalls keinen Einfluss auf den Geschmack des Likörs hat.

Der neutralste unter den klaren Schnäpsen ist der ursprünglich aus Russland und Polen stammende Wodka. Seine Reinheit und Weichheit erhält er (wie der Feinsprit) ebenfalls durch mehrmaliges Filtrieren über Holzkohle. Neben dem Sprit ist Wodka der beste Alkoholträger für alle Liköre, die nur nach der verwendeten Frucht schmecken sollen. Sein Alkoholgehalt liegt zwischen 40 und 50%vol, während die gewöhnlichen

Früchte und/oder Fruchtsäfte, Spirituosen und Zucker sind die Zutaten bei der Herstellung von Fruchtlikören.

Schnäpse geben dem Likör ein bestimmtes Aroma.

»Klaren« meistens nur 32%vol Alkohol aufweisen.

Auch der Kornbranntwein ist wegen seines geringen Eigengeschmacks für die Likörbereitung gut geeignet. Er hat mindestens 32%vol, Doppelkorn mindestens 38%vol Alkohol.

Whisky ist ein besonderer Getreidebranntwein, dessen typischer Rauchgeschmack auch bei seiner Verwendung im Likör noch leicht spürbar ist. Sein Alkoholgehalt liegt zwischen 38 und 43%vol.

Die Wacholderschnäpse, zum Beispiel Gin und Genever, eignen sich nicht für die Herstellung von Fruchtlikören. Dazu ist das Wacholderaroma zu intensiv.

Kernobstbranntweine, »Obstler« genannt, werden vor allem in Süddeutschland in Abfindungsbrennereien hergestellt. Ihr Alkoholgehalt beträgt mindestens 38%vol und stammt aus dem Zucker der Äpfel und Birnen. Die Qualität dieser Branntweine ist recht unterschiedlich und der Einkauf direkt beim Kleinbrenner ist Vertrauenssache. Unreiner, nach Fusel schmeckender Kernobstschnaps kann das feine Fruchtaroma des Likörs völlig verderben.

Auch beim aus Beeren- oder Steinobst gewonnenen »Wasser« (Kirsch-, Zwetschen-, Mirabellen-, Schlehen-, Vogelbeerwasser) stammt der Alkohol aus dem in den betreffenden Früchten enthaltenen Zucker. Diese Spirituosen werden ausschließlich aus den vollen vergorenen Früchten gewonnen, nach denen sie benannt sind. Dazu wird zunächst eine Maische zur Vergärung angesetzt. Ist aller Zucker vergoren, so wird der entstandene Alkohol abdestilliert und nimmt die ursprünglichen Fruchtaromen sowie das entstandene Gäraroma mit.

»Obstgeiste« werden aus aromareichen und/oder zuckerarmen Früchten (z. B. Heidelbeeren, Brombeeren, Johannisbeeren, Aprikosen) gewonnen. Dabei werden die frischen, unvergorenen Früchte mit Monopolsprit angesetzt. Nach einiger Zeit wird dann der Alkohol abdestilliert und reißt dabei das Fruchtaroma mit.

Obstwasser und Obstgeiste bringen, wenn sie zur Likörherstellung verwendet werden, ihre eigenen Geruchs- und Geschmacksstoffe mit. Sind sie von derselben Fruchtart wie die verwendeten Fruchtsäfte bzw. Früchte (z. B. Kirschwasser im Kirschlikör, Aprikosengeist im Aprikosenlikör), so können sie das Fruchtaroma noch wesentlich verstärken. Sie können es aber auch verändern und eine weitere Nuance dazubringen. Dies kann man z. B. erreichen mit »Williamsgeist«, hergestellt aus der sehr aromatischen Williamsbirne oder auch mit » Calvados«, einem Branntwein aus besonderen normannischen Apfelsorten, deren Saft vorher zu »Cidre« vergoren wird.

Zum Ausprobieren neuer Aroma-Varianten gibt es noch viele andere Möglichkeiten: So kann zum Beispiel ein guter Weinbrand das Aroma des Fruchtlikörs positiv beeinflussen. Rum harmoniert zum Beispiel ausgezeichnet mit Kirsch-Aroma (»Kirsch mit Rum«) und passt auch gut zum Schlehenlikör (»Schlehenfeuer«).

Zucker und Wasser, Zuckerlösung
Zucker hat die Aufgabe, den Likör zu süßen und ihn etwas sämig bzw. dickflüssig zu machen. Gleichzeitig soll er das Aroma der Früchte bewahren und veredeln, aber nicht überdecken. Deshalb dürfen auch die Liköre keinesfalls überzuckert werden.

Meistens wird gewöhnlicher Haushaltszucker (Raffinade) verwendet. Da dieser heute bei uns sehr rein ist, ist eine Verwendung von weißem Kandiszucker nicht mehr erforderlich. Brauner Rohrzucker hat einen Beigeschmack nach Karamel und Melasse. Er enthält auch Verunreinigungen, die im Likör Trübungen verursachen. Deshalb sollte er nicht verwendet werden.

Werden Fruchtliköre unter Verwendung von Trinkbranntweinen hergestellt, so bleibt kaum noch Raum für Wasser. Deshalb muss der Zucker im Fruchtsaft gelöst werden.

Verwendet man aber Weingeist (90 bis 96%ig) als Alkoholträger, so verbleibt ein größerer Spielraum, der teils durch höhere Fruchtsaftanteile, teils durch (chlorfreies, kalkarmes) Wasser ausgefüllt werden kann. Wird Wasser mitverwendet, so kann man darin den Zucker lösen. Am besten verwendet man eine Standard-Zuckerlösung, die pro Liter 1 kg Zucker enthält (siehe Seite 262). Sie ist haltbar und man kann sie auf Vorrat herstellen. Zuckerkristalle lösen sich nämlich in alkoholischen Flüssigkeiten nicht so gut auf wie im Wasser oder im Fruchtsaft.

Schließlich macht die Zuckerlösung den Likör geschmacklich weicher, weil sich – in Gegenwart von wenig zugegebener Zitronensäure – der Rohr- oder Rübenzucker in Invertzucker aufspaltet.

Fruchtsäfte und Früchte
Zur Likörbereitung geeignet sind fast alle Garten- und Wildfrüchte, die genügend Fruchtsäure und Aroma sowie eine ansprechende Farbe besitzen. Gut eignen sich, wie teilweise schon bei der Beschreibung der einzelnen Fruchtarten erwähnt, beispielsweise: Brombeeren, Heidelbeeren, Schwarze und Rote Johannisbeeren, Holunderbeeren, Himbeeren (eventuell auch aromatische Erdbeeren), Vogelbeeren (mährische süße Eberesche), dunkle Sauerkirschen, Schlehen, Aprikosen (Marillen), Pflaumen, Pfirsiche, Quitten, aromareiche Äpfel, Birnen und Hagebutten.

Die Anforderungen, die in Bezug auf Gesundheit, Sauberkeit und Reifegrad bei der Fruchtsaft- und Fruchtweinbereitung gestellt werden (siehe Seite 215) gelten natürlich auch für die Likörfrüchte, sogar noch in erhöhtem Maße. Vor allem müssen sie ein voll ausgereiftes, köstliches Aroma mitbringen, weshalb sie bei der Likörbereitung auch »Aromaträger« genannt werden. Im Haushalt werden bei der Likörherstellung vielfach Fruchtsäfte als Aromaträger verwendet (Fruchtsaftliköre). Man kann jedoch auch die Früchte selbst mit Alkohol zur Likörbereitung ansetzen (angesetzte Fruchtliköre). Wer ein »weiniges« Liköraroma mag, kann auch teilweise oder ganz vergorene Maische oder gar fertige Fruchtweine als Aromaträger verwenden (Fruchtweinliköre).

Herstellung von Fruchtsaftlikören

Die Verwendung von Fruchtsäften als Aromaträger ist das einfachste Verfahren der Likörbereitung. Es bietet sich vor allem dann an, wenn man Fruchtsäfte sowieso selbst herstellt und die zur Saftgewinnung erforderlichen Geräte bereits vorhanden sind. Es eignen sich sowohl frisch ausgepresste als auch durch Pasteurisieren haltbar gemachte oder durch Dampfentsaften gewonnene Fruchtsäfte (siehe Saftgewinnung, Seite 227). Die Säfte sollten einigermaßen klar sein. Falls noch nicht geschehen, müssen sie jetzt durch Zusetzen von »Antigeliermittel« (siehe Seite 237) entpektiniert werden. Sonst geliert der Likör beim Alkoholzusatz. Das Pektin fällt aus und es entstehen Trübungen. Diese lassen sich nicht durch Filtrieren beseitigen und setzen sich erst nach mehreren Wochen als ziemlich großer Bodensatz von selbst ab.

Die Herstellung von Fruchtsaftlikören verläuft grundsätzlich wie folgt:

Zuerst löst man den Zucker in Wasser auf bzw. rührt die aufbewahrte Standard-Zuckerlösung in den Fruchtsaft ein. Bei Trockenzuckerung löst man den Zucker im auf etwa 40 °C erwärmten Fruchtsaft auf. Um Aromaverluste zu vermeiden, muss man dabei behutsam vorgehen.

Ist aller Zucker gelöst, so werden (ein oder mehrere) Alkoholträger zugegeben. Anschließend lässt man den Likör noch einige Tage verschlossen im Mischgefäß (z. B. große Weinflasche, großes Gurkenglas oder kleiner Ballon) stehen, damit sich Trubstoffe absetzen, die sich – insbesondere bei der Verwendung von frischem Fruchtsaft – bilden können. Danach kann man den fertigen Likör filtrieren und auf kleinere Flaschen abfül en.

Um seine volle Genussreife zu erlangen, muss der Likör nun noch etwa zwei bis drei Monate (besser noch länger) stehen bleiben. In dieser Zeit können sich, unter der schützenden Einwirkung von Alkohol und Zucker, noch Aromastoffe entfalten, abrunden und harmonisieren. Der zugesetzte Haushaltszucker spaltet sich weiter auf. Der anfangs noch etwas rauhe und scharfe Geschmack wird weicher und milder. Es lohnt sich also, jetzt nicht die Geduld zu verlieren. Je älter ein Likör wird, desto besser schmeckt er.

Zutatenberechnung

Die Mengen der einzelnen Zutaten richten sich weitgehend nach den individuellen Wünschen und dem Geschmack der Hersteller. Hier geht wieder einmal »Probieren über Studieren«. Deshalb sind auch die folgenden Mengenangaben nur als Anhaltspunkte, vor allem für Anfänger, gedacht. Sie können nach Belieben variiert werden.

Hat man schon beim Dampfentsaften bzw. bei der Haltbarmachung Zucker zugesetzt, so ist dies zu berücksichtigen. Das gleiche gilt für Wasserzusätze beim Dampfentsaften oder Nachpressen.

Beispiel

Ein Fruchtsaftlikör soll 40 % Fruchtsaft, 20 % Zuckerzusatz und 28 %vol Alkohol haben. Als Alkoholträger stehen Doppelkorn mit 38 %vol und Sprit mit 96 %vol zur Verfügung.

Dann werden für einen Liter Likör folgende Mengen gebraucht:

Fruchtsaft	400 ml
+ Zuckerlösung (1 kg Z/l)	200 ml
zusammen	600 ml
bleiben für Alkoholträger (Alkohol + Wasser)	400 ml

Pro Liter Likör müssen 280 ml reiner Alkohol zugegeben werden. Die Alkoholträger müssen also in Mischung

$280 \times 100 : 400 = 70$ %ig sein.

Das Mischungsverhältnis von Korn (A) und Sprit (B) ist dann:

A : B = 13 : 16
oder bezogen auf 400 ml:
Man braucht 180 ml Korn und 220 ml Sprit.

Berechnung nach der Mischungsformel (siehe auch Seite 70):

A : B = (b – c) : (c – a)

a = gegebener Wert für A
b = gegebener Wert für B
c = gewünschter Wert für Verschnitt
A : B = (96 – 70) : (70 – 38) =
26 : 32 oder 13 : 16.

Verteilung auf 400 ml Alkoholträger:

29 Teile = 400 ml
1 Teil = 13,8 ml
13 Teile = 180 ml Korn
16 Teile = 220 ml Sprit.

Brombeeren, in einem 2-Liter-Gurkenglas mit Alkohol angesetzt.

Herstellung von angesetzten Likören

Bei Fruchtarten mit zartem oder empfindlichem Aroma (zum Beispiel Erdbeeren, Himbeeren, Aprikosen, Pfirsiche) können auch die frischen Früchte mit Alkohol angesetzt werden. Dies ist auch bei wasserarmen Früchten, die sich schlecht abpressen lassen (zum Beispiel Hagebutten, Schlehen) vorteilhaft. Der Alkohol weicht die Inhaltsstoffe auf und zieht alle alkohollöslichen Bestandteile heraus. Er baut auch die Pektinstoffe teilweise ab. Dazu ist aber hochprozentiger Alkohol erforderlich. Der Ansatz muss insgesamt etwa 45 bis 50%vol Alkohol aufweisen. Bei Früchten mit hohem Wassergehalt kann deshalb fast nur Sprit (90 bis 96 %ig) verwendet werden. Bei den wasserarmen Hagebutten kann man aber auch noch (möglichst neutrale) andere Alkoholträger nehmen oder Wasser zusetzen.

Die Früchte werden (am besten mit einer Gabel) angestochen oder leicht zerdrückt. Aprikosen und Pfirsiche kann man auch halbieren und entsteinen, dann einen Teil der Steine aufknacken und zugeben (Bittermandelgeschmack). Die Hagebutten halbiert man ebenfalls und entfernt die Samen. Dann setzt man in einer großen Flasche, einem großen Einmachglas oder einem Ballon von passender Größe die Früchte mit dem Alkohol an, so dass alles bedeckt ist. Man lässt nun den Ansatz mehrere Wochen in dem geschlossenen Behälter ziehen. Danach gibt man alles auf ein Seihtuch und lässt es über Nacht ablaufen. Die Rückstände kann man noch mit einer Frucht-Schneckenpresse oder einer Saft-Zentrifuge (siehe Seite 228 und 230) entsaften. Man kann auch etwas Wasser hinzugeben und dann so fest im Tuch mit den Händen ausdrücken, dass kaum noch Alkohol im Rückstand bleibt.

Etwa 600 ml von dem so hergestellten Presssaft braucht man für einen Liter Likör (mit etwa 25%vol Alkohol). Dazu gibt man, je nach Geschmack, etwa 200 ml Zuckerlösung (1 kg Z/l). Dann bleibt noch Raum für etwa 200 ml Wasser (wobei die etwa zum Rückstand gegebene Menge zu berücksichtigen ist).

Schöne Karaffen und Gläser erhöhen den Genuss der selbstgemachten Liköre.

Vergärung von Likörfrüchten und Herstellung von Fruchtweinlikören

Bei Früchten mit weniger empfindlichem Aroma – zum Beispiel Zwetschen oder Schlehen – kann man vor dem Entsaften auch eine mehr oder weniger vollständige Maischegärung in einem mit Göraufsatz verschlossenen Gefäß durchführen. Das Verfahren wurde bei der Fruchtweinbereitung (siehe Seite 271) beschrieben. Dort wurde auch auf die Gefahr des Essigstichs hingewiesen. Während der Maischegärung erfolgt gleichzeitig ein Pektinabbau mit fruchteigenen Enzymen. Dadurch wird das Abpressen der Maische sehr erleichtert und kann auch ohne Presse von Hand erfolgen.

Der bei der Maischegärung entstehende Alkohol bewirkt auch ein besseres Lösen der Farb- und Aromastoffe. Allerdings entstehen bei der Gärung auch ganz neue Aromastoffe (Weinbukett). Das ursprüngliche, frische Fruchtaroma geht zum Teil verloren oder wird überdeckt. Deshalb ist dieses Verfahren bei Früchten mit zartem Aroma (zum Beispiel Erdbeeren, Pfirsichen, Aprikosen) nicht anzuraten. Schließlich kann man, wenn man ein ausgesprochen weiniges Aroma mag, Liköre auch aus fertigen Fruchtweinen bereiten oder diese zur Likörbereitung mitverwenden. Dazu braucht man nur völlig durchgegorene, schwere (alkoholreiche) und sehr aromatische Fruchtweine noch zusätzlich zu spriten und nach Geschmack Zuckerlösung zuzugeben. Manche lange gelagerten Dessert-Fruchtweine erinnern in ihrem Aroma und Geschmack ja schon fast an Liköre.

Verzeichnisse

Literaturverzeichnis

Bundessortenamt (Hrsg., 1995): Beschreibende Sortenliste Beerenobst. Landbuch Verlagsgesellschaft, Hannover.

Bundessortenamt (Hrsg., 1997): Beschreibende Sortenliste Steinobst. Landbuch Verlagsgesellschaft, Hannover.

Bundessortenamt (Hrsg., 1999): Beschreibende Sortenliste Wildobstarten. Landbuch Verlagsgesellschaft, Hannover.

Bundessortenamt (Hrsg., 2000): Beschreibende Sortenliste Kernobst. Landbuch Verlagsgesellschaft, Hannover.

Arauner, P., Süddeutscher Obstmost – ein Beitrag zur Obstverwertung. Hefe-Reinzuchtanstalt Paul Arauner GmbH & Co. Kg, Kitzingen 1990.

Binder, M., Fruchtwein, Most und Säfte, BLV-Verlag, München, 2004.

Cerny, Brachner, Der Most – Taufpate einer Region, Hrsg. Verein zur Föderung der heimatkundlichen Forschung im Bezirk Amstetten, 2003.

Feucht, W., Vogel, T., Schimmelpfeng, H., Treutter, D., Zinkernagel, V., Kirschen- und Zwetschenanbau, Ulmer, Stuttgart, 2001.

Fischer, M., Apfelanbau, integriert und biologisch. Verlag Eugen Ulmer, Stuttgart, 2003.

Fischer, M., Farbatlas Obstsorten, Ulmer, Stuttgart, 2003, 2. Auflage.

Fischer, M., Weber, H.-J., Birnenanbau, integriert und biologisch. Verlag Eugen Ulmer, Stuttgart, 2005.

Großmann, G., Wackwitz, W.-D., Spalierobst, Ulmer, Stuttgart, 2005, 2. Auflage.

Hagmann, K., Essich, B., Obst brennen, Ulmer, Stuttgart, 2006.

Hartmann, W., Farbatlas alte Obstsorten, Ulmer, Stuttgart, 2004, 2. Auflage.

Jakubik, U., Most und Saft selbst herstellen, Ulmer, Stuttgart, 2007.

Koska, B., Wagner, F., Von Apfel bis Zwetschge, Regionalverband Neckar-Alb und Kreisverband der Obst- und Gartenbauvereine Reutlingen e.V., 2005.

Mangold, G., Most – das Buch zu Apfel- und Birnenwein, Silberburg-Verlag, Tübingen, 2003.

Most und Weinfibel für Hobby-Kellermeister, VINA-Hefereinzucht Schlag GmbH Aalen, 2001, erweiterte Auflage.

Müller-Urban, K., Das Apfelwein-Kochbuch. Societäts-Verlag, 2004.

Schmid, H., Obstbaumschnitt, Ulmer, Stuttgart, 2003, 8. Auflage.

Silbereisen, R., Götz, G., Hartmann, W., Obstsorten-Atlas, Ulmer, Stuttgart 1996, 2., überarb. und erw. Auflage.

Schobinger, U., Frucht- und Gemüsesäfte, Ulmer, Stuttgart, 2001, 3.,

überarbeitete und aktualisierte Auflage.
STÜCKLER, K., Der Most – Gärmost und Süßmost, Stocker-Verlag, Graz, 1997, 4. Auflage.
VOGEL, W., Wein aus eigenem Keller, Ulmer, Stuttgart, 7. Auflage.
VÖTSCH, J., Obstsäfte, Stocker-Verlag, Graz, 1998, 2. Auflage.
WINTER, F., Lucas Anleitung zum Obstbau, Ulmer, Stuttgart, 2002, 32. Auflage.

Internetlinks

www.gartenbauvereine.org
Praktische Tipps zur Herstellung von Apfelwein.

www.apfelwein-pur.de
Alles über den Apfelwein.

www.abseits.de/apfelwein.htm
Alles über den Apfelwein, Cidre Cider. Hersteller und Vertrieb.

www.apfelweinwirte.de
Information über die Herstellung, Kontrolle, Qualität von Apfelwein.

www.mostakademie.de

Bezugsquellen

Speidel Tank- und Behälterbau GmbH
Tübinger-Str. 14
72131 Ofterdingen
Tel: 07473-94 62-0
Fax: 07473-9462-99
info@speidel-behaelter.de
www.speidel-behaelter.de
[Getränkebehälter, Mühlen und Keltern, Hydropresse]

Karl Bockmeyer Kellereitechnik GmbH
Zementwerk 3
72622 Nürtingen
Tel: 07022-93 34 30
Fax: 0800-31 16 69 9 (gebührenfrei)
info@bockmeyer.de
www.bockmeyer.de
[Flaschen, Maschinen, Behälter, Zubehör]

Jupiter Kitchen Tools GmbH
Postfach 13 80
73603 Schorndorf
info@jupiter-gmbh.de
www.jupiter-gmbh.de
[Küchengeräte und Küchenmaschinen]

Albert Pfäffle GmbH
Karl-Wüst-Straße 5
74076 Heilbronn
Tel: 07131-59 488-0
Fax: 07131-594 88-10
info@pfaeffle-heilbronn.de
www.pfaeffle-heilbronn.de
[Spezialhaus für Kellereibedarf]

G.Wein GmbH + Co
Meimsheimer Straße 10
74357 Bönnigheim
Tel: 07143-88 56-0
Fax: 07143-25 24 9
info@gwein.de
www.gwein.de

Oberacker Natur & Technik
Gellertstr. 12
76344 Eggenstein
Tel: 0721-70 60 02
Fax: 0721-78 18 622
info@oberacker.de
www.oberacker.de
[Obstpressen, Beerenpressen, Obstmühlen, Eichenfässer, Zubehör]

J. Weck GmbH u. Co. KG
Postfach 1103
79656 Wehr
Tel: 07761-9 35 – 0
Fax: 07761-5 76 91
www.weck.de

Paul Arauner GmbH+Co. KG
Wörthstraße 34/36
97318 Kitzingen-Main
Tel: 09321-13 500
Fax: 09321-13 50 41
info@arauner.com
www.arauner.com
[Alles für Wein-, Saft- und Likörbereitung, Untersuchungslabor, Beratungsdienst]

VIERKA-Friedrich Sauer GmbH & Co
Postfach 13 28
97628 Bad Königshofen
Tel: 09761-91 88 0
Fax: 09761-91 88 44
www.vierka.de
[Reinzuchthefen, Zusatzstoffe, Zubehör/Kleingeräte für Saft- und Weinbereitung]

holzeis
Kellereibedarf Knopf GmbH
Gurkgasse 16, 1140 Wien
Tel: +43-1-982 62 40
Fax: +43-1-982 82 08
info@holzeis.at
www.holzeis.at
[Fachgeschäft für Hobbybrauer und Hobbywinzer]

Bildquellen

Fotos:
Albrecht, Hans-Joachim; Berlin: Seite 150–158, 159 li., 160–162, 163 re., 166, 167, 190 li.
Braun Werkfoto: Seite 230.
Buchter, Helga; : 259, 298.
CMA Zucker: 289.
Eberle, Christel; Meersburg: Seite 89.
Fischer, Manfred; Dresden-Pillnitz: Seite 101, 103, 105, 106, 98/99, 110–133, 134 re., 135–149, 159 re., 163 li., 165 re., 168-170, 171 li., 172 li., 173–175, 177-189, 190 re., 191, 193–196, 197 re., 198, 199, 200 li., 201 re., 202 re., 203, 204 li., 205, 206, 207 li., 208, 209, 210 links, 211–213.
Fuchs, E.; Halle: Seite 192 li.
Geibel, Martin; Dresden: Seite 134 li.
Günther, M.; Neustadt/W.: Seite 192 re.
Hagmann, Dr. Klaus: 277.
Hartmann, W.; Stuttgart-Hohenheim: Seite 171 re., 172 re., 176.
Himmelhuber, Peter; Regensburg: Seite 48, 93.
Jakubik, Uwe; Reutlingen: 8, 12 (2), 14, 19, 22, 23 (3), 24 (2), 26, 27 (3), 28 (2), 30, 49, 50 (2), 51(2), 52(2), 54, 58 (3), 61,62 (2), 65, 67, 68, 69 (3), 70/71 (8), 72/73 (6), 74/75 (9), 90.
Redeleit, Wolfgang; Bienenbüttel: 4, 7, 253, 274, 278, 282.
Reinhard-Tierfoto; Heiligkreuzsteinach: Seite 16, 31, 33, 53, 76, 92 (3), 214, 220, 285, 305.
Röhrig, Dr. G.; Weinsberg: Seite 233 (u. re.).
Schulte, E.; Wurzen: Seite 197 l., 200 re., 201 li., 202 li., 204 re., 207 re., 210 re.
Spellerberg, B.; Burgdorf: Seite 164, 165 li.
Thönges, Heinrich: 215, 228, 229 (2), 230, 233 o. re., o. li, u. li., 240 u., 242, 268, 270, 286, 292, 294, 291, 302.
Volk, Fridhelm; Stuttgart: Seite 226, 235, 248, 257, 270, 296, 303.
Weck Werkfoto: Seite 240 o., mi., 246.
www.digitalstock.de: Titelfoto.

Zeichnungen:
Seite 10–31 und Seite 48–97: Rüdiger Ziegler, Eckernförde.
Seite 34-47: Ernst Halwaß nach Goethe, Die Obst- und Traubenanzucht.
Seite 273: Siegfried Lokau, Bochum-Wattenscheid.
Seite 223-287: Bernhard Salzer, Waiblingen.

Register

Seitenzahlen mit Sternchen * verweisen auf Abbildungen.

Impressum

Haftung: Autor und Verlag haben sich um richtige und zuverlässige Angaben bemüht. Fehler können jedoch nicht vollständig ausgeschlossen werden. Eine Garantie für die Richtigkeit der Angaben kann aber nicht gegeben werden. Haftung für Schäden und Unfälle wird aus keinem Rechtsgrund übernommen.
Hinweis: Der Verlag ist nicht verantwortlich für den Inhalt von Links.

Bibliografische Information der Deutschen Nationalbibliothek
Die Deutsche Nationalbibliothek verzeichnet diese Publikation in der Deutschen Nationalbibliografie; detaillierte bibliografische Daten sind im Internet über http://dnb.d-nb.de abrufbar.

Wollgrasweg 41, 70599 Stuttgart (Hohenheim)
E-Mail: info@ulmer.de
Internet: www.ulmer.de
Umschlaggestaltung: Atelier Reichert, Stuttgart
Lektorat: Doris Kowalzik
Herstellung: Gabriele Wieczorek
Druck und Bindung: Offizin Andersen Nexö, Zwenkau
Printed in Germany

ISBN 978-3-8001-5490-6

Foto: pixelquelle

Detaillierte Beschreibungen

Farbatlas Obstsorten.
M. Fischer. 2., überarbeitete Aufl.
2003. 315 S., 311 Farbf., 1 Zeichn.,
8 Tab., geb. ISBN 978-3-8001-5547-7.

Handbuch Obstsorten.
300 Obstsorten in Wort und Bild.
G. Friedrich, H. Petzold. 2005.
624 S., 300 Aquar., geb.
ISBN 978-3-8001-4853-0.

Ulmer Ganz nah dran.